"十二五"职业教育国家规划教材
经全国职业教育教材审定委员会审定

微课版

成本会计
（第八版）

新世纪高职高专教材编审委员会 组编
主 编 刘爱荣 刘艳红 谭素娴
副主编 闫 慧 何 蔼

大连理工大学出版社

图书在版编目(CIP)数据

成本会计 / 刘爱荣，刘艳红，谭素娴主编. -- 8 版. -- 大连：大连理工大学出版社，2021.6（2022.7 重印）
新世纪高职高专会计专业系列规划教材
ISBN 978-7-5685-2829-0

Ⅰ.①成… Ⅱ.①刘… ②刘… ③谭… Ⅲ.①成本会计－高等职业教育－教材 Ⅳ.①F234.2

中国版本图书馆 CIP 数据核字（2020）第 247223 号

大连理工大学出版社出版

地址：大连市软件园路 80 号　邮政编码：116023
发行：0411-84708842　邮购：0411-84708943　传真：0411-84701466
E-mail：dutp@dutp.cn　URL：http://dutp.dlut.edu.cn
辽宁星海彩色印刷有限公司印刷　大连理工大学出版社发行

幅面尺寸：185mm×260mm	印张：14	字数：341 千字
2002 年 8 月第 1 版		2021 年 6 月第 8 版
	2022 年 7 月第 3 次印刷	

责任编辑：王　健　　　　　　　　　　　　责任校对：刘俊如
封面设计：对岸书影

ISBN 978-7-5685-2829-0　　　　　　　　　　　　定　价：41.80 元

本书如有印装质量问题，请与我社发行部联系更换。

前　言

《成本会计》(第八版)是"十二五"职业教育国家规划教材,也是新世纪高职高专教材编审委员会组编的会计专业系列规划教材之一。本教材与《成本会计实训》(第八版)配套使用。

在继承上一版教材长处的基础上,为使教材内容更加符合岗位需求,与现行会计准则、成本会计制度相吻合,编写团队深入企业调研,根据颁布的现行政策、文件,并结合相关教学单位的意见和建议,对本教材进行了修订。具体改进如下:

1.按照启发式教学的教育思路,增加了课程导入内容,开篇即引导学生展开对成本问题的思考,将一门教学课程变成了一个综合研究课题。

2.明确了课程的目标及实现方式,并结合教材的整体内容设计提出了教法、学法及思政建设建议,传递了更新的"教""学"理念。

3.适应现代成本管理的要求,对"定额成本法"做了全面修订,同时补充了"标准成本法"和"作业成本法"等现代成本管理制度,保证了教材内容的完整性与现代化。

4.根据国家颁布的现行政策等,编写团队对案例中引用的数据进行了系统调整,如调整了社会保险费的框架结构、计提比例等,并通过实务性说明,使教材内容具有更强的适用性。

5.按照任务驱动法的教学理念,修订了"项目实训"要求,明确了"先任务、后理论"的教学模式,同时就整门课程提出了引导学生锻炼自主学习能力和思考能力的课外研究课题。

修订后的教材具有以下特色:

1.深入调研,校企合作,突出实务

本次修订是建立在对制造业成本核算与管理深入调研的基础上完成的,采多家企业之长,对成本会计的工作流程、任务设计、表单设计、理论链接等进行了反复筛选、提炼,教材内容充分满足了职业教育的能力要求。

2. 首创了课题式教学设计

教材在内容设计上将成本会计作为一个整体研究课题，按照"启发式教学"的工作思路将课外课题研究融入了教材的内容设计，突出了对学生学习能力的培养。

3. 项目安排突出了"任务教学法"的要求

在项目设计上遵循了"先明确工作任务，再寻找理论支撑，最终解决工作任务"的工作循环过程，突出了对实践能力的训练。

4. 案例高度仿真

从账簿设置，到费用的归集与分配，直至计算出完工产品成本，进行成本分析，数据前后贯通，环环相扣，严谨逼真，突出了岗位能力训练的要求。

5. 实现了教材的全立体开发

将数字化教学融入了教材内容，将核心知识点以"微课"形式穿插在教材中，将抽象的理论进行了通俗化、趣味化的展示，有利于提高"教"与"学"的立体性。

6. 教辅资源丰富

除了传统的教学课件、教案、课程标准等，编者将全部教材案例、实务操作等均整理成了电子表单，以满足多媒体教学的需要，同时也有利于提高学生的计算机操作能力和成本会计表单的设计能力。

本教材由河北天勤会计师事务所刘爱荣、河北政法职业学院刘艳红、广州工程技术职业学院谭素娴任主编，山西工程科技职业大学闫慧、恩施职业技术学院何蔼任副主编。具体编写分工如下：刘爱荣编写课程导入、项目一、项目四、项目五，刘艳红编写项目二、项目三，谭素娴编写项目六，闫慧编写项目八，何蔼编写项目七。

在编写本教材的过程中，编者参考、引用和改编了国内外出版物中的相关资料以及网络资源，在此表示深深的谢意！相关著作权人看到本教材后，请与出版社联系，出版社将按照相关法律的规定支付稿酬。

为了方便教学，本教材配有电子课件、例题与实务操作所需的 Excel 表格及答案、电子教案、课程标准、期末试题，如有需要，请登录职教数字化服务平台下载。

本教材是各相关高职高专院校倾心合作与集体智慧的结晶。本次编写编者做了很大的努力，但不足之处仍在所难免，恳请各相关单位和院校继续关注，并将意见及时反馈给我们，以便及时修订完善。

编　者
2021 年 6 月

所有意见和建议请发往：dutpgz@163.com
欢迎访问职教数字化服务平台：http://sve.dutpbook.com
联系电话：0411-84707492　84706671

目录

| 课程导入 | 1 |

项目一　了解成本会计的工作内容 …… 3

- 任务一　知晓成本会计的含义、分类及其作用 …… 3
- 任务二　了解成本会计的发展、职能及工作组织 …… 9
- 任务三　掌握产品成本核算的基本要求和基本原则 …… 12
- 任务四　熟悉成本核算程序 …… 15
- 项目检测 …… 18

项目二　掌握生产费用的归集与分配方法 …… 20

- 任务一　归集与分配要素费用 …… 20
- 任务二　归集与分配辅助生产费用 …… 48
- 任务三　归集与分配制造费用 …… 63
- 任务四　归集与分配损失性费用 …… 69
- 任务五　计算完工产品成本 …… 76
- 项目检测 …… 87

项目三　全面认识产品成本计算方法 …… 93

- 任务一　熟悉生产分类 …… 93
- 任务二　了解产品成本计算方法的组成要素及影响因素 …… 95
- 任务三　正确选择产品成本计算方法 …… 97
- 项目检测 …… 99

项目四　产品成本计算的品种法 ... 101

　　任务一　理论储备——品种法的工作原理 ... 101
　　任务二　品种法的实践应用 ... 103
　　项目检测 ... 112

项目五　产品成本计算的分批法 ... 118

　　任务一　理论储备——分批法的工作原理 ... 118
　　任务二　分批法的实践应用 ... 120
　　项目检测 ... 131

项目六　产品成本计算的分步法 ... 140

　　任务一　理论储备——分步法的工作原理 ... 140
　　任务二　分步法的实践应用——逐步结转分步法 ... 141
　　任务三　分步法的实践应用——平行结转分步法 ... 153
　　项目检测 ... 159

项目七　产品成本计算的辅助方法 ... 164

　　任务一　合理运用分类法计算产品成本 ... 164
　　任务二　正确处理联产品、副产品成本 ... 170
　　任务三　掌握定额法的工作原理与实践应用 ... 174
　　任务四　标准成本法和作业成本法 ... 182
　　项目检测 ... 186

项目八　成本报表和成本分析 ... 189

　　任务一　编制成本报表 ... 189
　　任务二　进行成本分析 ... 195
　　项目检测 ... 214

微课堂索引

序号	主题	页码
1	按经济用途分类	4
2	成本会计机构设置	11
3	人员配备及制度建立	12
4	成本归集、分配和结转的原则	14
5	成本核算一般程序	16
6	假退料	21
7	定额消耗量比例分配法	25
8	定额费用比例分配法	27
9	加班加点工资的规定	33
10	月薪制下计时工资的计算	35
11	计件工资的计算	36
12	直接分配法	48
13	交互分配法	52
14	生产工人工时比例分配法	64
15	废品损失的含义	70
16	原材料扣除法	78
17	约当产量法	79
18	投料程度的计算方法	79
19	加工程度计算方法	81
20	定额成本计价法	82
21	熟悉生产分类	93
22	品种法的工作原理	101
23	分批法的工作原理	118
24	分步法工作原理	140
25	分类法工作原理	164
26	联产品的含义	170
27	联产品成本计算过程	170
28	联合成本分配方法	170
29	副产品的含义	172
30	定额法的基础知识	174
31	成本报表的基础知识	189

课程导入

一、课程特点

成本会计作为会计专业课程之一,既是整个会计核算与管理体系的一个重要组成部分,又有其自身的相对独立性。成本核算的基础内容虽然可以融入"财务会计"等其他相关会计课程的教学,但成本核算的复杂性决定了其必须自成一个独立单元,以便满足企业复杂的成本核算与分析管理的需要。

如果说"基础会计""财务会计"是标准化的西餐,那么"成本会计"就应当是习惯用"适量"这个词来考验厨师综合运用能力的中餐了。

对于这门课程的学习,你准备好了吗?

二、课程目标与实现方式

本课程的主要目标是为制造企业培养合格的成本核算与分析管理人员,在引导学生学会成本核算与分析的基本技能的同时,帮助其建立管理思维。

在基本理论上应保证应有的广度,以满足能力提升以及资格考试的需要。

在案例设计上应采用整套案例前后贯通的模式,以更好地对接实务岗位的技能要求。

三、教学建议

1.教法建议

采用任务驱动法进行教学设计,建议教学流程如图 0-1 所示。

图 0-1 教学流程

2.学法建议

采用任务引领法进行学习,建议学习流程如图 0-2 所示。

任务领取 → 任务分析 → 理论链接 → 案例学习 → 照猫画虎 → 任务执行 → 任务总结

图 0-2　学习流程

四、思政建议

在教学过程中要注意最新发生的热点事件,并将其与理论学习灵活结合,将相关的法律法规、政策亮点、道德品质建设等融入日常的教与学之中,教师通过生动的案例引发学生思考,不断提升学生的思想品德和职业素养。

项目一 了解成本会计的工作内容

项目导入

在市场经济体制下,企业的竞争主要是产品价格和质量的竞争,而价格的竞争则取决于产品成本的高低,可以说产品的生产成本关系着企业的兴衰。正因为如此,如何正确地核算和分析产品成本,为企业管理层提供有价值的成本信息,就成了财务工作者的重要工作内容之一。了解成本会计的工作内容,是做好成本会计工作的第一步。

项目任务

在掌握成本会计工作内容的基础上,明确岗位职责。能够结合企业的实际情况,恰当组织企业的成本核算工作。

项目实训

阅读《成本会计实训》中"成本核算岗位职责"及"单项实训概况",结合企业的生产组织及生产工艺特点设置相关成本费用明细账,并登记期初余额。

任务一 知晓成本会计的含义、分类及其作用

一、成本的含义

(一)成本的概念

所谓成本,按照政治经济学的定义,就是企业在生产经营活动中耗费的物化劳动和活劳动中必要劳动部分的货币表现。在不同的情况下,产品成本概念具有不同的意义,其涵盖的成本范围也不同。

广义的成本是指为达到特定的目的而发生或应发生的价值牺牲,它可以用货币单位

加以衡量。即成本是指企业为制造产品、取得存货、销售商品、对外投资以及开展各项管理活动而耗费的各项能够用货币计量的资源。广义的成本不仅包括产品成本,还包括期间费用;不仅包括已经发生的实际成本,还包括可能发生(或应当发生)的预计成本。其侧重的是成本管理服务功能。

狭义的成本则仅指产品的生产成本。产品,是指企业日常生产经营活动中持有以备出售的产成品、商品、提供的劳务或服务。产品按其形态,可以分为有形产品(如服装、家电、元器件、建筑物等)和无形产品(如服务、软件等)。

产品成本,是指企业在生产产品过程中所发生的材料费用、职工薪酬等,以及不能直接计入而按一定标准分配计入的各种间接费用。

(二)制造企业的成本构成

制造企业的成本一般由直接材料、燃料和动力、直接人工和制造费用等成本项目构成。

二、生产费用的分类

企业产品成本核算,是将企业发生的各项生产成本分配计入产品成本,从而计算出产品的总成本和单位成本的过程。为了正确进行成本核算,首先需要对生产费用按一定标准进行分类,从而确定相关成本。

(一)按生产费用的经济用途分类

生产费用的经济用途,是指生产成本在生产产品或提供劳务过程中的实际用途。生产费用按经济用途分类,通常称为"成本项目",也就是构成产品生产成本的项目。

制造企业的产品成本的核算项目包括:

1. 直接材料

直接材料是指构成产品实体的原材料以及有助于产品形成的主要材料和辅助材料,如原材料、辅助材料、设备配件、外购半成品、包装物以及其他直接材料。

2. 燃料和动力

燃料和动力是指直接用于产品生产的燃料和动力。制造企业生产用燃料和动力耗用额不大时,可以将该项目并入"直接材料"或者"制造费用"。

3. 直接人工

直接人工是指直接从事产品生产的工人的职工薪酬。

4. 制造费用

制造费用是指企业为生产产品和提供劳务而发生的各项间接费用,包括企业生产部门(车间、分厂等)为组织和管理生产发生的间接费用和一部分不便于直接计入产品成本而没有专设成本项目的直接费用,如生产部门发生的水电费、固定资产折旧、无形资产摊销、管理人员的职工薪酬、机物料消耗、低值易耗品摊销、取暖费、办公费、劳动保护费、国家规定的有关环保费用、季节性和修理期间的停工损失、废品损失、运输费、保险费等。

成本项目的具体设置,企业可以在制度规定的基础上,根据自身特点,适当增减。如将发生额不多的"燃料和动力"并入"直接材料"或"制造费用"。再如"废品损失""停工损失",如果企业在生产过程中"废品损失""停工损失"在成本中比重较大,则可以增设"废品损失""停工损失"项目,以便于加强对该项成本的管理和控制。

一般情况下,人们把"直接材料""直接人工""制造费用"三个成本项目称为产品成本的核心构成项目,并组合为"主要成本"和"加工成本",如图1-1所示。

```
              ┌─── 直接材料 ────────→ 主要成本
制造成本  ─────┼─── 直接人工 ──┐
              └─── 制造费用 ──┴────→ 加工成本
```

图1-1

> **课内思考:**
> 某服装厂本月发生如下费用:
> (1)为加工服装发生费用85 000元;
> (2)车间设备因修理停工,发生停工损失2 000元;
> (3)支付滞纳金1 000元;
> (4)购入固定资产支付20 000元。
> 请问:
> (1)本月上述发生的费用,哪些应列入成本,哪些不应列入成本?
> (2)上述应计入产品成本的费用为多少?

(二)按生产费用的经济内容进行分类

生产费用按经济内容进行分类,是指生产过程中消耗了什么,哪些属于物化劳动,哪些属于活劳动。生产费用按经济内容分类称为费用要素,凡为生产产品和提供劳务而开支的货币资金以及消耗的实物资产,均称为费用要素。

制造企业的生产费用可以分为以下费用要素:

1.外购材料

外购材料是指企业为了生产产品和提供劳务而消耗的由外部购入的原材料及主要材料、辅助材料、外购半成品、外购周转材料等。

2.外购燃料

外购燃料是指企业为了生产产品和提供劳务而耗用的一切由外部购入的各种固体、液体和气体燃料。

3.外购动力

外购动力是指企业为了生产产品和提供劳务而耗用的一切由外部购入的电力、蒸汽等各种动力。

4.职工薪酬

职工薪酬是指企业为了生产产品和提供劳务而发生的职工薪酬。

5.折旧费

折旧费是指企业的生产单位(车间、分厂等)按规定计提的固定资产折旧费。

6.其他支出

其他支出是指企业为了生产产品和提供劳务而发生的不属于以上费用要素的费用支出。如车间发生的办公费、差旅费、水电费、保险费等。

(三)按生产费用与产品生产的关系分类

按生产费用与产品生产的关系分类,可以分为直接费用和间接费用。

1.直接费用

直接费用是指消耗后能够形成产品实体或有助于产品形成的费用,如直接材料费、直接人工费、机器设备折旧费等。

2.间接费用

间接费用是指消耗后与产品的形成没有直接关系的费用,如车间管理人员的薪酬、车间的办公费、保险费、取暖费等。

(四)按生产费用计入产品成本的方法分类

按生产费用计入产品成本的方法不同,可以分为直接计入费用和间接计入费用。

1.直接计入费用

直接计入费用是指发生后能分清是哪种产品耗用的、可以直接计入某种产品成本的生产费用。

2.间接计入费用

间接计入费用是指几种产品共同耗用的,而且不能直接分清哪种产品耗用了多少的生产费用。间接计入费用需要按照一定的分配标准进行分配,然后根据分配结果分别计入各种产品成本。

(五)按生产费用与产量的关系分类

按生产费用与产量的关系分为变动成本、固定成本与混合成本。

1.变动成本

变动成本指成本总额随产品产量增减而成正比例升降,但单位成本额却不变的成本,如直接材料、计件工资等。

2.固定成本

固定成本指成本总额在一定期间的相关产量范围内,并不随着增减而变动,但单位成本却随产量增减变化而成反比例变动的成本,例如管理人员工资、固定资产折旧费、办公费等。

3.混合成本

混合成本兼有固定成本和变动成本两种性态,发生额虽受业务量变动影响,但其变动幅度不与业务量的变动保持严格的比例关系,这种成本称为混合成本。视其情况,又分为:

(1)半变动成本。其特点是通常有一个成本初始量,类似固定成本;在这个基础上,业务量增加了,成本也会相应增加,又类似变动成本(如基本工资加业务提成的薪酬模式),如图 1-2 所示。

(2)半固定成本。其特点是成本在一定业务量范围内,其发生额是固定的,但业务量超过一定限度,其发生额就会跳跃上升,然后固定,再跳跃上升,再固定……此种成本也称为阶梯成本(如超出设备的最大产能则需要增加本设备),如图 1-3 所示。

图 1-2　　　　　　　　　　　　　　图 1-3

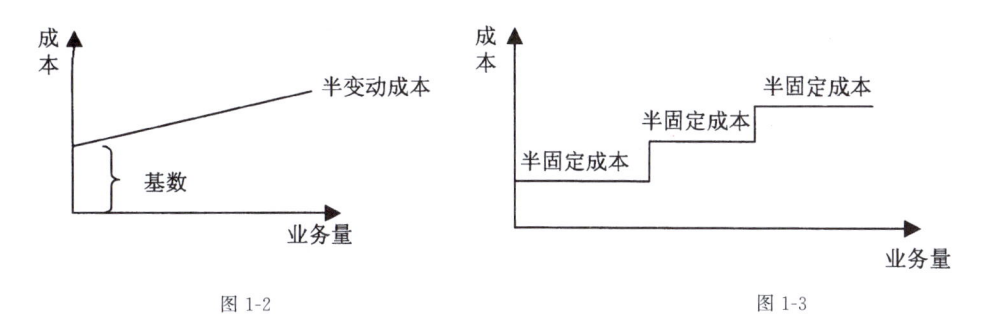

在理论界还有人提出了可以将混合成本分为半固定成本、半变动成本、延期变动成本和曲线式混合成本。

延期变动成本是半变动成本的特例,而曲线式混合成本则是固定成本和变动成本的综合。也就是说,任何混合成本都可以按照一定的方法分解为变动成本和固定成本,因此按成本属性划分,应该只有变动成本和固定成本两类。

这种分类的意义在于寻求成本降低途径。因为单位变动成本升降与产量的变化没有关系,若要降低单位变动成本,应通过改善管理、提高科技水平从而降低消耗来实现;固定成本则不同,虽然固定成本总额并不随产量变动而变动,但就单位产品来说,如果产量增加,每件产品分摊的固定成本就减少。可见,降低单位产品的固定成本,应通过控制固定成本总额和提高产量来实现。

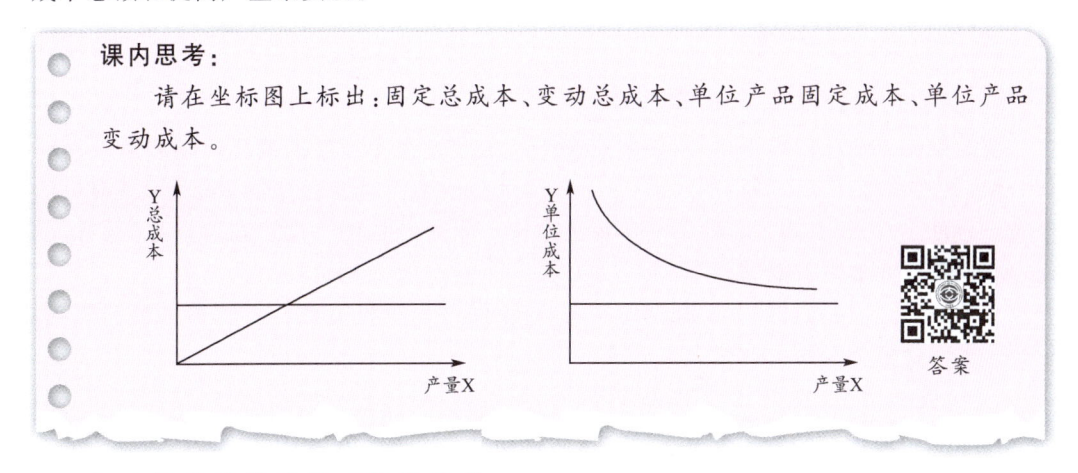

> **课内思考：**
> 请在坐标图上标出:固定总成本、变动总成本、单位产品固定成本、单位产品变动成本。

(六)按生产费用的可控性分类

按生产费用的可控性分为可控成本和不可控成本。

1.可控成本

可控成本指能被一个责任单位的行为所制约,并受其工作好坏影响的成本。责任单位可能是某一个部门,也可能是某一个单位或某个人。

2.不可控成本

不可控成本指成本的发生不能被某个责任单位的行为所制约,也不受其工作好坏影响的成本。

成本是否可控,应从权责上加以划分。成本的发生概属人为,无论是物化劳动消耗还是活劳动消耗都是如此。从这一点说,成本都是可控的,没有真正意义上的不可控成本。所谓不可控成本,只是从权责划分上不属于某一责任单位所能控制的成本。例如机器设备的保险费,从产品生产车间看,是不可控成本;而对于负责企业保险业务的责任单位来说,则是可控的。

成本的可控程度,应从成本发生的时间上加以确定。例如,在产品的设计阶段,成本处于预测、决策和计划阶段,即成本尚未发生,成本基本上都是可控的;在产品生产过程中,成本逐步形成,因而只能对成本未形成的部分进行控制;而产品完工后,成本基本形成,也就无所谓可控与不可控了,这个阶段的成本控制,主要是对形成的成本进行分析和考核,查明成本升降原因,确定责任归属,寻求成本降低的途径。

成本分为可控与不可控成本,主要意义在于明确成本责任,评价或考核责任单位的工作业绩,使其增强成本意识,积极采取有效措施,消除不利因素的影响,促使其可控成本不断下降。

(七)生产费用的其他分类

(1)按成本与决策的关系可划分为相关成本与非相关成本;
(2)按决策方案变动时成本是否可避免划分为可避免成本和不可避免成本;
(3)按成本的计量单位可分为单位成本和总成本;
(4)按成本的计算依据可分为个别成本和平均成本;
(5)按成本包括的范围可分为全部成本和部分成本。

三、成本的作用

(一)成本是补偿生产耗费的尺度

要想维持企业的简单再生产,使企业在产品生产过程中消耗的物化劳动和活劳动获得补偿,就必须要有一个客观的尺度,这个尺度就是成本。成本一方面以货币形式对生产耗费进行计量,另一方面为企业的简单再生产提出资金补偿的标准。在价格不变的情况下,成本越低,企业的利润就越多,企业为社会和自身的发展创造的财富就越多。否则则相反。所以,成本作为补偿劳动耗费的尺度,对于促进企业加强成本管理,降低劳动消耗,取得最大经济效益有重要意义。

(二)成本是反映企业工作质量的综合指标

成本同企业生产经营各个方面的工作质量和效果有着内在的联系。如产品设计是否合理,原材料消耗是否节约,生产设备是否充分利用,劳动生产率是否提高,生产组织是否协调,产品质量的优劣等诸多因素都能通过成本直接或间接反映出来。因此,成本是反映企业工作质量的综合指标。

(三)成本是制定产品价格的重要依据

产品价格是产品价值的货币表现。但在实际中,我们不能直接计算产品的价值,而只能计算产品成本,通过成本间接地掌握产品的价值。在市场经济条件下,产品价格往往是由各个部门的平均成本再加上社会的平均利润构成的。

(四)成本是企业进行生产经营决策的重要依据

企业能否在激烈的市场竞争中立于不败之地,主要取决于企业管理者能否做出正确的生产经营决策。在诸多的考虑因素中,成本是一项重要因素。它可以在扩大产量、增加品种、选择加工方式、创造最佳经济效益的前提下,为企业提供有效的成本数据,从而提升企业的竞争能力。

> **课内思考:**
> 1. 在甲部门被认定是不可控的成本,在乙部门也一定不可控吗?为什么?
> 2. 在哪个阶段进行成本控制最为关键,为什么?

任务二 了解成本会计的发展、职能及工作组织

一、成本会计的产生与发展

作为会计的一个分支,成本会计是随着社会经济的发展需要而逐步形成、发展和完善起来的,其产生年代,学者们的观点各不相同,但多数学者认为,1880~1920年是成本会计奠定的时期,成本会计随着社会经济发展,先后经历了"早期成本会计""近代成本会计""现代成本会计""战略成本会计"四个阶段。

(一)早期成本会计阶段(1880~1920年)

成本会计起源于英国,后来传入美国及其他国家。这个时期是成本会计的初创阶段,当时的成本会计仅限于对生产过程中的生产消耗进行系统的汇总和计算,用来确定产品生产成本和销售成本,属于记录型成本会计。

在早期成本会计阶段,成本会计取得了以下进展:

(1)建立了永续盘存制等材料核算和管理办法;
(2)建立了工时记录和人工成本计算方法;
(3)确定了间接费用及其分配方法;
(4)制造业开始根据生产特点采用分批法或分步法计算产品成本;
(5)出版了《制造成本》等许多成本会计方面的理论著作;
(6)建立了成本会计组织,如美国的全国成本会计师联合会,英国的成本和管理会计师协会等。

(二)近代成本会计阶段(1921~1945年)

这一阶段成本会计的主要进展是:

(1)产生了标准成本制度,形成了管理成本会计的雏形;
(2)完善了预算控制方法,弹性预算成了近代成本会计的重大进步;
(3)成本会计的应用范围从工业扩大到各种行业,得到了更广泛的应用;
(4)《成本会计原理与实务》等大量的成本会计名著的出版,使成本会计形成了完全独立的成本会计学科。

(三)现代成本会计阶段(1946～1980年)

随着科学技术的迅速发展,生产社会化程度的不断提高,企业规模越来越大,市场竞争越来越激烈,为了适应现代企业发展的需要,企业的核算管理工作也需要紧跟时代步伐,运筹学、系统工程、电子技术等各种科技成就也逐步在成本会计中得到了广泛应用,从而使成本会计发展到了一个新的阶段,即成本会计的发展重点已经由原来的事后核算和事中控制,转移为如何进行成本的预测、决策和规划,形成了侧重管理的经营型的成本会计。

传统成本会计的主要工作是为了求得产品的总成本和单位成本而进行的核算工作,现代成本会计则是以货币为主要计量单位,针对相关经济主体在产品生产经营过程中的成本耗费进行预测、决策、控制、核算、分析和考核的价值管理活动。现代成本会计是在继承传统成本会计基础上发展起来的一种新型会计理论,将成本核算与生产经营实现了有效结合,具有不同于传统成本的会计程序和会计方法,具有高度的决策相关性。

这一阶段成本会计的主要发展是：

(1)逐步转向把成本的预测和决策放在重要地位,建立了数量化的成本管理技术;

(2)在目标管理的理论指导下,使成本会计与工程技术、生产组织措施有机结合起来,确定了目标成本的计算方法;

(3)出现了责任会计,将成本目标进一步分解到各个责任中心,进行责任成本控制,使成本控制更为有效;

(4)推行了质量成本核算,扩大了成本会计的研究领域;

(5)实行了变动成本计算法,为企业的预测和决策创造了便利条件;

(6)施行了以作业为基础的作业成本计算制度,施行了作业成本管理。

(四)战略成本会计阶段(1981年以后)

20世纪80年代以来,随着计算机技术的进步,生产方式的改变,产品生命周期的缩短,以及全球性竞争的加剧,大大改变了产品成本结构与市场竞争模式。英国学者西蒙首先提出了战略成本管理,要求成本管理的视角应由单纯的生产经营过程管理,扩展到与顾客需求及利益直接相关的、包括产品设计和产品使用环节的产品生命周期管理;同时要求企业更加注重内部组织管理,尽可能地消除各种内耗,以获取市场竞争优势。

二、成本会计的职能

《企业产品成本核算制度》第四条规定:企业应当充分利用现代信息技术,编制、执行企业产品成本预算,对执行情况进行分析、考核,落实成本管理责任制,加强对产品生产事前、事中、事后的全过程控制,加强产品成本核算与管理各项基础工作。

人们普遍认为,现代成本会计应具备以下职能:

(一)成本预测

成本预测就是依据与成本有关的数据及信息,并结合未来的发展变化情况,运用定量、定性的分析方法,对未来成本水平及变化趋势做出的科学估计。通过成本预测,有助于选择最优方案合理组织生产,从而减少工作的盲目性。

(二)成本决策

成本决策是指以成本预测的数据或情况为基础,运用专门的方法,对有关方案进行判断、分析，从中选择最优方案，据以确定目标成本。进行正确的成本决策，有助于企业科学、合理地编制成本计划，从而达到降低成本、提高经济效益的目的。

（三）成本计划

成本计划是指根据决策所确定的目标，确定计划期内为完成计划产量所应发生的耗费和各种产品的成本水平，同时也提出为完成上述成本指标应采取的措施和方法。成本计划是进行目标成本管理的基础，对于成本控制、成本分析和成本考核，都具有重要意义。

（四）成本控制

成本控制是指按预先制定的成本标准或成本计划指标，对实际发生的费用进行审核，并将其限制在标准成本或计划内，同时揭示和反馈实际与标准或与计划之间的差异，并采取措施消除不利因素，以使实际成本达到预期目标。通过成本控制，可促使企业顺利完成成本计划。

（五）成本核算

成本核算是指对生产经营过程中发生的各种生产费用进行归集和分配，采用一定的方法计算各种产品的总成本和单位成本。成本核算可以考核成本计划的完成情况，评价成本计划的控制情况，同时也为制定价格提供依据。

（六）成本分析

成本分析是指利用成本核算和其他有关资料，与计划、上年同期实际、本企业历史先进水平，以及国内外先进企业等的成本进行比较，系统研究成本变动的因素和原因，制定有效办法或措施，以便进一步改善经营管理，挖掘降低成本的潜力。成本分析可以为成本考核、未来的成本预测、决策以及下期成本计划的制订提供依据。

（七）成本考核

成本考核是指在成本分析的基础上，定期地对成本计划或成本控制任务的完成情况进行检查和评价，并联系责任单位的业绩给以必要的奖惩，以充分调动广大职工执行成本计划的积极性。

上述成本会计的职能是相互联系、相互补充的，它们在生产经营活动的各个环节、成本发生的各个阶段，相互配合地发挥作用。预测是决策的前提，决策是计划的依据，计划是决策的具体化，控制是对计划实施的监督，核算是对计划的检验，分析与考核是实现决策目标和完成计划的手段。其中，成本核算是成本管理最基本的职能。

三、成本会计的工作组织

为发挥成本会计的职能作用，完成成本会计任务，必须科学地组织成本会计工作。成本会计组织具体包括三个方面，即设置成本会计机构、配备成本会计人员、建立企业内部成本会计制度。

（一）设置成本会计机构

成本会计工作是企业整个会计工作的组成部分，成本会计机构也是企业会计机构的一个分支，是专门从事成本会计工作的职能部门。企业要根据本单位的生产类型特点和业务规模来决定是否需要单独设置成本会计机构以及如何组织机构的内部分工。一般来说,大中型企业应在会计机构中单独设置成本会计机构,专门从事成本的核算、分析等管理工作;小型
企业只需要在会计机构中分派专人负责成本会计工作。

成本会计工作的组织形式有两种方式,即集中工作方式和分散工作方式。

(1)集中工作方式,也称厂部一级核算体制,该组织形式下企业的全部成本核算工作都集中在企业的会计部门统一进行。

(2)分散工作方式,也称厂部、车间二级核算体制,该组织形式下厂部的会计部门只进行综合的成本核算与分析,成本的明细核算则分散在车间进行。

随着现代信息技术的普及应用,企业也可以根据管理需要,进一步细分为企业管理部门、工厂、车间、班组等成本控制层次。

(二)配备成本会计人员

成本会计人员素质的高低直接关系着成本会计工作的质量,所以,成本会计人员要自觉遵守会计人员职业道德,既精于核算,又善于管理;既精通国家有关政策法规和企业的一系列管理制度,又要熟悉企业的生产工艺流程;既能很好履行国家有关法规规定的会计人员职责和权限,又能结合企业实际开展成本核算管理工作。

(三)建立企业内部成本会计制度

企业内部成本会计制度是企业组织和处理成本会计工作的规范,属企业会计制度的一个组成部分,其建立既要以会计法、会计准则、企业产品成本核算制度等国家有关法律法规为依据,也要充分考虑企业生产经营特点和内部管理要求。成本会计制度的内容应当与成本会计的职能相吻合,一般应包括成本的预测、决策制度;成本定额、成本计划的制定;成本的核算与控制制度;成本报表的编制与分析制度以及企业内部价格的制定和结算制度等。企业产品成本核算采用的会计政策和估计一经确定,不得随意变更。

任务三 掌握产品成本核算的基本要求和基本原则

一、产品成本核算的基本要求

(一)产品成本核算环境的整体要求

成本核算是成本管理的一项基础性工作,是开展成本预测、成本决策、成本控制、成本考核及相关评价工作的基础。

随着信息技术的普及应用,企业应当充分利用现代信息技术,编制、执行企业产品成本预算,对执行情况进行分析、考核,落实成本管理责任制,加强对产品生产事前、事中、事后的全过程控制,加强产品成本核算与管理各项基础工作。

在进行成本核算时,企业可以改变传统模式,按照现代企业多维度、多层次的管理需要,确定多元化的产品成本核算对象。

多维度,是指以产品的最小生产步骤或作业为基础,按照企业有关部门的生产流程及

其相应的成本管理要求,利用现代信息技术,组合出产品维度、工序维度、车间班组维度、生产设备维度、客户订单维度、变动成本维度和固定成本维度等不同的成本核算对象。

多层次,是指根据企业成本管理需要,划分为企业管理部门、工厂、车间和班组等成本管控层次。

(二)加强成本核算的各项基础工作

加强成本核算的各项基础工作,保证原始数据的完整性和准确性,是正确核算产品成本的重要前提。成本核算的基础工作主要包括:

(1)建立原材料、在产品、半成品、产成品、周转材料、固定资产等各项财产物资的收发、领退、转移、报废和清查盘点制度。

(2)健全与成本核算有关的各项原始记录。

(3)制定并及时修订材料、工时、费用等定额。

(4)完善计量设施,严格计量检验制度。

(三)划清成本费用的几个界限

在进行产品核算时,应注意区分以下几个界限:

1.划清收益性支出与资本性支出的界限

符合成本确认条件的收益性支出,如支付生产人员薪酬,应计入当期的成本费用;资本性支出,如购置固定资产,应确认为资产,用于生产的,应当通过计提折旧、分期摊销等方式分期计入产品成本,不能直接计入当期成本费用。

2.划清营业性支出和营业外支出的界限

在成本计算过程中,对企业正常生产经营活动发生的支出,如存货采购、薪酬支付等,可以根据具体情况,计入产品成本和有关费用;而对于正常的生产经营以外的偶然原因发生的支出,如罚没损失、固定资产毁损等原因造成的净损失,应当单独核算,计入"营业外支出"。

3.划清生产成本与期间费用的界限

按照"制造成本法"的原理,只有生产单位(车间)发生的各项生产与管理费用,才能计入产品成本;而生产单位以外的行政管理部门发生的管理费用、销售部门发生的销售费用、因资金筹集发生的财务费用等,应作为期间费用,直接计入当期费用。

4.划清各月份的费用界限

生产成本的计算亦要遵循权责发生制原则,分清应计入本月的生产成本和不应计入本月的生产成本。在实际工作中,权责发生制原则的应用通常应和重要性原则结合,如果涉及的金额很小,几乎不会对成本计算产生影响的小额费用,也可以按照收付实现制处理。

5.划清各种产品的费用界限

如果一个生产单位(如一个车间、一个分厂)生产两种以上的产品,则应当将生产费用在不同产品间合理分配。对于能确定具体是哪种产品发生的费用,应直接计入该种产品成本;对于几种产品共同发生的费用,则应当按照一定的标准分配计入各种产品成本。

6.划清本月完工产品与在产品的费用界限

对于跨期完工的产品,应采用一定的成本计算方法,将本月归集的生产费用在完工产品和在产品之间进行分配,以正确计算结转完工产品成本,确定期末在产品成本。

(四)遵循一致性原则

企业产品成本核算采用的会计政策和估计一经确定,不得随意变更,以使各期的成本资料口径统一,前后连贯,相互可比。同时,遵循一致性原则,也是为了有效防止企业通过改变核算方法,人为调节成本。

(五)按照企业内部管理的需要进行产品成本核算

企业应当按照相关法律、法规以及会计制度的要求,结合本企业的管理要求,对生产经营过程中实际发生的各种劳动耗费进行计算、归集和分配,并把相关的成本信息传递给有关的使用者。并为对外报告和对内报告提供准确、翔实的信息。

(六)编制产品成本报表的要求

企业一般应当按月编制产品成本报表,全面反映企业生产成本、成本计划执行情况、产品成本及其变动情况等。由于各个企业的成本管理需求差异较大,且产品成本报表往往涉及企业的核心商业机密,所以,成本报表属于内部报表,其内容可以根据企业的具体需求灵活设计。

二、企业产品成本归集、分配和结转的基本原则

(一)企业产品成本归集、分配和结转的总体原则

企业发生的费用,能确定由某一成本核算对象负担的,应当按照所对应的产品成本项目类别,直接计入产品成本核算对象的生产成本;由几个成本核算对象共同负担的,应当选择合理的分配标准分配计入。

(二)确定企业产品成本分配标准的原则

由于不同行业的生产特点不同,生产组织方式不同,企业产品成本的分配标准也会有所不同。所以,企业应当根据自身的生产经营特点,以正常能力水平为基础,按照资源耗费方式确定合理的分配标准。在实务中,应遵循以下原则:

1. 受益性原则

该原则要求谁受益,谁负担,标准的选择能够反映各成本核算对象的受益程度。如材料费可能适合以耗用数量为标准,而人工费则可能更适合以生产工时为标准。

2. 及时性原则

该原则要求应及时将各项成本费用分配给受益对象,不应将上期或下期费用计入本期,以保证成本计算的准确性。如要将生产费用在完工产品与在产品之间采用适当的标准进行分配。

3. 成本效益原则

该原则要求成本的核算要兼顾准确性与效益性。成本的核算固然是越精确越好,但精确的成本核算必然需要付出更多的人力、物力,所以,成本费用的分配应当在准确性与工作量之间进行平衡,以求取得良好的效益。如辅助生产费用的"代数分配法"是最精确的费用分配方法,但操作起来难度较大,所以极少有单位采用,而比较常用的是计算准确性虽然稍差,但容易操作的"直接分配法"和"交互分配法"。

4. 基础性原则

该原则要求成本的分配标准必须以完整、准确的原始记录为依据,不能主观臆断,更

不能人为地干预成本的归集与分配。所以费用的分配必须以统计数据为基础。

5. 管理性原则

成本指标是一个综合性指标,是企业进行经济预测和经济决策的重要参考资料,因此,成本费用的归集、分配、结转应当力求科学,以便为管理服务。如"作业成本法"的引入,就是管理会计与成本会计的有机对接。

(三)企业产品成本结转的原则

企业应当按照权责发生制的原则,根据产品的生产特点和管理要求结转成本,不得以计划成本、标准成本、定额成本等代替实际成本。

任务四 熟悉成本核算程序

一、成本核算的科目设置

为了全面地进行产品成本核算,达到计算成本和控制成本的目的,提供管理上所需要的各种成本资料,企业应设置一系列成本、费用核算的会计科目。主要有以下类别:

(一)核算各项要素费用的科目

企业在一定时期发生于生产中的各种耗费,称为生产费用。生产费用不外乎是劳动对象、活劳动中的必要劳动和劳动资料三方面的消耗。这种按费用的经济内容(或性质)不同所进行的分类,在会计上称为生产费用要素。

为了核算各项要素费用的发生、归集和分配,应设置"原材料""材料成本差异""周转材料"等反映劳动对象耗费的科目;设置"应付职工薪酬"等反映劳动力耗费的科目;设置"累计折旧"等反映劳动资料耗费的科目。上述会计科目已在财务会计教材中做过介绍,不再重复。

(二)计算产品成本的会计科目

为了便于归集与分配生产费用,计算产品成本,企业应设置"生产成本""劳务成本""制造费用"等成本类会计科目。

1. 生产成本

用来核算企业进行工业性生产,包括生产各种产品(产成品、自制半成品)、自制材料、自制工具、自制设备、提供劳务等所发生的各项生产费用。

本科目下设"基本生产成本"和"辅助生产成本"两个明细科目。生产过程中发生的直接材料、直接人工,可直接记入"基本生产成本"和"辅助生产成本"科目借方的有关成本项目中,其他间接费用先在"制造费用"科目中进行归集,月终再按一定的标准分配计入有关产品的成本。已完工并已验收入库的产成品及自制半成品的成本,应按实际成本从本科目的贷方转出。该科目的月末借方余额表示尚未加工完成的各种在产品的成本。"辅助生产成本"明细科目归集的费用,月终根据生产的产品以及为其他部门提供的产品和劳务按一定的标准分配给受益对象,分配转出后,月末一般无余额。

2. 劳务成本

劳务成本用来核算企业对外提供劳务发生的成本。应按照劳务的种类设置明细账核算。

实际发生的劳务成本记入该科目的借方,按照一定的计算方法(完工百分比法)计算转出的劳务成本记入该科目的贷方。该科目的期末借方余额表示尚未完工结转的劳务成本。

3.制造费用

制造费用用来核算企业为生产产品和提供劳务而发生的各项间接费用,包括企业生产部门(如生产车间)发生的水电费、固定资产折旧、无形资产摊销、管理人员的薪酬、劳动保护费、国家规定的有关环保费用、季节性和修理期间的停工损失等。实际发生各项制造费用时记入该科目的借方,月末按照适当的分配方法分配转出制造费用时,记在该科目的贷方,除季节性生产企业或采用累计分配法分配制造费用的企业外,该科目月末一般无余额。

> **课内思考:**
> 如果企业根据自身条件的特点,将"基本生产成本"和"辅助生产成本"直接作为一级科目来核算可以吗?有何依据?

上述成本、费用会计科目,存在着相互依存关系,形成了一个严密、完整的成本核算科目体系。

二、成本核算的一般程序

企业生产费用的发生过程,就是产品成本的形成过程。产品生产成本的核算过程,就是各种要素费用按其经济用途进行分配和归集,最后计入各种产品成本,按成本项目反映完工产品成本和月末在产品成本的过程。因此,企业生产成本核算的一般程序为:

(一)确定产品成本的核算对象

成本核算对象是生产费用的归集对象和生产耗费的承担者,是设置产品成本明细账,计算产品成本的前提。正确确定成本核算对象是做好成本管理工作的关键和基础。企业应当根据生产经营特点和管理要求,确定成本核算对象,归集成本费用,计算产品的生产成本。制造企业一般按照产品品种、批次订单或生产步骤等确定产品成本核算对象。

产品规格繁多的,可以将产品结构、耗用原材料和工艺过程基本相同的产品,适当合并作为成本核算对象。

(二)确定成本核算范畴

企业应按照会计准则和企业产品成本核算制度的要求,正确划分费用界限,进而根据核算对象的特点及成本形成过程、方式,设计具体的核算项目。

(三)归集与分配生产费用

将某一期间发生的生产费用,按照恰当的分配原则、合理的分配方法在各成本计算对象之间进行归集与分配。

(四)计算完工产品成本与在产品成本

对于月末既有完工产品又有在产品的情况,应将月初在产品费用与本月生产费用之和,在完工产品和在产品之间进行分配,计算出完工产品和期末在产品的成本。

根据成本核算的基本步骤,结合企业设置的成本、费用会计科目体系,设计出产品成本核算的一般程序图,如图 1-4 所示。

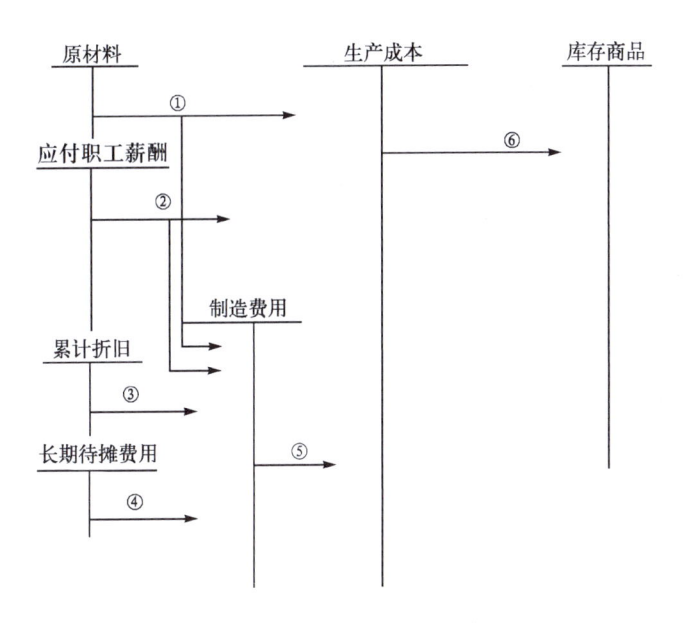

图 1-4 产品成本核算的一般程序

说明:①生产产品发生的直接材料费用和发生在制造费用中的消耗性材料费用;
②生产产品发生的直接人工费用和发生在制造费用中的职工薪酬费用;
③发生的生产用固定资产折旧费;
④发生的长期待摊费用摊销;
⑤分配制造费用;
⑥结转完工产品的实际成本。

三、生产费用要素分配的一般原则

产品生产过程中发生的各种生产费用,应采用一定的方法归集并分配计入产品成本中。对于应计入产品成本的各种费用要素,还应按其与产品的关系进行归集和分配。

在只生产一种产品的企业,凡能计入产品成本的全部费用,都是直接费用,应直接计入产品成本。

在生产多种产品的企业,应计入产品成本的费用要素,按照费用要素的分配原则要区别对待。对于能确定为某种产品所耗用的直接费用要直接计入;为几种产品共同耗用的间接费用,要采用一定的方法分别计入。

在费用要素分配中,应特别强调直接费用要直接计入的问题。凡是能够确认为某种产品所发生的费用，都应尽量采取直接计入的方法。因为若采用一定的标准进行分配时，其结果的准确性会差一些，从而影响到产品成本的真实性。

费用要素的归集与分配，要通过编制费用要素分配表来进行。

项目总结

通过本项目的学习，我们知道了产品成本是成本会计的工作对象，现代成本会计作为企业经营管理的一个重要的组成部分，必须在严格遵循成本核算的原则和要求的基础上，结合企业的实际情况，正确组织核算程序，恰当设置会计机构，才能为企业管理者提供有价值的成本信息。

项目检测

一、单项选择题

1. 不属于产品成本的是（ ）。
   A.直接材料费用　　　　　　　　B.直接人工费用
   C.制造费用　　　　　　　　　　D.管理费用

2. 按照成本与产量的关系可以分为（ ）。
   A.直接成本和间接成本　　　　　B.变动成本和固定成本
   C.可控成本和不可控成本　　　　D.人工成本和材料成本

3. 成本会计最基本的职能是（ ）。
   A.成本分析　　B.成本核算　　C.成本控制　　D.成本决策

4. 下列不最终构成产品成本的是（ ）。
   A.广告费　　　　　　　　　　　B.生产车间的设备支出
   C.废品损失　　　　　　　　　　D.员工福利费

5. 不属于产品成本核算的基本要求的是（ ）。
   A.加强成本核算的基础工作　　　B.划清成本费用的界限
   C.及时对外提供成本报表　　　　D.根据管理需要进行成本核算

二、多项选择题

1. 属于间接成本的有（ ）。
   A.甲产品领用的材料费　　　　　B.生产工人的计件工资
   C.车间管理人员的计时工资　　　D.车间照明费
   E.生产工人的计时工资

2. 变动成本的特点有（ ）。
   A.成本总额通常有一个初始量
   B.成本总额随产品产量增减而成反比例变化
   C.成本总额随产品产量增减而成正比例变化
   D.单位成本保持不变
   E.单位成本随产量增加而成反比例变化

3.降低产品成本的途径包括( )。
　　A.控制业务招待费　　　　　　　　B.控制人工费用
　　C.降低材料采购成本　　　　　　　D.减少废品损失
　　E.控制销售费用
4.产品按其形态可以分为( )。
　　A.有形产品　　　B.无形产品　　　C.在产品　　　D.完工产品
　　E.废品
5.成本会计机构的设置应考虑( )。
　　A.财务报告的需要　　　　　　　　B.业务往来的需要
　　C.企业管理的需要　　　　　　　　D.企业规模的大小
　　E.员工的多少

三、判断题

1.任何一个会计主体只要发生经济行为,就会发生耗费,在会计上就应当核算其成本。
　　　　　　　　　　　　　　　　　　　　　　　　　　　　　　( )
2.将成本划分为可控成本和不可控成本可以更好地明确各个部门的经济责任。( )
3.物料消耗一般都属于直接费用。　　　　　　　　　　　　　　　( )
4.完工产品成本实际上就是本月所发生的生产费用支出。　　　　　( )
5.产品既包括有形产品,也包括无形产品。　　　　　　　　　　　( )

四、问题与思考

1.按照现代财务制度的规定,哪些费用可以列入成本?
2.如何利用固定成本和变动成本的特性,寻找降低产品成本的途径?
3.成本会计具有哪些职能,各项职能之间有什么相互关系?
4.不同规模的企业,在成本会计的工作组织方面有何不同?
5.成本核算的要求有哪些?
6.试述成本核算的一般程序。

项目二 掌握生产费用的归集与分配方法

项目导入

企业要进行生产经营就必须有人力和物力的消耗,恰当地核算产品成本,为企业管理层提供与决策相关的成本信息是成本会计的核心工作内容,在该项目中,我们将通过一套完整的成本核算案例,按照成本核算的一般工作流程,全面系统地学习各项生产费用的分配方法和工作原理,为成本计算方法的综合运用奠定基础。

项目任务

按照成本的一般核算流程,采用不同的费用分配方法,完成各种成本费用的归集与分配工作,并最终计算出完工产品成本。

项目实训

1.随堂实训任务:按照成本核算流程顺序完成《成本会计实训》中的七个单项实训任务,最终计算出C620和C640的产品成本。

2.拓展实训任务:参照教材案例中甲产品的成本计算流程,采用"不计算在产品成本法"自主设计完成乙产品的成本计算工作。

任务一 归集与分配要素费用

【实训任务】"实训一~实训三:要素费用的分配"

一、材料费用的归集与分配

材料是生产过程中的劳动对象。对于生产过程中发生的材料费用,应首先按其发生的地点和用途进行归集,然后再采用适当的方法进行分配。所以,材料费用的核算,包括材料费用的归集和分配两个方面。

材料在生产过程中的用途及其所起的作用各不相同,有的材料经过加工后构成产品的主要实体;有的材料虽不构成产品的主要实体,但却有助于产品的形成;有的材料在生产过程中被劳动工具所消耗。

企业的材料,不论是外购、自制、委托加工还是投资者投入,其材料费用核算方法基本相同。首先是进行材料发出的核算,然后根据发出材料的具体用途,分配材料费用,计算各种产品成本。

(一)材料发出的核算

材料发出所依据的原始凭证是领料单、限额领料单或领料登记表。会计部门应该对发料凭证所列材料的种类、数量和用途等进行审核,检查所领材料的种类和用途是否符合规定,数量有无超过定额或计划。只有经过审核、签章的发料凭证才能据以发料,并作为发料核算的原始凭证。为了更好地控制材料的领发,节约材料费用,应该尽量采用限额领料单,实行限额领料制度。有关"领料单""限额领料单"见表 2-1、表 2-2。

表 2-1　　　　　　　　　　　　领　料　单

领料单位:　　　　　　　用途:　　　　日期:　　　　　　发料仓库:

材料编号	材料类别	名称	规格	计量单位	数量		成本	
					请领	实发	单价	金额

发料人:　　　　领料人:　　　　　领料单位负责人:　　　　　　主管:

表 2-2　　　　　　　　　　　　限 额 领 料 单

领料单位:　　　　　　　　　　材料名称:　　　　　　　发料仓库:

计划产量:　　　　　　　　　单位消耗定额:　　　　　　编号:

材料编号	材料名称	规格	计量单位	单价	领用限额	全月实用	
						数量	金额

领料日期	请领数量	实发数量	领料人签章	发料人签章	限额结余
合计					

供应部门负责人:　　　　　　　生产部门负责人:　　　　　　仓库管理人员:

生产所剩余料,应该编制退料单,据以退回仓库。对于车间已领未用,下月需继续耗用的材料,为保证车间成本计算的正确性及避免手续上的麻烦,可以采用"假退料"方法。即材料实物仍在车间,只是在凭证传递上,填制一张本月份退料单,表示该项余料已经退库,同时还需编制一张下月份的领料单,表示该项余料又作为下月份的领料出库。

为了进行材料收发结存的明细核算,应该按照材料的品种、规格设置材料明细账。材料收发结存的核算,可以按照材料的实际成本进行,也可以先按材料的计划成本进行,然后在月末计算材料成本差异率,将材料发出的计划成本调整为实际成本。

1.按实际成本计价的材料发出的核算

在按实际成本计价进行材料的日常核算时,不管是材料的总账,还是明细账都要按实际成本计价。发出材料的金额,可按照先进先出法,或个别计价法,或加权平均法等方法计算登记。为了简化总账的登记工作,一般都是在月末根据全部发料凭证汇总编制发料凭证汇总表,然后根据发料凭证汇总表登记总账。有关"发料凭证汇总表"见表2-3。

根据表2-3,可以编制发出材料的会计分录。如果只设一个"原材料"总账科目,其会计分录如下:

借:基本生产成本　　　　　　　　　　　　　　　229 920.00
　　辅助生产成本　　　　　　　　　　　　　　　 26 910.00
　　制造费用　　　　　　　　　　　　　　　　　 11 480.00
　　管理费用　　　　　　　　　　　　　　　　　 2 133.00
　　贷:原材料　　　　　　　　　　　　　　　　 270 443.00

表 2-3　　　　　　　　　发料凭证汇总表

材料类别:原材料　　　　　　20××年×月　　　　　　单位:元

应借科目		应贷科目		合计
		原材料	燃料	
基本生产成本	1～10日	76 800	3 140	79 940
	11～20日	69 420	2 960	72 380
	21～31日	73 980	3 620	77 600
	小　计	220 200	9 720	229 920
辅助生产成本	1～10日	7 410	2 210	9 620
	11～20日	6 838	2 350	9 188
	21～31日	6 162	1 940	8 102
	小　计	20 410	6 500	26 910
制造费用	1～10日	3 240	456	3 696
	11～20日	2 780	583	3 363
	21～31日	3 980	441	4 421
	小　计	10 000	1 480	11 480
管理费用	1～10日	563	132	695
	11～20日	664	100	764
	21～31日	533	141	674
	小　计	1 760	373	2 133
合计		252 370	18 073	270 443

如果企业所耗燃料费用比重较大,则应单独设置"燃料"总账科目对其进行核算和控制。有关分录如下:

借:基本生产成本　　　　　　　　　　　　　　　220 200.00
　　辅助生产成本　　　　　　　　　　　　　　　 20 410.00

制造费用	10 000.00
管理费用	1 760.00
贷:原材料	252 370.00
借:基本生产成本	9 720.00
辅助生产成本	6 500.00
制造费用	1 480.00
管理费用	373.00
贷:燃料	18 073.00

2.按计划成本计价的材料发出的核算

按计划成本进行的材料核算的特点是材料的总账及明细账必须是根据收、发料凭证或收、发料凭证汇总表按计划成本登记。

为了核算材料采购的实际成本、计划成本,调整发出材料的成本差异,计算发出和结存材料的实际成本,除设置"原材料"科目外,还应设立"材料采购"和"材料成本差异"两个总账科目,并应按照材料类别设立材料采购明细账和材料成本差异明细账。有关"材料采购"和"材料成本差异"两个账户的用途结构在财务会计教材中已经述及,这里不再重述。

月末为了调整发出材料的成本差异,计算发出材料的实际成本,还必须根据"原材料"和"材料成本差异"科目计算材料成本差异率。其计算公式为

$$材料成本差异率 = \frac{月初结存材料成本差异 + 本月收入材料成本差异}{月初结存材料计划成本 + 本月收入材料计划成本} \times 100\%$$

根据材料成本差异率和发出材料的计划成本,可计算发出材料的成本差异,其计算公式为

$$发出材料成本差异 = 发出材料计划成本 \times 材料成本差异率$$

例 2-1

某企业月初库存材料的计划成本为 31 000 元,实际成本为 29 650 元。本月收入材料的计划成本为 92 000 元,实际成本为 90 890 元。本月发出材料的计划成本为 74 000 元。计算本月发出材料的实际成本。

月初结存材料的成本差异额 = 29 650 − 31 000 = −1 350(元)

本月收入材料的成本差异额 = 90 890 − 92 000 = −1 110(元)

$$材料成本差异率 = \frac{-1\ 350 + (-1\ 110)}{31\ 000 + 92\ 000} = -2\%$$

发出材料应负担的差异额 = 74 000 × (−2%) = −1 480(元)

发出材料的实际成本 = 74 000 − 1 480 = 72 520(元)

如果库存材料比较多,本月发出的材料全部或者大部分是以前月份购入的材料,也可以根据上月末、本月初结存材料的成本差异率计算本月发出材料的成本差异。这种材料成本差异率的计算公式为

$$材料成本差异率 = \frac{月初结存材料成本差异}{月初结存材料计划成本} \times 100\%$$

采用上月末、本月初的材料成本差异率,可以简化和加速发出材料的材料成本差异的核算工作。材料成本差异率的计算方法一经确定,不应任意变更。

由于"材料成本差异"总账科目应按原材料、周转材料等材料类别设立明细账,因而材料成本差异率也应按照材料类别计算。

为了汇总反映发出材料的计划成本和成本差异,并据以计算发出材料的实际成本,发料凭证汇总表中的材料成本应按计划成本和成本差异分列。其格式见表2-4。

根据表2-4编制发出材料计划成本和调整材料成本差异的会计分录如下:

借:基本生产成本　　　　　　　　　　　　208 800.00
　　辅助生产成本　　　　　　　　　　　　 20 200.00
　　制造费用　　　　　　　　　　　　　　 11 900.00
　　管理费用　　　　　　　　　　　　　　 2 400.00
　贷:原材料　　　　　　　　　　　　　　　243 300.00
借:基本生产成本　　　　　　　　　　　　 4 176.00
　　辅助生产成本　　　　　　　　　　　　 404.00
　　制造费用　　　　　　　　　　　　　　 238.00
　　管理费用　　　　　　　　　　　　　　 48.00
　贷:材料成本差异　　　　　　　　　　　　 4 866.00

表 2-4　　　　　　　　　发料凭证汇总表

材料类别:原材料　　　　　20××年×月　　　　　　单位:元

应借科目		应贷科目:原材料、材料成本差异	
		计划成本	成本差异(成本差异率2%)
基本生产成本	1~10日	68 000	1 360
	11~20日	71 400	1 428
	21~31日	69 400	1 388
	小　计	208 800	4 176
辅助生产成本	1~10日	7 100	142
	11~20日	4 800	96
	21~31日	8 300	166
	小　计	20 200	404
制造费用	1~10日	3 300	66
	11~20日	2 900	58
	21~31日	5 700	114
	小　计	11 900	238
管理费用	1~10日	600	12
	11~20日	800	16
	21~31日	1 000	20
	小　计	2 400	48
合　计		243 300	4 866

(二)材料费用分配的核算

不论耗用外购材料还是自制材料,其费用的分配,都应根据审核后的领、退料凭证,按材料的具体用途进行。将其中用于产品生产的材料费用,计入各种产品成本有关的成本项目;将用于产品销售以及组织和管理生产经营活动的材料费用,计入销售费用和管理费用的有关费用项目;将用于建造固定资产的材料费用,计入在建工程支出;将用于出租、出售周转材料和出租固定资产所发生的维修材料费用,计入其他业务成本。下面以原材料和燃料为例说明材料费用的分配方法。

1.原材料费用分配的核算

直接用于产品生产的原料及主要材料、辅助材料、包装材料等,属于直接生产费用,一般可根据"发出材料汇总表"记入相应产品成本明细账的"直接材料"成本项目中。如果同一期间同一生产车间同时生产两种以上产品,而领用同一种原材料,这时原材料费用就属于间接计入费用,需要采用一定的分配标准分配计算后,才能记入到有关产品成本明细账中。分配标准一般可按产品的产量、体积、重量进行分配,也可以按材料的消耗定额或定额费用进行分配。

(1)定额消耗量比例分配法

定额消耗量比例分配法是按照产品材料定额消耗量比例分配材料费用的方法。它适用于各种材料消耗定额比较健全而且相对准确的材料费用的分配。其计算公式为:

$$某种产品材料定额消耗量 = 该种产品实际产量 \times 单位产品材料消耗定额$$

$$材料消耗量分配率 = \frac{材料实际消耗总量}{各种产品材料定额消耗量之和}$$

$$某种产品应分配的材料数量 = 该种产品的材料定额消耗量 \times 材料消耗量分配率$$

$$某种产品应分配的材料费用 = 该种产品应分配的材料数量 \times 材料单价$$

其中,单位产品材料消耗定额是指单位产品可以消耗的数量限额,可以根据企业的有关指标确定;定额消耗量是指一定产量下按照单位产品材料消耗定额计算的可以消耗的材料数量。

上述直接用于产品生产、专设成本项目的各种材料费用,应记入"基本生产成本"科目借方及其所属各产品成本明细账"直接材料"成本项目;直接用于辅助生产、产品销售以及组织和管理生产经营活动等方面的各种材料费用,应分别记入"辅助生产成本""制造费用""销售费用""管理费用"等科目的借方及其所属明细账中的有关成本项目或费用项目中。同时,将已发生的各种材料费用总额,记入"原材料"科目的贷方。现举例说明如下。

例2-2 新光公司本月生产甲、乙两种产品,实际耗用某种材料9 000千克,每千克单价6元,共计54 000元。生产甲产品20件,单位消耗定额为440千克;生产乙产品40件,单位消耗定额为80千克。

现采用定额消耗量比例分配法计算甲、乙两种产品应分配的材料费用如下:

甲产品定额消耗量＝20×440＝8 800(千克)
乙产品定额消耗量＝40×80＝3 200(千克)
材料定额消耗总量＝8 800＋3 200＝12 000(千克)

$$材料消耗量分配率＝\frac{9\,000}{12\,000}＝0.75(千克/定额)$$

甲产品应分配的材料费用＝0.75×8 800×6＝39 600(元)
乙产品应分配的材料费用＝0.75×3 200×6＝14 400(元)

上述计算分配，可以考核原材料消耗定额的执行情况，有利于加强原材料消耗的实物管理，但分配计算的工作量较大。为了简化分配计算的工作量，也可以按原材料定额消耗量的比例分配法，直接分配原材料费用。

计算分配如下：

$$材料费用分配率＝\frac{材料实际费用总额}{各种产品材料定额消耗量之和}$$

$$材料费用分配率＝\frac{6×9\,000}{8\,800＋3\,200}＝4.50(元/定额)$$

甲产品应分配材料费用＝4.50×8 800＝39 600(元)
乙产品应分配材料费用＝4.50×3 200＝14 400(元)

上述两种计算方法结果相同。但后一种方法不能提供各种产品材料的实际消耗量，不利于加强材料消耗的实物管理。

根据领、退料凭证和有关资料编制"原材料费用分配汇总表"见表2-5。

表2-5　　　　　　　　　原材料费用分配汇总表
20××年×月

领料单位及用途	产量(件)	共同耗用材料费用				直接材料费用(元)	合计(元)
		单位消耗定额(千克/件)	定额消耗量(千克)	分配率(元/千克)	分配额(元)		
甲产品	20	440	8 800		39 600	127 740	167 340
乙产品	40	80	3 200		14 400	56 460	70 860
小计			12 000	4.50	54 000	184 200	238 200
供水车间						21 610	21 610
供电车间						34 800	34 800
一车间						8 280	8 280
二车间						3 520	3 520
企业管理部门						1 760	1 760
合计					54 000	254 170	308 170

根据表2-5，可以编制会计分录如下：

借:基本生产成本——甲产品	167 340.00
——乙产品	70 860.00
辅助生产成本——供水车间	21 610.00
——供电车间	34 800.00
制造费用——一车间	8 280.00
——二车间	3 520.00
管理费用	1 760.00
贷:原材料	308 170.00

上述会计分录也可以根据发料凭证汇总表编制。但应注意:有关材料费用分配的会计分录,只能根据这两种凭证中的一种凭证编制。根据何种凭证编制会计分录,必须在企业会计制度中明确规定,以免重编或漏编。据以完成的账簿登记参见表2-19、表2-20、表2-27、表2-30。

(2)定额费用比例分配法

定额费用比例分配法是以产品材料定额成本为标准分配材料费用的一种方法。材料费用定额和材料定额费用,是消耗定额和定额消耗量的货币表现。它适用于多种产品共同耗用多种材料的情况。其计算公式为

某种产品某种材料定额费用＝该种产品实际产量×单位产品该种材料费用定额

$$材料费用分配率 = \frac{各种材料实际费用总额}{各种产品材料定额费用之和}$$

某种产品应负担的材料费用＝该种产品各种材料定额费用×材料费用分配率

例 2-3 某企业生产 A、B 两种产品,共同领用甲、乙两种材料,合计 17 232 元。本月生产 A 产品 60 件,B 产品 50 件。A 产品材料消耗定额为:甲材料 8 千克,乙材料 6 千克;B 产品材料消耗定额为:甲材料 5 千克,乙材料 4 千克。甲材料单价 12 元,乙材料单价 10 元。用定额费用比例分配法计算 A、B 两种产品应分配的材料费用。

计算分配如下:

A 产品两种材料定额费用分别为:

甲材料定额费用＝60×8×12＝5 760(元)

乙材料定额费用＝60×6×10＝3 600(元)

B 产品两种材料定额费用分别为:

甲材料定额费用＝50×5×12＝3 000(元)

乙材料定额费用＝50×4×10＝2 000(元)

$$材料费用分配率 = \frac{17\ 232}{5\ 760 + 3\ 600 + 3\ 000 + 2\ 000} = 1.2$$

A 产品应分配材料费用＝(5 760+3 600)×1.2＝11 232(元)

B 产品应分配材料费用＝(3 000+2 000)×1.2＝6 000(元)

实务操作

试用【例2-2】资料,按定额费用比例分配法分配材料实际费用。

答案:分配率0.75。

2.燃料费用分配的核算

燃料费用的分配程序和方法与上述原材料费用分配的程序和方法相同。只不过是在没有专设成本项目"燃料及动力"科目的情况下,应该增设"燃料"会计科目,并将燃料费用单独进行分配。现举例说明如下。

例 2-4 新光公司本月直接用于甲、乙两种产品生产的燃料费用为9 719.75元,按燃料的定额费用比例分配。根据耗用燃料的产品数量和单位产品的燃料费用定额算出的燃料定额费用为:甲产品6 861元,乙产品4 574元。现采用定额费用比例法分配计算如下:

$$燃料费用分配率 = \frac{9\ 719.75}{6\ 861 + 4\ 574} = 0.85$$

甲产品燃料费用 = 6 861 × 0.85 = 5 831.85(元)

乙产品燃料费用 = 4 574 × 0.85 = 3 887.90(元)

根据有关凭证和【例2-4】费用分配的结果,编制"燃料费用分配表"见表2-6。

表 2-6　　　　　　　　燃料费用分配表

20××年×月　　　　　　　　　　　　金额单位:元

应借科目		成本或费用项目	直接计入	分配计入			合计
				定额燃料费用	分配率	分配金额	
基本生产成本	甲产品	燃料及动力		6 861.00		5 831.85	5 831.85
	乙产品	燃料及动力		4 574.00		3 887.90	3 887.90
	小计			11 435.00	0.85	9 719.75	9 719.75
辅助生产成本	供电车间	燃料及动力	21 500.00				21 500.00
	供水车间	燃料及动力	5 000.00				5 000.00
	小计		26 500.00				26 500.00
制造费用	基本生产一车间	其他	880.00				880.00
	基本生产二车间	其他	600.00				600.00
	小计		1 480.00				1 480.00
管理费用		其他	373.00				373.00
合计			28 353.00			9 719.75	38 072.75

根据表2-6燃料费用分配表,可以编制会计分录如下:

借:基本生产成本——甲产品　　　　　　　5 831.85

　　　　　　　　——乙产品　　　　　　　3 887.90

　　辅助生产成本——供电车间　　　　　　21 500.00

　　　　　　　　——供水车间　　　　　　5 000.00

制造费用——一车间		880.00
——二车间		600.00
管理费用		373.00
贷:燃料及动力		38 072.75

据以完成的账簿登记参见表2-19、表2-20、表2-27、表2-30。有关周转材料发出和摊销的核算在财务会计教材中已经述及,故不再重述。

实务操作

1.资料与要求:

(1)东风服装厂某车间用毛料生产男式西服和女式套裙。12月份实际用毛料888米,每米70元,共计62 160元。其中,生产男式西服200套,单位消耗定额为2.7米,女式套裙100套,单位消耗定额为2米。请用定额消耗量比例法计算男式西服和女式套裙耗用的材料费用并编制会计分录。

原材料费用分配表

20××年12月 单位:元

受益部门	产量(件)	单位消耗定额	定额消耗量	分配率	分配数量	单价	金额
男套							
女套							
合计							

(2)某机床厂生产甲、乙两种机床部件,领用A、B两种主要材料,共计66 480元。本月投产甲部件200件,乙部件100件。甲部件的材料消耗定额为:A材料5千克,B材料8千克;乙部件的材料消耗定额为:A材料7千克,B材料9千克。A、B两种材料的计划单价分别为12元和14元。请用定额费用比例分配法计算甲、乙两种部件的材料费用并编制会计分录。

原材料费用分配表

20××年 月 单位:元

受益部门	材料类别	产量	单位消耗定额	单价	定额费用	分配率	分配金额
甲产品	A材料						
	B材料						
	小计						
乙产品	A材料						
	B材料						
	小计						
合计							

2.答案:

(1)男式西服材料费为45 360元,女式套裙材料费为16 800元。

(2)甲部件材料费为41 280元,乙部件材料费为25 200元。

二、外购动力费用的归集与分配

外购动力费用是指向外单位购买电力、蒸汽、煤气等动力所支付的费用。进行外购动力费用核算，一是动力费用支出核算，二是动力费用分配核算。

（一）外购动力费用支出的核算

在实际工作中，由于外购动力费用一般不是在每月末支付，而是在每月下旬的某日支付。因此支付时一般是借记"应付账款"科目，贷记"银行存款"科目，到月末时再借记各成本、费用类科目，贷记"应付账款"科目。这是为什么呢？因为支付日计入的动力费用并不完全是当月动力费用，而是上月付款日到本月付款日的动力费用。所以，为了正确地计算当月动力费用，不仅要计算、扣除上月付款日到上月末的已付动力费用，而且还要分配、补记当月付款日到当月末的应付未付动力费用，核算工作量太大。因此，支付动力费用时一般都通过"应付账款"科目，只在每月的月末分配登记一次动力费用。这样核算"应付账款"科目时，借方所记本月已付动力费用与贷方所记本月应付动力费用，往往不相等，从而会出现月末余额。如果月末余额在借方，表示本月实际支付款大于应付款，多付了动力费用，可以抵冲下月应付费用；如果月末余额在贷方，表示本月应付款大于实际支付款，形成应付动力费用，可以在下月支付。

如果每月支付动力费用的日期基本固定，而且每月付款日到月末的应付动力费用相差不多时，各月付款日到月末的应付动力费用可以互相抵消。如果不影响各月动力费用核算的正确性，也可以不通过"应付账款"科目，而直接借记有关成本、费用类科目，贷记"银行存款"科目。

（二）外购动力费用分配的核算

外购动力费用的分配也必须通过编制外购动力费用分配表进行。外购动力有的直接用于产品生产，如生产工艺过程耗用电力；有的间接用于生产，如生产车间照明用；有的用于行政经营管理，如行政管理部门耗用等。这些动力费用是按用途进行分配的，在有仪表记录的情况下，按照仪表所示耗用动力数量以及动力单价计算；在没有安装仪表以及车间生产用的动力无法按不同产品分别安装仪表的情况下，所发生的外购动力费用应采用一定的分配方法在受益对象之间进行分配。分配方法有生产工时比例分配法、机器工时比例分配法、定额耗用量比例分配法等。

在进行外购动力费用分配的账务处理时，直接用于产品生产的外购动力，如能分清是哪种产品耗用的，可直接记入该种产品成本明细账的"燃料及动力"成本项目，不能分清是哪种产品耗用的，则应采用上述的分配方法将外购动力费用分配计入各产品的成本中。照明、取暖用动力费用分别记入"制造费用"和"管理费用"科目及其所属的明细账中。现举例说明如下：

▼ **例 2-5** 沐妍公司本月共用电 80 000 度，每度电费为 1.00 元，共发生电费 80 000 元。该企业各部门均安装有电表，电表显示各部门的用电情况如下：基本生产车间生产产品用电 65 000 度，照明用电 4 000 度，其中一车间 1 800 度，二车间 2 200 度，

辅助生产车间用电6 000度，企业管理部门用电5 000度。基本生产车间生产甲、乙两种产品，本月甲产品的生产工时8 000小时，乙产品生产工时4 000小时。该企业采用生产工时比例分配法分配动力费用，现编制"外购动力费用分配表"见表2-7。

表2-7　　　　　　　　　　　外购动力费用分配表
新光公司　　　　　　　　　　　20××年×月　　　　　　　　　　　金额单位：元

应借科目		成本或费用项目	分配计入		电费分配		
			生产工时	用电量分配表	用电度数	电价	分配金额
基本生产成本	甲产品	燃料及动力	8 000		43 333.33	1.00	43 333.33
	乙产品	燃料及动力	4 000		21 666.67	1.00	21 666.67
	小计		12 000	5.416 667	65 000.00	1.00	65 000.00
辅助生产成本	锅炉车间	燃料及动力			6 000.00	1.00	6 000.00
制造费用	基本生产一车间	电费			1 800.00	1.00	1 800.00
	基本生产二车间	电费			2 200.00	1.00	2 200.00
	小计				4 000.00	1.00	4 000.00
管理费用		电费			5 000.00	1.00	5 000.00
合计					80 000.00	1.00	80 000.00

生产产品发生的65 000度电在甲、乙两种产品之间的分配如下：

$$电费分配率=\frac{65\ 000}{8\ 000+4\ 000}≈5.416\ 7(度/小时)$$

甲产品负担电量：8 000×5.416 7＝43 333.33(度)
乙产品负担电量：4 000×5.416 7＝21 666.67(度)

根据表2-7编制会计分录如下：
借：基本生产成本——甲产品　　　　　　　　43 333.33
　　　　　　　　——乙产品　　　　　　　　21 666.67
　　辅助生产成本——锅炉车间　　　　　　　6 000.00
　　制造费用——一车间　　　　　　　　　　1 800.00
　　　　　——二车间　　　　　　　　　　　2 200.00
　　管理费用　　　　　　　　　　　　　　　5 000.00
　贷：应付账款　　　　　　　　　　　　　　　　　80 000.00

如果实际的生产成本明细账没设"燃料及动力"成本项目，则直接用于产品生产的燃料及动力费用，可以分别记入"直接材料"和"制造费用"成本项目。

课内思考：
　　在什么情况下外购动力费用借记"应付账款"、贷记"银行存款"科目，而不是借记有关成本、费用类科目，贷记"银行存款"科目呢？

答案

三、薪酬费用的归集与分配

(一)职工薪酬的内容

职工薪酬,是指企业为获得职工提供的服务或解除劳动关系而给予的各种形式的报酬或补偿。职工薪酬包括短期薪酬、离职后福利、辞退福利和其他长期职工福利。企业提供给职工配偶、子女、受赡养人、已故员工遗属及其他受益人等的福利,也属于职工薪酬。

1.短期薪酬

短期薪酬是指企业在职工提供相关服务的年度报告期间结束后十二个月内需要全部予以支付的职工薪酬(因解除与职工的劳动关系给予的补偿除外)。

短期薪酬具体包括:职工工资、奖金、津贴和补贴,职工福利费,医疗保险费、工伤保险费和养老保险费等社会保险费,住房公积金,工会经费和职工教育经费,短期带薪缺勤,短期利润分享计划,非货币性福利以及其他短期薪酬。

(1)职工工资、奖金、津贴和补贴,是指构成工资总额的计时工资、计件工资、支付给职工的超额劳动报酬和增收节支的劳动报酬、为了补偿职工特殊或额外的劳动消耗和因其他特殊原因支付给职工的津贴,以及为了保证职工工资水平不受物价影响支付给职工的物价补贴等。

(2)职工福利费,主要是尚未实行医疗统筹企业职工的医疗费用、职工因公负伤赴外地就医路费、职工生活困难补助,以及按照国家规定开支的其他职工福利支出。

(3)社会保险费,是指企业按照国务院、各地方政府规定的基准和比例计算,向社会保险经办机构缴纳的医疗保险费、养老保险费、失业保险费、工伤保险费。

我国的养老保险分为基本养老保险、补充养老保险和储蓄型养老保险,基本养老保险和补充养老保险属于职工薪酬核算的范围,储蓄型养老保险不属于职工薪酬的核算范围。

(4)住房公积金

(5)工会经费和职工教育经费

(6)短期带薪缺勤,是指企业支付工资或提供补偿的职工缺勤,包括年休假、病假、短期伤残、婚假、产假、丧假、探亲假等。

(7)短期利润分享计划,是指因职工提供服务而与职工达成的基于利润或其他经营成果提供薪酬的协议。

(8)非货币性福利,是指企业以自己的产品或外购商品发放给职工作为福利,企业提供给职工无偿使用自己拥有的资产或租赁资产供职工无偿使用,免费为职工提供诸如医疗保险的服务或向职工提供企业支付了一定补贴的商品或服务等。

(9)其他短期薪酬,是指除上述薪酬以外的其他为获得职工提供的服务而给予的薪酬。

2.离职后福利

离职后福利是指企业为获得职工提供的服务而在职工退休或与企业解除劳动关系后,提供的各种形式的报酬和福利,短期薪酬和辞退福利除外。

3.辞退福利

辞退福利是指企业在职工劳动合同到期之前解除与职工的劳动关系,或者为鼓励职工自愿接受裁减而给予职工的补偿。

4.其他长期职工福利

其他长期职工福利是指除短期薪酬、离职后福利、辞退福利之外所有的职工薪酬,包括长期带薪缺勤、长期残疾福利、长期利润分享计划等。

(二)工资总额的组成

工资总额是各单位在一定时期内直接支付给本单位全部职工的劳动报酬总额。

根据国家统计局规定,工资总额由下列六个部分组成:

1.计时工资

计时工资是指按计时工资标准(包括地区生活费补贴)和工作时间支付给个人的劳动报酬。包括:对已做工作按计时工资标准支付的工资;实行结构工资制的单位支付给职工的基础工资和职务(岗位)工资;新参加工作职工的见习工资;运动员体育津贴。

2.计件工资

计件工资是指对已做工作按计件单价支付的劳动报酬。包括:实行超额累进计件、直接无限计件、限额计件、超定额计件等工资制,按劳动部门或主管部门批准的定额和计件单价支付给个人的工资;按工作任务包干方法支付给个人的工资;按营业额提成或利润提成办法支付给个人的工资。

3.奖金

奖金是指支付给职工的超额劳动报酬和增收节支的劳动报酬。包括:生产奖、节约奖、劳动竞赛奖、其他奖金。

4.津贴和补贴

津贴和补贴是指为了补偿职工特殊或额外的劳动消耗和因其他特殊原因支付给职工的津贴,以及为了保证职工工资水平不受物价上涨的影响支付给职工的物价补贴。

5.加班加点工资的规定:

在法定节假日期间,用人单位安排劳动者工作的,应支付不低于劳动者工资的300%的工资报酬,并不得以调休、补休替代。

在休息日期间,安排劳动者工作又不能安排调休或补休的,应支付不低于劳动者工资的200%的工资报酬。

在工作时延长劳动时间的,应支付不低于劳动者工资的150%的工资报酬。

6.带薪休假及探亲假的相关规定

(1)带薪休假

按照2008年起实施的《企业职工带薪年休假实施办法》规定:"职工连续工作满12个月以上的,享受带薪年休假。用人单位经职工同意不安排年休假,或者安排职工年休假天数少于应休年休假天数,应当在本年度内对职工应休未休年休假天数,按照其日工资收入的300%支付未休年休假工资报酬,其中包含用人单位支付职工正常工作期间的工资收入。"

计算未休年休假工资报酬的日工资收入,按照职工本人的月工资除以月计薪天数(21.75 天)进行折算。假设月薪 3 000 元,工作三年可休年假 5 天,未休年假应得到的补偿是 2 069 元(3 000÷21.75×300%×5=2 068.96 元)。

《职工带薪年休假条例》和《企业职工带薪年休假实施办法》中规定,职工累计工作已满 1 年不满 10 年的,年休假 5 天;已满 10 年不满 20 年的,年休假 10 天;已满 20 年的,年休假 15 天。国家法定休假日、休息日不计入年休假的假期。

(2)探亲假

探亲假:指职工与配偶、父、母团聚的时间,另外,根据实际需要给予路程假。

①员工探望配偶的,每年给予一方探亲假一次,假期为 30 天。

②未婚员工探望父母,原则上每年给假一次,假期为 20 天,也可根据实际情况,2 年给假一次,假期为 45 天。

③已婚员工探望父母,每 4 年给假一次,假期为 20 天。

主体条件:只有在国家机关、人民团体和国有企业、事业单位工作的员工才可以享受探亲假待遇。

时间条件:工作满一年。

事由条件:一是与配偶不住在一起,又不能在公休假日团聚的,可以享受探望配偶的待遇;二是与父亲、母亲都不住在一起,又不能在公休假日团聚的,可以享受探望父母的待遇。

"不能在公休假日团聚"是指不能利用公休假日在家居住一夜和休息半个白天。

(三)工资费用的原始记录

进行工资费用核算,必须有一定的原始记录作为依据。不同的薪酬制度所依据的原始记录不同。计算计时工资费用,应以考勤记录中的工作时间记录为依据;计算计件工资费用,应以产量记录中的产品数量和质量为依据。因此,考勤记录和产量记录是工资费用核算的主要原始记录。有关考勤簿和产量记录分别见表 2-8 和表 2-9。

表 2-8　　　　　　　　　考 勤 簿
20××年×月

车间或部门＿＿＿＿＿＿＿工段＿＿＿＿＿＿＿生产小组＿＿＿＿＿＿＿　　　　　　　考勤员＿＿＿＿＿＿＿

编号	姓名	工资等级	出勤和缺勤记录					合计		出勤分类					缺勤分类						备注
			1	2	3	4	…	出勤天数	缺勤天数	计时工作	计件工作	中班次数	夜班次数	加班加点	停工	迟到早退	公假	工伤	探亲假	产假	婚丧假	病假	事假	旷工	

表 2-9　　　　　　　　　工作班产量记录

20××年×月

工人			工作任务						交验结果							工资			
工号	姓名	等级	工序进程单编号	产品型号	零件编号	工序名称	交发加工数量	工时定额	交验数量	合格数量	返工数量	工废数量	料废数量	短缺数量	定额总工时	实际工时	检验员	计件单价	合格品工资	废品工资	合计
01	陈东	6	12	24	车	19	8	19	19					152	150	10	100	1 900		1 900
02	张伟	4	12	24	车	22	7	22	20		1	1		154	155	10	70	1 400	70	1 470
03	李明	7	12	18	铣	20	6	20	20					120	127	10	100	2 000		2 000
04	赵平	8	12	19	镗	18	5	18	18					90	100	10	110	1 980		1 980

(四) 工资的计算

是企业向职工支付工资和按用途分配工资费用的依据。工业企业可以根据具体情况采用各种不同的工资制度,其中最基本的工资制度是计时工资制度和计件工资制度。

1. 计时工资的计算

职工的计时工资,是根据考勤记录登记的每一位职工出勤或缺勤天数,按照规定的工资标准计算的。计时工资的计算方法有两种:月薪制和日薪制。

(1) 月薪制

月薪制不论各月日历天数多少,每月的标准工资相同,只要职工当月出满勤,就可以得到固定的月标准工资。企业固定职工的计时工资一般按月薪制计算。为了按照职工出勤或缺勤日数计算应付月工资,还应根据月工资标准计算日工资率。日工资率也称日工资,是指每位职工每日应得的平均工资额。

按照国家法定工作时间的规定,职工每月工作时间为

$$(365-104-11)\div 12 = 20.83(天)$$

按照《劳动法》的规定,法定节假日用人单位应当依法支付工资,即折算日工资、小时工资时不剔除国家规定的 11 天法定节假日。据此,月计薪天数为

$$月计薪天数 = (365-104)\div 12 = 21.75(天)$$

因此,日工资率的计算公式为

$$日工资率 = 月标准工资 \div 21.75$$

按照这种方法计算的日工资率不论大小月一律按 21.75 天计算,月内的休息日不付工资,缺勤期间的休息日,当然也不扣工资。

此外,应付月工资,可以按月标准工资扣除缺勤工资计算,其计算公式为

应付计时工资 = 月标准工资 −(事假、旷工天数 × 日工资率 + 病假天数 × 日工资率 × 病假扣款率)

也可以直接根据职工的出勤天数计算,其计算公式为

应付计时工资 = 本月出勤天数 × 日工资率 + 病假天数 × 日工资率 ×(1−病假扣款率)

计算缺勤扣款时,应区别不同情况,按照国家有关规定执行。对事假和旷工缺勤的,按100%的比例扣发工资;因工负伤、探亲假、婚丧假、女工产假等缺勤期间应按100%的比例全部照发工资;对病假或非因工负伤缺勤,应根据劳保条例的规定,按病假期限和工龄长短扣发一定比例的工资。

(2) 日薪制

日薪制是按职工出勤天数和日标准工资计算应付计时工资的方法。一般企业的临时职工的计时工资大多按日薪制计算。按日薪制计算计时工资的企业里,职工每月的全勤月工资不是固定的,而是随着当月月份大小而发生变化。对于非工作时间的工资,也应按前述有关规定计算。现举例说明前述计时工资的计算方法。

例 2-6

假定某企业某工人的月工资标准为 3 480 元,10月份共 31 天,其中病假 3 天,事假 2 天,休假 11 天(含 3 天节日休假),出勤 15 天。根据该工人的工龄,其病假工资按工资标准的 90% 计算。该工人的病假和事假期间没有节假日。采用月薪制计算该工人 10 月份的标准工资如下:

按 21.75 天计算日工资率为

$$日工资率 = \frac{3\ 480}{21.75} = 160(元)$$

① 按缺勤天数扣除缺勤工资计算的月工资为

应付工资 = 3 480 − 160 × 3 × 10% − 160 × 2 = 3 112(元)

② 按出勤天数计算的月工资为

应付工资 = 160 × (15 + 3) + 160 × 3 × 90% = 3 312(元)

课内思考:
按缺勤天数扣除缺勤工资和按出勤天数计算的月工资计算结果有什么不同?为什么?

2. 计件工资的计算

计件工资是根据每人(或班组)当月生产的实际合格品数量和规定的计件单价计算的工资。由于材料不合格造成的废品,应照付工资;由于加工人员的过失造成的废品,则不支付工资。有关计算公式为

应付计件工资 = ∑〔(合格品数量 + 料废品数量 × 加工程度) × 计件单价〕

计件工资通常有个人计件和集体计件两种形式。

(1) 个人计件工资的计算

例 2-7

某工人本月加工甲零件 800 个,计件单价 0.90 元;加工乙零件 300 个,计件单价 1.50 元,经检验甲零件料废 3 个,工废 10 个;乙零件工废 4 个,其余均为合格品。该工人本月应得计件工资为

应付计件工资 = (800 − 10) × 0.90 + (300 − 4) × 1.50 = 1 155(元)

(2)集体计件工资的计算

集体计件工资是以班组为对象计算的计件工资。常用的分配方法有两种：

①以计时工资为分配标准，在集体各成员之间进行分配。计算公式为

$$工资分配率=\frac{小组计件工资总额}{小组计时工资总额}$$

$$个人应得计件工资=个人应得计时工资×工资分配率$$

例 2-8 某生产小组3个人共同完成某项加工任务，共得计件工资3 280元，有关资料及个人应得工资见表2-10。

表 2-10　　　　　　　　　　小组计件工资分配表

部门：×生产小组　　　　　　20××年×月　　　　　　金额单位：元

姓名	小时工资率	实际工作小时	计时工资	计件工资分配率	应得计件工资
赵强	8.00	100	800		1 159.01
李伟	7.00	120	840		1 216.96
张山	6.24	100	624		904.03
合计	—	320	2 264	1.448 763	3 280.00

②以实际工作小时为分配标准，在集体各成员之间进行分配。计算公式为

$$工资分配率=\frac{小组计件工资总额}{小组实际工作小时合计}$$

$$个人应得计件工资=个人实际工作小时×工资分配率$$

仍以【例 2-8】为例，采用按实际工作小时为分配标准，计算个人应得计件工资。编制"小组计件工资分配表"见表2-11。

表 2-11　　　　　　　　　　小组计件工资分配表

部门：×生产小组　　　　　　20××年×月　　　　　　金额单位：元

姓名	实际工作小时	计件工资分配率	应得计件工资
赵强	100		1 025.00
李伟	120		1 230.00
张山	100		1 025.00
合计	320	10.25	3 280.00

从以上两种分配方法能明显看出，以计时工资作为分配标准进行分配，能够体现技术因素，在生产人员技术等级相差悬殊，以及计件工作本身科技含量水平比较高的情况下，这种分配比较合理；而按实际工作小时作为分配标准进行分配，技术因素不能体现，在生产人员技术等级差别不大，或者计件工作本身技术性不强的情况下，可以采用此方法。

3.奖金、津贴和补贴以及加班加点工资的计算

奖金分为单项奖和综合奖两种。单项奖按规定的奖励条件和奖金标准及有关原始记

录计算;综合奖由班组、车间或部门评定分配。

各种津贴、补贴应根据国家规定的享受范围和标准进行计算。

加班加点工资,应根据加班天数和加点时数,以及职工个人的日工资率和小时工资率计算。

根据上述计算出计时工资、计件工资及其他奖金、津贴、加班加点工资以后,就可以计算职工的应付工资和实发工资。其计算公式为

$$应付工资 = \frac{应付计}{时工资} + \frac{应付计}{件工资} + \frac{奖}{金} + \frac{津贴}{补贴} + \frac{加班加}{点工资} + \frac{特殊情况下}{支付的工资}$$

在实际工作中,为了减少现金收付工作,便于职工收付有关款项,企业向职工支付工资时,一般可同时支付某些福利费用和交通补贴等代发款项,并且扣除职工应付的房租费、托儿费、个人所得税等代扣款项。实发工资计算公式为

$$实发工资 = 应付工资 + 代发款项 - 代扣款项$$

有关工资结算和支付的内容及账务处理,在财务会计教材中已经述及,故不再重述。

实务操作

1.资料:

(1)职工李强月标准工资为4 350元,9月份出勤19天,请病假2天,事假1天,双休日8天,病假扣款比例为20%,夜班津贴150元,奖金500元,交通补助费200元,应扣社会保险费506.94元,住房公积金397.60元。请采用月薪制计算:

①李强本月应付工资是多少?

②李强本月实发工资是多少?

(2)某生产小组由甲、乙、丙、丁4人组成,本月共生产A产品1 000件,每件4元,B产品96件,每件43元。其他有关资料如下:

姓名	小时工资率	实际工作时间		分配标准	分配率	个人应得工资
		天	小时			
甲	5	18				
乙	7	20				
丙	6	21				
丁	8	19				
合计						

要求:请填表分配小组成员计件工资。

2.答案:

(1)①李强本月应付工资为4 970元或4 920元。

②李强本月实发工资为4 065.46元或4 015.46元。

(2)小组计件工资分配率为 2。

甲工人应分配计件工资为 1 440 元；

乙工人应分配计件工资为 2 240 元；

丙工人应分配计件工资为 2 016 元；

丁工人应分配计件工资为 2 432 元。

(五)应付职工薪酬的核算

企业的会计部门应该根据前述计算出来的职工工资,按照车间、部门分别编制工资结算单,按照职工类别和姓名分行填列应付每一职工的各种工资、代发款项、代扣款项和应发金额,作为与职工进行工资结算的依据。为了掌握整个企业工资结算和支付情况,还应根据各车间、部门的工资结算单等资料,编制全厂工资结算单(也称工资结算汇总表),同时据以编制工资费用分配表。

根据工资费用分配表进行工资的分配时,其中直接进行产品生产和辅助生产的生产工人工资,应分别记入"基本生产成本"和"辅助生产成本"科目;生产车间的组织和管理人员的工资应记入"制造费用"科目;企业管理人员的工资、销售人员的工资、基本建设人员的工资等,应分别记入"管理费用""销售费用""在建工程"等科目;已分配的工资总额,应记入"应付职工薪酬"科目的贷方。

采用计件工资形式支付的生产工人工资,作为直接费用,可直接计入所生产产品的成本;采用计时工资形式支付的工资,如果生产工人只生产一种产品,仍可以作为直接费用,计入所生产产品的成本。如果生产多种产品,则需要选用合适方法,在各种产品之间进行分配。一般以产品生产所耗用的生产工时作为分配标准进行分配。计算公式为:

$$生产工资分配率 = \frac{应分配的工资费用}{各种产品生产工时之和}$$

$$某产品应分配的工资费用 = 该产品的生产工时 \times 生产工资分配率$$

▼例 2-9

新光公司生产甲、乙两种产品,应直接计入的工资费用分别为 38 098 元和 17 432 元。需要间接计入的工资费用为 123 000 元,现规定按产品生产工时比例进行分配。甲、乙两种产品的生产工时分别为 8 000 小时和 4 000 小时。分别计算如下:

$$工资费用分配率 = \frac{123\ 000}{8\ 000 + 4\ 000} = 10.25(元/小时)$$

甲产品间接计入工资费用 = 8 000 × 10.25 = 82 000(元)

乙产品间接计入工资费用 = 4 000 × 10.25 = 41 000(元)

1. 工资费用分配的核算

根据工资结算单等有关资料编制的新光公司"工资费用分配表"见表 2-12。

根据表 2-12,应编制如下会计分录:

借:基本生产成本——甲产品   120 754.71

     ——乙产品   58 751.52

辅助生产成本——供电车间　　　　　　　　　　　　　19 969.61
　　　　　　——供水车间　　　　　　　　　　　　　17 734.44
制造费用——一车间　　　　　　　　　　　　　　　　24 121.18
　　　　——二车间　　　　　　　　　　　　　　　　28 541.22
管理费用　　　　　　　　　　　　　　　　　　　　　26 879.18
销售费用　　　　　　　　　　　　　　　　　　　　　 8 344.38
在建工程　　　　　　　　　　　　　　　　　　　　　25 561.01
　　贷：应付职工薪酬——工资　　　　　　　　　　　330 657.25

表 2-12　　　　　　　　　　　工资费用分配表

新光公司　　　　　　　　　　　20××年×月　　　　　　　金额单位：元

应借科目		成本或费用项目	直接计入	分配计入			合计
				生产工时	分配率	分配金额	
基本生产成本	甲产品	直接工资	38 754.71	8 000.00		82 000.00	120 754.71
	乙产品	直接工资	17 751.52	4 000.00		41 000.00	58 751.52
	小　计		56 506.23	12 000.00	10.25	123 000.00	179 506.23
辅助生产成本	供电车间	直接工资	19 959.61				19 969.61
	供水车间	直接工资	17 734.44				17 734.44
	小　计		37 704.05				37 704.05
制造费用	基本生产一车间	工资	24 121.18				24 121.18
	基本生产二车间	工资	28 541.22				28 541.22
	小　计		52 662.40				52 662.40
管理费用		工资	26 879.18				26 879.18
销售费用		工资	8 344.38				8 344.38
在建工程		工资	25 561.01				25 561.01
合　计			207 657.25			123 000.00	330 657.25

2.社会保险费及住房公积金的核算

对社会保险费及住房公积金，单位应当按照本地区的有关规定计算缴纳并进行会计处理，如 2020 年北京社保缴费比例为养老保险：单位 16%，个人 8%；医疗保险：单位 10.8%（含生育保险0.8%），个人 2%＋3 元；失业保险：单位 0.8%，个人（城镇户籍）0.2%，个人（农村户籍）不缴；工伤保险：单位 0.2%～1.9%，个人不缴（单位根据行业费率一类至八类行业的基准费率，分别为 0.2%、0.4%、0.7%、0.9%、1.1%、1.3%、1.6%、1.9%）；北京的住房公积金缴存比例单位可根据自身经济情况在 5% 至 12% 范围内自主确定，单位缴存比例与个人缴存比例应保持一致。而石家庄 2020 年社保缴费比例为养老保险：单位 16%，个人 8%；医疗保险：单位 9%（含生育保险 1%），个人 2%元；失业保险：单位 0.7%，个人 0.3%；工伤保险：单位根据行业核定，个人不缴；石家庄的住房公积金缴存比例在 5% 至 12% 范围内自主确定，单位缴存比例与个人缴存比例应保持一致。而人们热议的"五险一金"改"四险一金"并不是取消了生育保险，而是把生育保险并入医疗保险，生育保险部分仍由企业负担，个人不需要缴纳，也就是个人只要参加了医疗保险就能享受生育保险的保障，更加突出了对妇女权益的保障。注意在实际工作中的核算应和当地政策保持一致，及时做出调整。

表 2-13　　　　　　　　　社会保险费及住房公积金计提表
新光公司　　　　　　　　　　　20××年×月　　　　　　　　　　　单位:元

应借科目		计提基数	社会保险					住房公积金	合计
			养老保险费	医疗保险费	失业保险费	工伤保险费	小计		
基本生产成本	甲产品	120 754.71	19 320.75	10 626.41	845.28	966.04	31 758.49	12 075.47	43 833.96
	乙产品	58 751.52	9 400.24	5 170.13	411.26	470.01	15 451.65	5 875.15	21 326.80
	小计	179 506.23	28 721.00	15 796.55	1 256.54	1 436.05	47 210.14	17 950.62	65 160.76
辅助生产成本	供电	19 969.61	3 195.14	1 757.33	139.79	159.76	5 252.01	1 996.96	7 248.97
	供水	17 734.44	2 837.51	1 560.63	124.14	141.88	4 664.16	1 773.44	6 437.60
	小计	37 704.05	6 032.65	3 317.96	263.93	301.63	9 916.17	3 770.41	13 686.57
制造费用	一车间	24 121.18	3 859.39	2 122.66	168.85	192.97	6 343.87	2 412.12	8 755.99
	二车间	28 541.22	4 566.60	2 511.63	199.79	228.33	7 506.34	2 854.12	10 360.46
	小计	52 662.40	8 425.98	4 634.29	368.64	421.30	13 850.21	5 266.24	19 116.45
管理费用		26 879.18	4 300.67	2 365.37	188.15	215.03	7 069.22	2 687.92	9 757.14
销售费用		8 344.38	1 335.10	734.31	58.41	66.76	2 194.57	834.44	3 029.01
在建工程		25 561.01	4 089.76	2 249.37	178.93	204.49	6 722.55	2 556.10	9 278.65
合计		330 657.25	52 905.16	29 097.84	2 314.60	2 645.26	86 962.86	33 065.73	120 028.58

注:因计算机自动计算的为精确值,所以合计数与显示的分项数据合计有时会有微小的差额,按照重要性原则,为简化会计核算工作量,可以不手工调整表中的数据,而是将尾差在账务处理时直接在"管理费用"中调整(以后的数据处理亦然),在财务检查时与审计人员说明情况即可。

根据表 2-13 应编制如下会计分录:

借:基本生产成本——甲产品　　　　　　　　43 833.96
　　基本生产成本——乙产品　　　　　　　　21 326.80
　　辅助生产成本——供电车间　　　　　　　 7 248.97
　　辅助生产成本——供水车间　　　　　　　 6 437.60
　　制造费用——一车间　　　　　　　　　　 8 755.99
　　制造费用——二车间　　　　　　　　　　10 360.46
　　管理费用　　　　　　　　　　　　　　　 9 757.15
　　销售费用　　　　　　　　　　　　　　　 3 029.01
　　在建工程　　　　　　　　　　　　　　　 9 278.65
　贷:应付职工薪酬——社会保险费　　　　　86 962.86
　　　应付职工薪酬——住房公积金　　　　　33 065.73

3.工会经费、职工教育经费的核算

按照税法规定,企业拨付的工会经费,不超过工资薪金总额的 2% 的部分允许税前扣除,除国务院财政、税务主管部门另有规定外,企业发生的职工教育经费支出,不超过工资薪金总额 8% 的部分,准予在计算企业所得税应纳税所得额时扣除;超过部分,准予结转以后纳税年度扣除。在实务中,要注意和企业的实际情况相结合。

表 2-14　　　　　　　　　工会经费、职工教育经费计提表

新光公司　　　　　　　　　20××年×月　　　　　　　　　　　单位:元

应借科目		工资总额	工会经费（2%）	职工教育经费（8%）	合　计
基本生产成本	甲产品	120 754.71	2 415.09	9 660.38	12 075.47
	乙产品	58 751.52	1 175.03	4 700.12	5 875.15
	小　计	179 506.23	3 590.12	14 360.50	17 950.62
辅助生产成本	供电	19 969.61	399.39	1 597.57	1 996.96
	供水	17 734.44	354.69	1 418.76	1 773.45
	小计	37 704.05	754.08	3 016.33	3 770.41
制造费用	一车间	24 121.18	482.42	1 929.69	2 412.11
	二车间	28 541.22	570.82	2 283.30	2 854.12
	小计	52 662.40	1 053.24	4 212.99	5 266.23
管理费用		26 879.18	537.58	2 150.33	2 687.91
销售费用		8 344.38	166.89	667.55	834.44
在建工程		25 561.01	511.22	2 044.88	2 556.10
合　　计		330 657.25	6 613.13	26 452.58	33 065.71

根据表 2-14 应编制会计分录如下：

借：基本生产成本——甲产品　　　　　　　　　　　12 075.47
　　基本生产成本——乙产品　　　　　　　　　　　 5 875.15
　　辅助生产成本——供电车间　　　　　　　　　　 1 996.96
　　辅助生产成本——供水车间　　　　　　　　　　 1 773.45
　　制造费用——一车间　　　　　　　　　　　　　 2 412.11
　　制造费用——二车间　　　　　　　　　　　　　 2 854.12
　　管理费用　　　　　　　　　　　　　　　　　　 2 687.91
　　销售费用　　　　　　　　　　　　　　　　　　　 834.44
　　在建工程　　　　　　　　　　　　　　　　　　 2 556.10
贷：应付职工薪酬——工会经费　　　　　　　　　　 6 613.13
　　应付职工薪酬——职工教育经费　　　　　　　　26 452.58

工资薪酬费用分配的有关账簿登记参见表 2-19、表 2-20、表 2-27、表 2-30。

实务操作

1.(1)资料：

某产品生产车间有关工资发放的资料见下表。

计时工资	计件工资	奖金	津贴补助	加班加点工资	代扣电费
100 000	100 000	10 000	10 000	4 400	9 000

(2)要求：

①计算该车间的应付工资总额和实发工资总额。

②已知车间管理人员工资总额占车间工资总额的10%，请据此编制会计分录。

(3)答案：

管理人员工资总额为22 440元(其他略)。

2.(1)资料：

某企业20××年8月份工资结算汇总表见下页。

(2)要求：

①完成"工资结算汇总表"的计算。

②一车间加工生产甲、乙两种产品，已知甲产品实耗22 000工时，乙产品实耗17 500工时，二车间只生产丙产品，按产品生产工时比例法分配直接人工费用。填制"工资费用分配表"。

③做工资发放、分配、计提保险费等全部会计分录，其他表略。

工资费用分配表

20××年8月　　　　　　金额单位：元

应借科目		生产工人工资			工资总额
		实耗工时	分配率	应分配费用	
基本生产成本	甲产品				
	乙产品				
	小计				
	丙产品				
辅助生产成本					
制造费用	一车间				
	二车间				
	小计				
管理费用					
销售费用					
合计					

工资结算汇总表

20××年8月

单位：元

受益部门		应付工资							应扣工资		应付工资	代扣款项					实发工资
		计时工资	计件工资	综合奖	夜班津贴	高温津贴	通信津贴		事假工资	病假工资		养老保险(8%)	医疗保险(2%)	失业保险(0.3%)	公积金(10%)	小计	
一车间	生产工人	155 380.00	53 060.00	16 200.00	2 660.00	7 200.00	1 200.00		840.00	460.00							
	管理人员	21 800.00		3 800.00	300.00	600.00	1 000.00										
二车间	生产工人	146 500.00	43 000.00	23 000.00	2 240.00	6 500.00	1 300.00			560.00							
	管理人员	22 400.00		1 500.00	400.00	600.00	800.00										
辅助生产车间		46 400.00		1 600.00		800.00	400.00										
企业管理部门		97 000.00		3 400.00	2 000.00		1 500.00		150.00	200.00							
销售部门		6 400.00					2 400.00										
合计																	

(3)答案：

①应付工资总额为 671 130 元，实发工资总额为 534 890.61 元。

②甲、乙产品工资分配率为 5.934 2。

四、折旧费用的归集与分配

制造企业的固定资产在长期使用过程中，不断发生损耗，主要包括无形损耗和有形损耗，固定资产由于损耗而减少的价值称为固定资产的折旧。固定资产折旧应该作为折旧费计入产品成本和管理费用等。固定资产折旧费的归集与分配是通过编制"固定资产折旧计算表"进行的。各车间、部门在编制"固定资产折旧计算表"时应遵循固定资产计提折旧起止时间的规定以及计提折旧范围的有关规定。

企业固定资产折旧一般应根据月初计提折旧的固定资产的有关资料和确定的折旧计算方法，按月计算提取。当月增加固定资产，当月不提折旧，从下月起计提折旧；当月减少的固定资产，当月照提折旧，从下月起停止计提折旧。已提足折旧而逾期使用的固定资产不再计提折旧；提前报废的固定资产不得补提折旧。企业各车间、部门每月计提的折旧额的计算公式为

$$\begin{matrix}某车间（部门）\\本月折旧额\end{matrix} = \begin{matrix}该车间（部门）\\上月折旧额\end{matrix} + \begin{matrix}该车间（部门）上月增加\\固定资产应提折旧额\end{matrix} - \begin{matrix}该车间（部门）上月减少\\固定资产应停提折旧额\end{matrix}$$

现列示"固定资产折旧计算表"的格式见表 2-15。

表 2-15　　　　　　　　　固定资产折旧计算表

新光公司　　　　　　　　　20××年×月　　　　　　　　　单位：元

应借科目	车间或部门	上月固定资产折旧额	上月增加固定资产应提折旧额	上月减少固定资产应停提折旧额	本月固定资产折旧额
制造费用	基本生产一车间	5 600	660	240	6 020
	基本生产二车间	4 350	150	80	4 420
	小　计	9 950	810	320	10 440
辅助生产成本	供电车间	3 720	120	260	3 580
	供水车间	2 680	270	150	2 800
	小　计	6 400	390	410	6 380
管理费用	行政管理部门	8 400		760	7 640
合　计		24 750	1 200	1 490	24 460

根据表 2-15，应编制如下会计分录：

借：制造费用——一车间　　　　　　　　　　　6 020.00
　　　　　　——二车间　　　　　　　　　　　4 420.00
　　辅助生产成本——供电车间　　　　　　　　3 580.00
　　　　　　　　——供水车间　　　　　　　　2 800.00
　　管理费用　　　　　　　　　　　　　　　　7 640.00
　贷：累计折旧　　　　　　　　　　　　　　　　　24 460.00

五、其他制造费用的归集与分配

制造企业要素费用中的其他制造费用,是指除前述各项费用以外的、企业为生产产品和提供劳务而发生的各项间接费用,如企业生产部门(如生产车间)发生的水电费、无形资产摊销、劳动保护费、环保费、季节性和修理期间的停工损失等。

如新光公司的"办公费用分配表",见表2-16。

表 2-16　　　　　　　　　办公费用分配表

新光公司　　　　　　　　　20××年×月　　　　　　　　　　单位:元

应借科目	部门	费用名称	金额
制造费用	一车间	办公费	820.00
	二车间	办公费	880.00
辅助生产成本	供电	办公费	859.00
	供水	办公费	2 875.00
管理费用	行政管理部门	办公费	2 016.00
在建工程	其他		9 100.00
合　计			16 550.00

根据表2-16所列汇总资料,应编制下列会计分录:

借:制造费用——一车间　　　　　　　　　　820.00
　　　　　　——二车间　　　　　　　　　　880.00
　　辅助生产成本——供电车间　　　　　　　859.00
　　　　　　　　——供水车间　　　　　　　2 875.00
　　管理费用　　　　　　　　　　　　　　　2 016.00
　　在建工程　　　　　　　　　　　　　　　9 100.00
　贷:银行存款等　　　　　　　　　　　　　16 550.00

例 2-10　新光公司本月共发生劳动保护费用3 390元,其分配情况见表2-17。

根据表2-17,应编制如下会计分录:

借:制造费用——一车间　　　　　　　　　　990.00
　　　　　　——二车间　　　　　　　　　　850.00
　　辅助生产成本——供电车间　　　　　　　750.00
　　　　　　　　——供水车间　　　　　　　600.00
　　管理费用　　　　　　　　　　　　　　　200.00
　贷:周转材料——低值易耗品　　　　　　　3 390.00

表 2-17 劳动保护费分配表
新光公司　　　　　　　　　20××年×月　　　　　　　　　单位:元

应借科目		劳保用品		合计
总账科目	明细账科目	套数	单价	
制造费用	一车间	99.00	10.00	990.00
	二车间	85.00		850.00
	小计	184.00		1 840.00
辅助生产本	供电	75.00		750.00
	供水	60.00		600.00
	小计	135.00		1 350.00
管理费用		20.00		200.00
合 计		339.00		3 390.00

例 2-11　新光公司本月份发生租赁费 21 639.96 元,已通过银行支付。现列示新光公司本月份"租赁费分配表"见表 2-18。

表 2-18 租赁费分配表
新光公司　　　　　　　　　20××年×月　　　　　　　　　单位:元

应借科目		成本或费用项目	合计
总账科目	明细科目	租赁费	
制造费用	基本生产一车间 基本生产二车间 小　　计	6 800 4 000 10 800	6 800 4 000 10 800
辅助生产成本	供电车间 供水车间 小　　计	2 754.07 3 625.89 6 379.96	2 754.07 3 625.89 6 379.96
销售费用		2 500	2 500
管理费用		1 960	1 960
合　　计		21 639.96	21 639.96

根据表 2-18,应编制如下会计分录:
借:制造费用——一车间　　　　　　　　　　6 800.00
　　　　　　——二车间　　　　　　　　　　4 000.00
　　辅助生产成本——供电车间　　　　　　　2 754.07
　　　　　　　　——供水车间　　　　　　　3 625.89
　　销售费用　　　　　　　　　　　　　　　2 500.00
　　管理费用　　　　　　　　　　　　　　　1 960.00
　　贷:银行存款　　　　　　　　　　　　　　　21 639.96

任务二　归集与分配辅助生产费用

【实训任务】"实训四：辅助生产费用的分配"

一、辅助生产费用的归集

辅助生产是指为基本生产和行政管理部门服务而进行的产品生产和劳务供应。辅助生产所进行的产品生产主要包括工具、模具、修理用备件、零件制造等；辅助生产所进行的劳务供应主要包括运输、修理、供水、供电、供气、供风等服务。辅助生产部门在进行产品生产和劳务供应时所发生的各种费用就是辅助生产费用。

为了归集所发生的辅助生产费用，应设置"辅助生产成本"总账科目，按辅助生产车间及其生产的产品、劳务的种类进行明细核算。"辅助生产成本"明细账的设置与"基本生产成本"明细账相似，一般应分车间、按产品或劳务设置，明细账内再按规定的成本项目设置专栏。对于规模较小、发生的制造费用不多、也不对外销售产品或劳务的车间，为了简化核算工作，辅助生产车间的制造费用可以不单独设置"制造费用——辅助生产车间"明细账，而直接记入"辅助生产成本"科目及其明细账。这时"辅助生产成本"明细账应按成本项目与费用项目相结合的方式设置专栏。新光公司的辅助生产成本明细账见表 2-19、表 2-20，其数据来源于任务一的相关分配表。

在表 2-19、表 2-20 中，各种费用应根据前例新光公司各种费用分配表登记，待分配费用小计就是这些费用之和，是有待分配转出的辅助生产费用。

二、辅助生产费用的分配

辅助生产车间所生产产品和提供劳务的种类不同，其转出分配的程序也不同。辅助生产车间所生产产品应在完工入库时，从"辅助生产成本"科目的贷方转入"周转材料"或"原材料"等科目的借方；提供劳务的辅助生产部门所发生的费用，要在各受益单位之间按照所耗数量或其他比例进行分配。分配时，应从"辅助生产成本"科目的贷方转入"基本生产成本""制造费用""销售费用""管理费用""在建工程"等科目的借方。

辅助生产费用的分配，应通过辅助生产费用分配表进行。分配辅助生产费用的方法很多，主要有直接分配法、交互分配法、代数分配法、计划成本分配法和顺序分配法。

（一）直接分配法

直接分配法是指不计算辅助生产车间相互提供产品和劳务的费用，直接将辅助生产车间发生的实际费用分配给辅助生产车间以外的各受益对象。其计算公式为

$$某辅助生产车间费用分配率 = \frac{某辅助生产车间待分配费用总额}{辅助生产车间对外提供劳务数量之和}$$

$$某受益对象应负担的劳务费用 = 某受益对象耗用的劳务数量 \times 辅助生产费用分配率$$

微课12
直接分配法

表 2-19

生产成本明细账（1）

车间名称：供电　　　　　　　　　　　　　　　　　　　　　　　　　　　单位：元

20××年		凭证字号	摘要	借方	贷方	方向	余额	（借）方金额分析		
月	日							直接材料	直接人工	制造费用
×	30	略	分配材料费	34 800.00		借	34 800.00	34 800.00		
	30		分配燃料费	21 500.00		借	56 300.00	21 500.00		
	30		分配工资	19 969.61		借	76 269.61		19 969.61	
	30		计提社会保险	5 252.01		借	81 521.62		5 252.01	
	30		计提公积金	1 996.96		借	83 518.58		1 996.96	
	30		计提工会经费	399.39		借	83 917.97		399.39	
	30		计提教育经费	1 597.57		借	85 515.54		1 597.57	
	30		计提折旧	3 580.00		借	89 095.54			3 580.00
	30		办公费	859.00		借	89 954.54			859.00
	30		劳动保护费	750.00		借	90 704.54			750.00
	30		租赁费	2 754.07		借	93 458.61			2 754.07
	30		分配辅助生产费用		93 458.61	平	0.00			
	30		本月合计	93 458.61	93 458.61	平	0.00	56 300.00	29 215.54	7 943.07

表 2-20

生产成本明细账（2）

车间：供水　　　　　　　　　　　　　　　　　　　　　　　　　　　　　　单位：元

20××年		凭证字号	摘要	借方	贷方	方向	余额	（借方金额分析）		
月	日							直接材料	直接人工	制造费用
×	30	略	分配材料费	21 610.00		借	21 610.00	21 610.00		
	30		分配燃料费	5 000.00		借	26 610.00	5 000.00		
	30		分配工资	17 734.44		借	44 344.44		17 734.44	
	30		计提社会保险	4 664.16		借	49 008.60		4 664.16	
	30		计提公积金	1 773.44		借	50 782.04		1 773.44	
	30		计提工会经费	354.69		借	51 136.73		354.69	
	30		计提教育经费	1 418.76		借	52 555.49		1 418.76	
	30		计提折旧	2 800.00		借	55 355.49			2 800.00
	30		办公费	2 875.00		借	58 230.49			2 875.00
	30		劳动保护费	600.00		借	58 830.49			600.00
	30		租赁费	3 625.89		借	62 456.38			3 625.89
	30		分配辅助生产费用		62 456.38	平	0.00			
	30		本月合计	62 456.38	62 456.38	平	0.00	26 610.00	25 945.49	9 900.89

▼ 例 2-12　　新光公司设有供电、供水两个辅助生产车间,根据表 2-19、表 2-20 可知,供电车间直接发生的待分配费用为 93 458.61 元,供水车间直接发生的待分配费用为 62 456.38 元,两个车间本月提供劳务量见表 2-21。

表 2-21　　　　供电、供水车间本月提供劳务量表

受益车间、部门		供电数量(度)	供水数量(吨)
辅助生产车间	供电车间		500
	供水车间	6 500	
基本生产车间	甲产品耗用	30 000	
	乙产品耗用	35 000	
	一车间一般消耗	8 000	3 000
	二车间一般消耗	6 000	2 200
管理部门		16 000	1 800
合　　计		101 500	7 500

根据【例 2-12】资料,编制直接分配法的"辅助生产费用分配表",见表 2-22。

表 2-22　　　　辅助生产费用分配表(直接分配法)
20××年×月　　　　　　　　　　　　　　　　　单位:元

辅助生产车间名称			供电车间	供水车间	金额合计
待分配费用			93 458.61	62 456.38	155 914.99
对外提供劳务数量			95 000	7 000	
费用分配率			0.983 774	8.922 340	
甲产品耗用	基本生产成本	数量	30 000		
		金额	29 513.24		29 513.24
乙产品耗用	基本生产成本	数量	35 000		
		金额	34 432.12		34 432.12
一车间一般消耗	制造费用	数量	8 000	3 000	
		金额	7 870.20	26 767.02	34 637.22
二车间一般消耗	制造费用	数量	6 000	2 200	
		金额	5 902.65	19 629.15	25 531.80
管理部门		数量	16 000	1 800	
		金额	15 740.40	16 060.21	31 800.61
分配费用小计			93 458.61	62 456.38	155 914.99

注:分配率计算到小数点后六位数,建议用 Excel 计算,以免出现尾差。

根据表 2-22,应编制如下会计分录:

借:基本生产成本——甲产品　　　　　　　　　29 513.24
　　　　　　　　——乙产品　　　　　　　　　34 432.12
　　制造费用——一车间　　　　　　　　　　　34 637.22
　　　　　　——二车间　　　　　　　　　　　25.531.80

			管理费用		31 800.61	
		贷:辅助生产成本——供电车间			93 458.61	
			——供水车间		62 456.38	

采用直接分配法,各辅助生产车间的待分配费用只对其以外的单位分配一次,计算工作简便;但由于各辅助生产车间包括的费用不全,如【例 2-12】供电车间的费用不包括所发生的水费,供水车间的费用不包括所耗电费,因而分配结果不够正确。直接分配法一般适宜在辅助生产车间内部相互提供劳务不多、不进行费用的交互分配、对辅助生产成本和企业产品影响不大的情况下采用。

> **课内思考:**
> 在直接分配法下计算分配率时,分母要扣除辅助生产车间所耗用的劳务量,为什么?分母做了扣除后,辅助生产车间所耗用的劳务量成本应由谁承担?

(二)交互分配法

采用交互分配法,应先根据各辅助生产车间、部门相互提供劳务的数量和交互分配前的费用分配率(单位成本),进行一次交互分配;然后将各辅助生产车间、部门交互分配后的实际费用(交互分配前的费用加上交互分配转入的费用,减去交互分配转出的费用)按对外提供劳务的数量,在辅助生产车间、部门以外的各受益单位之间进行分配。其有关计算公式为

$$\text{辅助生产车间交互分配率} = \frac{\text{待分配费用总额}}{\text{提供劳务总量}}$$

$$\text{某辅助生产车间应负担其他辅助生产费用} = \text{该辅助生产车间耗用其他辅助生产车间劳务量} \times \text{交互分配率}$$

$$\text{辅助生产车间对外分配率} = \frac{\text{待分配费用} + \text{交互分配转入的费用} - \text{交互分配转出的费用}}{\text{对外提供的劳务总量}}$$

$$\text{某受益对象应负担的辅助生产费用} = \text{该受益对象耗用的劳务数量} \times \text{对外费用分配率}$$

沿用【例 2-12】资料,编制交互分配法的"辅助生产费用分配表",见表 2-23。

表 2-23　　　　　辅助生产费用分配表(交互分配法)
20××年×月　　　　　　　　　　　　　　　单位:元

项　　目	交互分配			对外分配		
辅助生产车间	供电车间	供水车间	合计	供电车间	供水车间	合计
待分配费用	93 458.61	62 456.38	155 914.99	91 637.34	64 277.65	155 914.99
劳务数量	101 500	7 500		95 000	7 000	
费用分配率	0.920 774	8.327 517		0.964 604	9.182 521	

(续表)

项目			交互分配		对外分配		
辅助生产车间耗用	供电车间	数量		500			
		金额		4 163.76	4 163.76		
	供水车间	数量	6 500				
		金额	5 985.03		5 985.03		
	小计		5 985.03	4 163.76	10 148.79		
甲产品耗用	基本生产成本	数量			30 000		
		金额			28 938.11		28 938.11
乙产品耗用	基本生产成本	数量			35 000		
		金额			33 761.12		33 761.12
一车间一般消耗	制造费用	数量			8 000	3 000	
		金额			7 716.83	27 547.57	35 264.40
二车间一般消耗	制造费用	数量			6 000	2 200	
		金额			5 787.62	20 201.55	25 989.17
管理部门		数量			16 000	1 800	
		金额			15 433.66	16 528.53	31 962.19
分配费用合计					91 637.34	64 277.65	155 914.99

注:分配率计算到小数点后六位数,建议用 Excel 计算,以免出现尾差。

在表 2-23 中,待分配费用除以劳务总量,即为费用分配率。表 2-23 中对外分配的待分配费用的计算公式为

供电车间:93 458.61＋4 163.76－5 985.03＝91 637.34(元)

供水车间:62 456.38＋5 985.03－4 163.76＝64 277.65(元)

对外分配劳务数量的计算公式为

供电车间:101 500－6 500＝95 000(度)

供水车间:7 500－500＝7 000(吨)

根据表 2-23,应编制下列会计分录:

交互分配会计分录:

借:辅助生产成本——供电车间	4 163.76
——供水车间	5 985.03
贷:辅助生产成本——供电车间	5 985.03
——供水车间	4 163.76

对外分配会计分录:

借:基本生产成本——甲产品	28 938.11
——乙产品	33 761.12
制造费用——一车间	35 264.40

——二车间	25 989.17
管理费用	31 962.19
贷：辅助生产成本——供电车间	91 637.34
——供水车间	64 277.65

采用交互分配法，由于辅助生产内部相互提供劳务进行了交互分配，因而提高了分配结果的正确性。但由于各种辅助生产费用都要计算两个费用分配率，进行两次分配，特别是在辅助生产车间较多的情况下，加大了分配的工作量。因此，这种方法适用于辅助生产部门之间相互提供产品和劳务的数量较多的情况。

课内思考：
1. 直接分配法与交互分配法在分配率的计算上有何区别？
2. 为什么说交互分配法比直接分配法分配结果更准确？
3. 请比较两种分配方法的账务处理有什么不同。

（三）代数分配法

代数分配法是指根据代数中建立多元一次方程组的方法，计算出各辅助生产车间提供产品或劳务的单位成本，然后再按各车间、部门（包括辅助生产内部和外部单位）耗用量计算应分配的辅助生产费用的一种方法。

仍以【例2-12】为例。

假设 $x=$ 每度电的成本，$y=$ 每吨水的成本。

应设立的方程组为

$$\begin{cases} 93\ 458.61+500y=101\ 500x & (1) \\ 62\ 456.38+6\ 500x=7\ 500y & (2) \end{cases}$$

将(1)式移项得

$$500y=101\ 500x-93\ 458.61$$

$$y=\frac{101\ 500x-93\ 458.61}{500}$$

将 y 代入(2)式得

$$62\ 456.38+6\ 500x=7\ 500\times\frac{101\ 500x-93\ 458.61}{500}$$

化简，得

$$x=0.965\ 920\ 534\ 3(元)$$

将 x 值代入式(2)得

$$62\ 456.38+6\ 500\times 0.965\ 920\ 534\ 3=7\ 500y$$

得

$$y=9.164\ 648\ 463\ 1(元)$$

即：每度电的成本为0.965 920 534 3元，每吨水的成本为9.164 648 463 1元。

根据计算结果，编制代数分配法的"辅助生产费用分配表"，见表2-24。

表 2-24　　　　　　　辅助生产费用分配表（代数分配法）

20××年×月　　　　　　　　　　　　　　　单位：元

辅助生产车间名称			供电车间	供水车间	金额合计
待分配费用			93 458.61	62 456.38	155 914.99
提供劳务数量			101 500	7 500	—
用代数分配法算出的实际单位成本			0.965 920 534 3	9.164 648 463 1	
辅助生产车间耗用	供电车间	数量		500	
		金额		4 582.32	4 582.32
	供水车间	数量	6 500		
		金额	6 278.48		6 278.48
	金额小计		6 278.48	4 582.32	10 860.80
甲产品耗用	基本生产成本	数量	30 000		
		金额	28 977.62		28 977.62
乙产品耗用	基本生产成本	数量	35 000		
		金额	33 807.22		33 807.22
一车间一般消耗	制造费用	数量	8 000	3 000	
		金额	7 727.36	27 493.95	35 221.31
二车间一般消耗	制造费用	数量	6 000	2 200	
		金额	5 795.52	20 162.23	25 957.75
管理部门	管理费用	数量	16 000	1 800	
		金额	15 454.73	16 496.36	31 951.09
分配费用合计			98 040.93	68 734.86	166 775.79

根据表 2-24，应编制如下会计分录：

借：辅助生产成本——供电车间　　　　　　　　　　　　4 582.32
　　　　　　　　——供水车间　　　　　　　　　　　　6 278.48
　　基本生产成本——甲产品　　　　　　　　　　　　 28 977.62
　　　　　　　　——乙产品　　　　　　　　　　　　 33 807.22
　　制造费用——一车间　　　　　　　　　　　　　　 35 221.31
　　　　　——二车间　　　　　　　　　　　　　　　 25 957.75
　　管理费用　　　　　　　　　　　　　　　　　　　 31 951.09
　　贷：辅助生产成本——供电车间　　　　　　　　　　98 040.93
　　　　　　　　　　——供水车间　　　　　　　　　　68 734.86

采用代数分配法分配辅助生产费用，分配结果最准确。但在分配时要解联立方程，如果辅助生产车间较多,未知数较多,计算工作就比较复杂,因而这种方法在实现电算化的企业比较适宜。

> **课内思考:**
> 1. 辅助生产费用分配方法中,代数分配法是最准确的,你同意吗?请说明理由。
> 2. 代数分配法会计分录的借、贷方金额合计 166 775.79 元,与供电、修理两个辅助生产车间待分配费用之和 155 914.99 元相比,多出 10 860.08 元,你知道这是为什么吗?

(四)计划成本分配法

计划成本分配法是指在分配辅助生产费用时,根据事先确定的产品、劳务的计划单位成本和各车间、部门实际耗用的数量,计算各车间、部门应分配的辅助生产费用的一种方法。

按计划成本分配法分配辅助生产费用的步骤如下:

第一,按预先制定的辅助生产劳务的计划单位成本计算各受益对象(包括辅助生产车间、部门)应分担的辅助生产费用。

第二,计算各辅助生产车间实际发生的费用(辅助生产车间直接发生的费用+分配转入的费用)。

第三,计算各辅助生产车间的成本差异(实际发生的费用-按计划成本分配的费用)并进行处理。这种成本差异从理论上讲应在各受益部门之间进行分配,为了简化分配工作,可直接列入"管理费用"科目。如果是超支差异,则应增加管理费用;如果是节约差异,则应冲减管理费用。

现仍以【例 2-12】资料为例,编制计划成本分配法的"辅助生产费用分配表",见表 2-25。

表 2-25　　　　　辅助生产费用分配表(计划分配法)

20××年×月　　　　　　　　　　　　　单位:元

辅助生产车间名称			供电车间	供水车间	金额合计
待分配费用			93 458.61	62 456.38	155 914.99
提供劳务数量			101 500	7 500	—
计划单位成本			0.98	9.00	
辅助生产车间耗用	供电车间	数量		500	
		金额		4 500.00	4 500.00
	供水车间	数量	6 500		
		金额	6 370.00		6 370.00
	金额小计		6 370.00	4 500.00	10 870.00

(续表)

甲产品耗用	基本生产成本	数量	30 000		
		金额	29 400.00		29 400.00
乙产品耗用	基本生产成本	数量	35 000		
		金额	34 300.00		
一车间一般消耗	制造费用	数量	8 000	3 000	
		金额	7 840.00	27 000.00	34 840.00
二车间一般消耗	制造费用	数量	6 000	2 200	
		金额	5 880.00	19 800.00	25 680.00
管理部门	管理费用	数量	16 000	1 800	
		金额	15 680.00	16 200.00	31 880.00
按计划分配费用合计			99 470.00	67 500.00	166 970.00
辅助生产实际成本			97 958.61	68 826.38	166 784.99
辅助生产成本差异			(1 511.39)	1 326.38	(185.01)

在表 2-25 中,辅助生产实际成本的计算公式为

供电车间实际成本＝93 458.61＋4 500＝97 958.61(元)

供水车间实际成本＝62 456.38＋6 370＝68 826.38(元)

根据表 2-25,应编制如下会计分录:

按计划成本分配:

借:辅助生产成本——供电车间　　　　　　　　　　　　4 500.00
　　　　　　——供水车间　　　　　　　　　　　　6 370.00
　　基本生产成本——甲产品　　　　　　　　　　　　29 400.00
　　　　　　——乙产品　　　　　　　　　　　　34 300.00
　　制造费用——一车间　　　　　　　　　　　　34 840.00
　　　　　——二车间　　　　　　　　　　　　25 680.00
　　管理费用　　　　　　　　　　　　31 880.00
　贷:辅助生产成本——供电车间　　　　　　　　　　　　99 470.00
　　　　　　——供水车间　　　　　　　　　　　　67 500.00

将辅助生产成本差异计入管理费用:

借:管理费用　　　　　　　　　　　　185.01
　贷:辅助生产成本——供电车间　　　　　　　　　　　　1 511.39
　　　　　　——供水车间　　　　　　　　　　　　1 326.38

采用计划成本分配法,各种辅助生产费用只分配一次,而且劳务的计划单位成本是早已确定的,不必单独计算费用分配率,因而简化了计算工作;通过辅助生产成本差异的计算,还能反映和考核辅助生产成本计划的执行情况;由于辅助生产的成本差异全部计入管理费用,各受益单位所负担的劳务费用都不包括辅助生产差异的因素,因而还便于分析和考核各受益单位的成本,有利于分清企业内部各单位的经济责任。只是采用这种分配方法时,辅助生产劳务的计划单位成本应比较准确。因此,它适合于厂内计划价格制定比较准确、基础工作较好的企业采用。

实务操作

1.资料：

某企业供电、供汽两个辅助生产成本账户的有关数据如下：

辅助生产成本——供电车间		辅助生产成本——供汽车间	
实际发生 10 000 转入汽费____ 结转差异____	计划转出 12 000（其中转给供汽车间2 000；其余转给甲产品）	实际发生 5 000 转入电费____	计划转出 6 600（其中转给供电车间1 000；其余转给甲产品） 结转差异____
期末余额:0		期末余额:0	

2.要求：

请根据上述"T"型账进行如下操作：

(1)完成辅助生产成本各账户有关数据"_____"的填列；

(2)根据辅助生产成本各账户的相关数据编制"计划转出"和"结转差异"的会计分录。

3.答案：

结转差异的会计分录如下：

借：辅助生产成本——供电车间　　　　　　　　　　　　1 000.00
　　贷：管理费用　　　　　　　　　　　　　　　　　　　　600.00
　　　　辅助生产成本——供汽车间　　　　　　　　　　　　400.00

(五)顺序分配法

顺序分配法是指根据辅助生产车间受益多少的顺序，将辅助生产车间、部门进行排列。受益少的排在前面，先分配费用；受益多的排在后面，后分配费用。在分配费用时，先将排在前面的辅助生产车间发生的费用分配给排在后面的辅助生产车间和其他受益单位，因为它受益最少，即耗用其他辅助生产车间的劳务费用最少，所以忽略不计。后续辅助生产部门在分配费用时，只依次分配给排列在其后的辅助生产车间和其他受益部门，而不再分配给排列在其前的辅助生产车间。其计算公式为

$$某辅助生产车间费用分配率=\frac{直接发生费用额+耗用前序辅助生产费用额}{提供劳务总量-前序辅助生产耗用量}$$

$$某受益部门应负担费用额=该部门受益劳务量×辅助生产费用分配率$$

如【例2-12】中新光公司供电和供水两个辅助生产车间，若供电车间耗用供水车间的费用少，则辅助生产费用的分配顺序是应先分配供电车间的费用（包括分配给修理车间），然后再分配供水车间的费用（不分配给供电车间）。

现仍以【例2-12】资料为例，编制顺序分配法的"辅助生产费用分配表"，见表2-26。

表 2-26

辅助生产费用分配表（顺序分配法）

20××年×月

单位：元

项目	劳务数量	待分配费用 直接发生费用	待分配费用 分配转入费用	待分配费用 小计	分配率	分配额 供水车间 数量	分配额 供水车间 金额	分配额 甲产品耗用 数量	分配额 甲产品耗用 金额	分配额 乙产品耗用 数量	分配额 乙产品耗用 金额	分配额 一车间一般消耗 数量	分配额 一车间一般消耗 金额	分配额 二车间一般消耗 数量	分配额 二车间一般消耗 金额	分配额 管理部门 数量	分配额 管理部门 金额	合计
供电车间	101 500	93 458.61		93 458.61	0.920 774	6 500	5 985.03	30 000	27 623.23	35 000	32 227.11	8 000	7 366.20	6 000	5 524.65	16 000	14 732.39	93 458.61
供水车间	7 000	62 456.38	5 985.03	68 441.41	9.777 345							3 000	29 332.03	2 200	21 510.16	1 800	17 599.22	68 441.41
合计		155 914.99	5 985.03	161 900.02			5 985.03		27 623.23		32 227.11		36 698.23		27 034.81		32 331.61	161 900.02

$$电费分配率 = \frac{93\ 458.61}{101\ 500} = 0.920\ 774$$

$$修理费用分配率 = \frac{62\ 456.38 + 5\ 985.03}{7\ 500 - 500} = 9.777\ 345$$

根据表 2-26 编制如下会计分录：

分配供电费用：

借：辅助生产成本——供水车间	5 985.03
基本生产成本——甲产品	27 623.23
——乙产品	32 227.11
制造费用——一车间	7 366.20
——二车间	5 524.65
管理费用	14 732.39
贷：辅助生产成本——供电车间	93 458.61

分配水费：

借：制造费用——一车间	29 332.03
——二车间	21 510.16
管理费用	17 599.22
贷：辅助生产成本——供水车间	68 441.41

采用顺序分配法分配辅助生产费用的优点是计算简便，各种辅助生产费用只计算分配一次。但是，由于排列在前的辅助生产车间不负担排列在后的辅助生产车间的费用，分配结果的准确性受到一定的影响。因此，这种方法一般适用于辅助生产车间相互提供产品和劳务有明显顺序，并且排列在前的辅助生产车间耗用排列在后的辅助生产车间的费用较少的情况。

通过【例 2-12】各种分配方法的实例分析可以看出，除直接分配法以外，其他各种分配方法的"辅助生产成本"账户的发生额同原来的待分配费用相比，都发生了变化。这是由于辅助生产各部门之间互相提供劳务多少的不同而引起的，它对于各辅助生产部门实行经济责任制、准确地计算成本和费用是非常有益的。但各种方法最后分配到辅助生产部门以外的受益部门的辅助生产费用合计数，仍然是全部辅助生产车间的待分配费用合计数。

对【例 2-12】来说，即"93 458.61＋62 456.38＝155 914.99"（交互分配法的 91 637.34＋64 277.65＝155 914.99；代数分配法的 166 775.79－10 860.80＝155 914.99；计划成本分配法的 166 970－10 870－185.01＝155 914.99；顺序分配法的 161 900.02－5 985.03＝155 914.99）。

按照新颁布的《企业产品成本核算制度（试行）》的规定：辅助生产部门为生产部门提供劳务和产品而发生的费用，应当参照生产成本项目归集，并按照合理的分配标准分配计入各成本核算对象的生产成本。辅助生产部门之间互相提供的劳务、作业成本，应当采用合理的方法，进行交互分配。互相提供劳务、作业不多的，可以不进行交互分配，直接分配给辅助生产部门以外的受益单位。这是因为"交互分配法"和"直接分配法"是最常用的辅助生产费用的分配方法,而其他几种方法,则更大程度上是局限于其理论研究价值。

实务操作

1.资料:

某企业设有供水和供电两个辅助生产车间,本月直接发生的费用为:供电车间24 000元,供水车间21 000元。

2.要求:

根据下表中的资料,采用交互分配法、直接分配法、代数分配法、计划成本分配法和顺序分配法分配辅助生产费用,并做出相应的会计分录。

辅助生产劳务供应通知单

受益单位	用电度数	用水吨数
供电车间		200
供水车间	4 000	
基本生产车间耗用	13 000	2 400
管理部门耗用	3 000	400
合　　计	20 000	3 000

辅助生产费用分配表

（交互分配法）

项　目		交互分配			对外分配		
辅助生产车间名称		供电	供水	合计	供电	供水	合计
待分配费用							
劳务供应数量总额							
费用分配率(单位成本)							
辅助生产车间耗用	供电车间	数量					
		金额					
	供水车间	数量					
		金额					
基本生产车间耗用		数量					
		金额					
行政管理部门耗用		数量					
		金额					
分配金额合计							

辅助生产费用分配表

（直接分配法）

项 目	分配费用	分配数量	分配率	分配金额			
				制造费用		管理费用	
				数量	金额	数量	金额
供电车间							
供水车间							
合　　计							

辅助生产费用分配表

（代数分配法）

辅助生产车间名称			供电车间	供水车间	合计
待分配费用					
劳务数量					
用代数分配法计算出的实际单位成本					
辅助生产车间耗用	供电车间	数量			
		金额			
	供水车间	数量			
		金额			
	金额小计				
基本生产车间耗用		数量			
		金额			
行政管理部门耗用		数量			
		金额			
分配金额合计					

辅助生产费用分配表
(计划成本分配法)

项 目		供水车间		供电车间		合计
		数量	金额	数量	金额	
待分配的数量和费用						
计划单位成本			8.80		1.25	
辅助生产成本	供水车间					
	供电车间					
	小 计					
制造费用	基本生产车间水费					
	基本生产车间电费					
	小 计					
管理费用	行政管理部门水费					
	行政管理部门电费					
	小 计					
按计划成本分配合计						
辅助生产实际成本						
辅助生产成本差异						

辅助生产费用分配表
(顺序分配法)

项目	分配数量	分配费用			分配率	分配金额					
		直接发生费用	分配转入费用	小计		供水车间		基本生产车间		行政管理部门	
						数量	金额	数量	金额	数量	金额
供电											
供水											
合计											

3.答案:
(1)直接分配法:电费分配率1.50,水费分配率7.50;
(2)交互分配法:交互分配电费分配率1.20,水费分配率7;
　　　　　　　对外分配电费分配率1.287 5,水费分配率8.714 3;
(3)代数分配法:电费分配率1.287 2,水费分配率8.716 2;
(4)计划成本分配法:辅助生产成本超支差异360元;
(5)顺序分配法:电费分配率1.20,水费分配率9.214 3。

任务三　归集与分配制造费用

【实训任务】"实训五:制造费用的分配"

一、制造费用的归集

制造费用指企业为生产产品(或提供劳务)而发生的、应该计入产品成本,但没有专设成本项目的各项生产费用。制造费用的项目一般包括人工费、折旧费、修理费、租赁费(不包括融资租赁费)、保险费、机物料消耗、周转材料摊销、运输费、取暖费、水电费、劳动保护费、办公费、差旅费、设计制图费、试验检验费、在产品盘亏、毁损和报废(减盘盈)、季节性及修理期间的停工损失等。

制造费用的归集应通过"制造费用"总账科目的借方进行,该科目应按不同的生产部门设置明细账,按具体的制造费用项目设置专栏。发生制造费用时,借记"制造费用——××费用项目",贷记"银行存款""原材料""应付职工薪酬""累计折旧""辅助生产成本"等科目。辅助生产车间发生的制造费用可通过"制造费用——××辅助生产车间"科目的借方进行归集,也可直接在"辅助生产成本"科目的借方进行归集。现列示新光公司基本生产一车间的"制造费用明细账",格式见表2-27。

二、制造费用的分配

如果一个车间只生产一种产品,所发生的制造费用直接计入该种产品的成本;如果一个车间生产多种产品,所发生的制造费用,应采用适当的分配方法分配计入各种产品的成本。在企业的组织机构分为车间、分厂和总厂等若干层次的情况下,分厂发生的制造费用,也应比照车间发生的制造费用进行分配。

制造费用分配的方法很多,通常采用的有生产工人工时比例分配法、生产工人工资比例分配法、机器工时比例分配法、年度计划分配率分配法和作业成本法等。

季节性生产企业在停工期间发生的制造费用,应当在开工期间进行合理分摊,连同开工期间发生的制造费用,一并计入产品的生产成本。

对不能直接归属于成本核算对象的成本,制造企业也可以根据自身经营管理特点和条件,利用现代信息技术,采用作业成本法进行归集和分配。

(一)生产工人工时比例分配法

生产工人工时比例分配法是按照各种产品所用生产工人实际工时的比例分配制造费用的一种方法。按照生产工人工时比例分配制造费用,同按生产工人工时分配工资费用一样,也能将劳动生产率与产品负担的费用水平联系起来,使分配结果比较合理。其计算公式为:

$$制造费用分配率 = \frac{该车间制造费用总额}{该车间生产工时总数}$$

$$某产品应负担的制造费用 = 该产品生产工时数 \times 制造费用分配率$$

例 2-13 假定新光公司基本生产一车间生产甲、乙两种产品,按生产工时比例分配制造费用。甲产品生产工时为 8 000 小时,乙产品生产工时为 4 000 小时,根据表2-27,基本生产一车间"制造费用明细账"中所列制造费用总额为 93 716.51 元,应分配计算如下:

$$制造费用分配率 = \frac{93\ 716.51}{8\ 000 + 4\ 000} = 7.809\ 709$$

甲产品应分配制造费用 = 8 000 × 7.809 709 = 62 477.67(元)

乙产品应分配制造费用 = 4 000 × 7.809 709 = 31 238.84(元)

表 2-27

制造费用明细账

车间：一车间　　　　　　　　　　　　　　　　　　　　　　　　　　　　　　　　单位：元

20××年 月 日	凭证字号	摘要	借方	贷方	方向	余额	（借）方金额分析							
							材料费	人工费	折旧费	租赁费	劳动保护费	办公费	辅助生产费用	其他
× 30	略	分配材料费	8 280.00		借	8 280.00	8 280.00							
30		分配燃料费	880.00		借	9 160.00	880.00							
30		分配工资	24 121.18		借	33 281.18		24 121.18						
30		计提社会保险	6 343.87		借	39 625.05		6 343.87						
30		计提公积金	2 412.12		借	42 037.17		2 412.12						
30		计提工会经费	482.42		借	42 519.59		482.42						
30		计提职工教育经费	1 929.69		借	44 449.28		1 929.69						
30		计提折旧	6 020.00		借	50 469.28			6 020.00					
30		分配办公费	820.00		借	51 289.28						820.00		
30		劳动保护费	990.00		借	52 279.28					990.00			
30		租赁费	6 800.00		借	59 079.28				6 800.00				
30		分配辅助生产成本（直接分配法）	34 637.22		借	93 716.50							34 637.22	
30		分配制造费用		93 716.50	平	0.00								
30		本月合计	93 716.50	93 716.50	平	0.00	9 160.00	35 289.28	6 020.00	6 800.00	990.00	820.00	34 637.22	0.00

根据上列计算结果,应编制"制造费用分配表"见表 2-28。

表 2-28　　　　　　　　　制造费用分配表
车间:一车间　　　　　　　20××年×月　　　　　　　　　　单位:元

应借科目		生产工时	分配率	分配金额
基本生产成本	甲产品	8 000		62 477.67
	乙产品	4 000		31 238.83
合　　计		12 000	7.809 708 60	93 716.50

根据表 2-28,应编制下列会计分录:
　　借:基本生产成本——甲产品　　　　　　　　　62 477.67
　　　　　　　　　　——乙产品　　　　　　　　　31 238.83
　　　贷:制造费用——一车间　　　　　　　　　　93 716.50
如果产品的工时定额比较准确,制造费用也可按生产定额工时的比例分配。

(二) 生产工人工资比例分配法

生产工人工资比例分配法是按照计入各种产品成本的生产工人实际工资的比例分配制造费用的一种方法。由于生产工人工资的资料比较容易取得,因而采用这一分配方法,核算工作很简便。但是采用这种方法,各种产品的机械化程度应该相差不多,否则会影响费用分配的合理性。其计算公式为

$$制造费用分配率 = \frac{该车间制造费用总额}{该车间生产工人工资总额}$$

$$某种产品应分配的制造费用 = 该种产品的生产工人工资数 \times 制造费用分配率$$

如果生产工人工资是按照生产工时比例分配计入各种产品成本的,那么,按照生产工人工资比例分配制造费用,实际上也就是按照生产工时比例分配制造费用。

(三) 机器工时比例分配法

机器工时比例分配法是按照各种产品生产时所用机器设备运转时间的比例分配制造费用的一种方法。这种方法适用于产品生产的机械化程度较高的车间。因为在这种车间的制造费用中,与机器设备使用有关的费用比重较大,而这一部分费用与机器设备运转的时间有着密切的联系,因此,采用这种方法,必须具备各种产品所用机器工时的原始记录。其计算公式为

$$制造费用分配率 = \frac{该车间制造费用总额}{该车间机器工时总数}$$

$$某种产品应分配的制造费用 = 该种产品机器工时数 \times 制造费用分配率$$

(四) 年度计划分配率分配法

年度计划分配率分配法是指按年度开始前预先制定的年度计划分配率分配各月制造费用的一种方法。假定以定额工时作为分配标准,其计算公式如下:

(1)计算年度计划分配率

$$制造费用年度计划分配率=\frac{年度制造费用计划总额}{年度各种产品计划产量的定额工时总数}$$

(2)计算某产品某月应负担的制造费用

　　某产品某月应负担的制造费用=该产品该月实际工时数×年度计划分配率

(3)年末,调整制造费用实际发生额与计划分配额的差异额

①差异额=全年制造费用实际发生额－按计划分配率分配的制造费用

$$②制造费用差异额分配率=\frac{差异额}{按年度计划分配率分配的制造费用}$$

③某产品应分配的差异额=该产品按计划分配率分配的制造费用×差异额分配率

采用这种分配方法,不管各月实际发生的制造费用是多少,每月各种产品中的制造费用都按年度计划分配率分配。但在年度内如果发现全年的制造费用实际数和产量实际数与计划数发生较大差额时,应及时调整计划分配率。

例 2-14

某企业只有一个生产车间,全年制造费用计划为 52 800 元,全年各种产品的计划产量为:甲产品 1 000 件,乙产品 900 件,单件产品的工时定额为:甲产品 3 小时,乙产品 4 小时,5 月份的实际产量为:甲产品 100 件,乙产品 80 件,该月实际制造费用为 4 000 元。

(1)计算年度计划分配率:

　　甲产品年度计划产量的定额工时=1 000×3=3 000(小时)

　　乙产品年度计划产量的定额工时=900×4=3 600(小时)

$$年度计划分配率=\frac{52\ 800}{3\ 000+3\ 600}=8$$

(2)分配转出该月的制造费用:

　　甲产品该月实际产量的定额工时=100×3=300(小时)

　　乙产品该月实际产量的定额工时=80×4=320(小时)

　　该月甲产品应分配制造费用=300×8=2 400(元)

　　该月乙产品应分配制造费用=320×8=2 560(元)

　　该月应分配转出的制造费用=2 400+2 560=4 960(元)

(3)根据上述计算分配结果编制如下会计分录:

借:基本生产成本——甲产品　　　　　　　　　　2 400.00

　　　　　　——乙产品　　　　　　　　　　　　2 560.00

　贷:制造费用　　　　　　　　　　　　　　　　4 960.00

该车间 5 月份的实际制造费用为 4 000 元(即制造费用明细账的借方发生额),小于按该月实际产量和年度计划分配率分配转出的制造费用 4 960 元(即制造费用明细账的贷方发生额)。因此,采用这种分配方法时,制造费用明细账及总账科目,不仅可能有月末余额,而且既可能有借方余额,也可能有贷方余额。借方余额表示超过计划的预付费用;贷方余额表示按照计划未付的费用。

"制造费用"科目如果有年末余额,就是全年制造费用的实际发生额与计划分配额的差额,一般应在年末调整计入12月份的产品成本,借记"基本生产成本"科目,贷记"制造费用"科目;如果实际发生额大于计划分配额,用蓝字补加,否则用红字冲减。

承例2-14,假设年末假定该车间全年实际发生的制造费用为49 303.56元,按计划分配率甲产品已分配24 800元,乙产品已分配30 000元,则差异额为

$$49\ 303.56-(24\ 800+30\ 000)=-5\ 496.44(元)$$

调整差异如下:

$$差异额分配率=\frac{-5\ 496.44}{24\ 800+30\ 000}=-10.03\%$$

甲产品应分配的差异额$=24\ 800\times(-10.03\%)=-2\ 487.44(元)$

乙产品应分配的差异额$=30\ 000\times(-10.03\%)=-3\ 009.00(元)$

计算结果为负数,则应冲减产品成本中的制造费用数额。

借:基本生产成本——甲产品　　　　　　2 487.44

　　　　　　——乙产品　　　　　　3 009.00

　贷:制造费用　　　　　　5 496.44

这种分配方法的核算工作比较简便,特别适用于季节性生产企业,可以使企业旺季与淡季的制造费用比较均衡地计入产品生产成本。但是,采用这种分配方法,制定的计划成本应尽可能接近实际,否则,若年度制造费用的计划数脱离实际太大,就会影响成本计算的正确性。

> **课内思考:**
> 采用按年度计划分配率分配制造费用时,"制造费用"科目月末为什么往往有余额?其借方余额表示什么?贷方余额表示什么?按年度计划分配率分配制造费用有什么好处?这种方法特别适用于什么样的企业?

◇开阔视野——标准机器工时分配法

如果车间中存在着各种不同类型的机器设备,而且使用与维修费用相差悬殊,为使费用分配合理,还应将机器设备进行分类,按其类别确定机器工时系数,用工时系数折算出标准机器工时,再按标准机器工时分配制造费用。

举例如下:

	系数	机器工时	标准机器工时	制造费用	按机器工时分配（分配率:40）	按标准机器工时分配（分配率:20）
甲类	1	100	100		4 000	2 000
乙类	2.8	500	1 400		20 000	28 000
丙类	0.5	200	100		8 000	2 000
合计		800	1 600	32 000	32 000	32 000

标准机器工时分配法在一些大、中型企业中已被广泛采用。

实务操作

1. 资料：

某公司采用年度计划分配率分配法分配制造费用,全年计划费用等有关资料见下表。

制造费用分配表

受益部门	甲	乙	合计
全年计划费用			36 000
定额工时总额			40 000
年度计划分配率			
1～11月份按计划分配率分配的费用	24 480	10 710	35 190
12月份定额工时	2 600	1 100	3 700
12月份应分配的制造费用			
全年实际发生额			37 800
全年按计划分配率分配额			
差异额			
差异分配率			
应分配差异			
全年实际分配的制造费用			

2. 要求：

(1)计算制造费用年度计划分配率并完成制造费用分配表；

(2)编制分配转出12月份制造费用和年末差异调整的会计分录。

3. 答案：

(1)制造费用年度计划分配率为0.9；

(2)12月份甲产品应分配制造费用为2 340元,乙产品为990元；

(3)全年按计划分配率分配的制造费用为38 520元；

(4)制造费用实际发生额与计划分配额之间差异为—720元；

(5)差异分配率为—1.87%；会计分录略。

任务四 归集与分配损失性费用

【实训任务】"实训六:损失性费用的分配"

损失性费用是指企业在生产过程中,因产品报废、生产停工或产品盘亏、毁损而造成的各种人力、物力、财力上的损失。本次工作任务仅学习与生产成本密切相关的废品损失和停工损失的核算。

一、废品损失的归集与分配

(一)废品损失的含义

1.废品及损失

废品是指因质量不符合规定的标准或技术条件、不能按原定用途使用,或需加工修复后才能使用的产成品、半成品、零部件等。废品按能否修复的技术上的可能性和经济上的合理性,分为可修复废品和不可修复废品。可修复废品是指在技术上可以修复,并且支付的修理费用在经济上合算的废品;不可修复废品是指在技术上不能修复,或者虽能修复,但支付的修复费用在经济上不合算的废品。

废品损失包括可修复废品的修复费用和不可修复废品的净损失,其中:

$$\text{不可修复废品的净损失} = \text{不可修复废品的生产成本} - \text{不可修复废品的残值} - \text{应收过失人赔款}$$

应予以注意的是,若产品入库时确系合格品,但由于保管不善、运输不当等原因使产品损坏变质而发生的损失,不包括在"废品损失"中,应列作管理费用;质量虽不符合规定标准,但经检验不需要返修而可以降价出售的产品,其降价损失作为销售损益体现,不列入"废品损失";企业因实行"三包"而发生的三包损失,应列为销售费用,不应列入"废品损失"。

2."废品损失"账户的设置

为了全面反映企业一定时期内发生废品损失的情况,加强废品损失的控制,可设置"废品损失"账户进行废品损失的归集与分配。

"废品损失"账户借方归集可修复废品的修复费用和不可修复废品的实际生产成本;贷方登记废品残料回收的价值、应收过失人赔偿款以及计入当期产品成本的净损失。该账户月末一般无余额。

(二)废品损失的归集与分配

按照成本核算制度的规定,对于正常废品范围内的废品损失,应当按照适当的方法归集后分配计入"制造费用";对于超过正常废品范围内的废品损失,应当计入"管理费用"。

1.废品损失的核算形式

(1)不单独核算废品损失

对于生产过程中不易产生废品,或者虽然偶尔会产生废品,但废品的数量金额很小的企业,为了简化核算,管理上通常不要求单独核算废品损失。

对于不单独核算废品损失的企业,可修复废品的修复费用,直接根据费用内容计入生产成本的对应项目即可;对于不可修复废品则直接扣减产量,不需要结转废品成本。废品的残值和过失人赔偿,则应当根据企业的相关规定冲减相应的生产成本明细账中的相关成本项目费用。

(2)单独核算废品损失

对于在生产过程中容易发生废品的企业,为了加强对废品损失的分析与管理,建议单独设置"废品损失"账户进行归集。

在实务操作中,"废品损失"账户既可以作为一级账户设置,也可以作为"基本生产成本"账户的下一级账户设置,同时按照成本项目设置专栏。同时,在"基本生产成本明细账中"也应当增设"废品损失"专栏,以便单独核算废品损失的费用发生情况。

2.不可修复废品损失的归集与分配

为了归集和分配不可修复的废品损失,必须首先计算废品的成本。废品成本是指生产过程中截至报废时所耗费的一切费用,扣除废品的残值和应收赔款,算出废品净损失,计入该种产品的成本。由于不可修复废品的成本与合格品的成本是同时发生并归集在一起的,因此,需要采取一定的方法予以确定。一般有两种方法:一是按废品所耗实际成本计算;二是按废品所耗定额成本计算。

(1)按废品实际成本计算

①完工入库时发生废品。当不可修复废品发生在完工入库时,单位合格品与单位废品应负担相同的费用,因而可以按合格品与废品的产量作为分配标准进行分配。其计算公式为

$$某项生产费用分配率 = \frac{该项生产费用}{合格品产量 + 废品产量}$$

$$废品应负担生产费用额 = 废品产量 \times 分配率$$

②生产过程中发生废品。如果废品发生在生产过程中,应根据投料程度和加工程度进行分配。假如原材料系一次性投入,则原材料等直接材料仍可按产量作为分配标准,直接人工和制造费用则可以按生产工时作为分配标准。其计算公式为

$$直接材料费用分配率 = \frac{直接材料费用总额}{合格品产量 + 废品产量}$$

$$废品应负担材料费用额 = 废品产量 \times 直接材料费用分配率$$

$$直接人工(制造费用)分配率 = \frac{直接人工(制造费用)总额}{合格品生产工时 + 废品生产工时}$$

$$废品应负担直接人工(制造费用) = 废品生产工时 \times 该成本项目分配率$$

例 2-15 新光公司本月共加工甲产品440件,本月完工400件,在产品40件,经检验,完工产品中合格品数量为390件,不可修复废品10件,甲产品本月的生产成本发生情况见表2-30。甲产品共耗用工时8 000小时,其中废品耗用工时为150小时。废品残料回收价值为2 120元,过失人赔偿的材料费为1 660元。该公司原材料为投产时一次性投入。根据以上资料,新光公司应编制"废品损失计算表"见表2-29。

表 2-29　　　　　　　　　废品损失计算表

产品名称:甲产品　　　　　　　　20××年×月

项目	数量(件)	直接材料	生产工时(小时)	直接人工	制造费用	合计
费用总额	440	218 285.10	8 000	176 664.14	62 477.67	457 426.91
分配率		496.10		22.08	7.81	
废品成本	10	4 961.02	150	3 312.45	1 171.46	9 444.93
减:残值		2 120.00				2 120.00
赔款		1 660.00				1 660.00
废品损失		1 181.02		3 312.45	1 171.46	5 664.93

根据表2-29及其他有关原始凭证,编制会计分录如下:

(1)结转不可修复废品损失

借:废品损失——甲产品　　　　　　　　　　　　　　　9 444.93
　　贷:基本生产成本——甲产品　　　　　　　　　　　　　9 444.93

(2)废品材料入库

借:原材料　　　　　　　　　　　　　　　　　　　　　2 120.00
　　贷:废品损失——甲产品　　　　　　　　　　　　　　　2 120.00

(3)责任人赔偿

借:其他应收款　　　　　　　　　　　　　　　　　　　1 660.00
　　贷:废品损失——甲产品　　　　　　　　　　　　　　　1 660.00

(4)结转废品净损失

借:基本生产成本——甲产品　　　　　　　　　　　　　5 664.93
　　贷:废品损失——甲产品　　　　　　　　　　　　　　　5 664.93

根据有关会计分录,登记相关明细账,见表2-30、表2-31。

表2-30　　　　　　　　　　　生产成本明细账

车间名称:一车间　　产品名称:甲　　　　　　　　　　　　　　　单位:元

20××年		凭证字号	摘要	借方	贷方	方向	余额	(借)方金额分析			
月	日							直接材料	直接人工	制造费用	废品损失
×	1	略	期初余额			借	15 600.00	15 600.00			
×	30		分配材料费	167 340.00		借	182 940.00	167 340.00			
×	30		分配燃料费	5 831.85		借	188 771.85	5 831.85			
×	30		分配工资	120 754.71		借	309 526.56		120 754.71		
×	30		计提社会保险	31 758.49		借	341 285.05		31 758.49		
×	30		计提公积金	12 075.47		借	353 360.52		12 075.47		
×	30		计提工会经费	2 415.09		借	355 775.61		2 415.09		
×	30		计提教育经费	9 660.38		借	365 435.99		9 660.38		
×	30		分配辅助生产成本(直接分配法)	29 513.25		借	394 949.24	29 513.25			
×	30		分配制造费用	62 477.67		借	457 426.91			62 477.67	
×	30		结转废品损失前小计	441 826.91		借	457 426.91	218 285.10	176 664.14	62 477.67	
×	30		结转不可修复废品成本		9 444.93	借	447 981.98	(4 961.02)	(3 312.45)	(1 171.46)	
×	30		结转废品净损失	5 664.93		借	453 646.91				5 664.93
×	30		本月合计	447 491.84	9 444.93	借	453 646.91	213 324.08	173 351.69	61 306.21	5 664.93
×	30		完工转出		434 253.81	借	19 393.10	(193 930.98)	(173 351.69)	(61 306.21)	(5 664.93)
×	30		期末在产品			借	19 393.10	19 393.10	0.00	0.00	0.00

表 2-31　　　　　　　　　废品损失明细账
车间名称:一车间　产品名称:甲　　　　　　　　　　　　　　　　　　单位:元

20××年		凭证字号	摘要	借方	贷方	方向	余额	(借)方金额分析			
月	日							直接材料	直接人工	制造费用	废品损失
×	30		结转不可修费废品成本	9 444.93		借	9 444.93	4 961.02	3 312.45	1 171.46	
×	30		废品残料		2 120.00	借	7 324.93	(2 120.00)			
×	30		过失人赔偿		1 660.00	借	5 664.93	(1 660.00)			
×	30		结转废品净损失		5 664.93	平	0.00				
×	30		本月合计	9 444.93	9 444.93	平	5 664.93	1 181.02	3 312.45	1 171.46	

不可修复废品损失按实际成本计算,其结果较为准确,但工作量较大,并且只能在月末生产费用算出后才能进行,不利于及时控制废品损失。

(2)按废品定额成本计算

在消耗定额和费用定额比较健全的企业,也可以按废品所耗定额费用计算不可修复废品的生产成本。即按废品的实际数量和各项消耗定额、费用定额计算不可修复废品的生产成本,实际成本与定额成本的差异额全部由合格品负担。

▼**例 2-16**　　某车间本月生产丙产品,验收入库时发现不可修复废品 6 件,每件丙产品的费用定额为:直接材料 200 元,直接人工 40 元,制造费用 30 元,回收废品残值 200 元,按定额成本计算废品成本和废品损失。根据上述资料编制"废品损失计算表",见表 2-32。

表 2-32　　　　　　　　　废品损失计算表
产品名称:丙产品　　　　　　20××年×月　　　　　　　　金额单位:元

项目	直接材料	直接人工	制造费用	合计
费用定额	200	40	30	270
废品定额成本	1 200	240	180	1 620
减:回收残值	200			200
废品损失	1 000	240	180	1 420

采用费用定额计算废品成本方法简便,计算及时,有利于控制废品损失,故应用较为广泛。

3.可修复废品损失的归集与分配

可修复废品的损失是指废品在修复过程中发生的所有修复费用,包括修复过程中耗用的材料、发生的人工费用和制造费用。

修复费用的归集根据直接材料、直接人工和制造费用分配表的分配结果,记入"废品损失"账户的借方。修复费用中要由责任人赔偿的部分,应冲抵废品损失,从贷方转入"其他应收款"账户的借方。账户的借方余额,为可修复废品的净损失,与本月不可修复废品的净损失合计后,转入"基本生产成本"账户的废品损失项目。

例 2-17

某企业本月生产乙产品 800 件,生产过程中发现了 10 件可修复废品。在修复过程中,耗用原材料 400 元,人工费用 300 元,制造费用 280 元。应由责任人赔偿 70 元。根据上述资料编制会计分录如下:

(1)发生修复费用:

借:废品损失——乙产品	980.00
贷:原材料	400.00
应付职工薪酬	300.00
制造费用	280.00

(2)应收过失人赔款:

借:其他应收款——×××	70.00
贷:废品损失——乙产品	70.00

(3)结转废品净损失:

借:基本生产成本——乙产品(废品损失)	910.00
贷:废品损失——乙产品	910.00

二、停工损失的归集与分配

(一)停工损失的含义

停工损失是指企业的生产车间在停工期间发生的各种费用支出。企业的停工可以分为正常停工和非正常停工。正常停工包括季节性停工、正常生产周期内的修理期间的停工、计划内减产停工等;非正常停工包括原材料或工具等短缺停工、设备故障停工、电力中断停工、自然灾害停工等。正常停工损失应计入生产成本,而非正常停工损失应计入当期费用。

(二)停工损失的归集与分配

为了核算停工损失,应当设置"停工损失"总分类账户,或者在"基本生产成本"总分类账户下设置"停工损失"明细账,进行停工损失的核算。并且应当在"基本生产成本"明细账中增设"停工损失"成本项目。

"停工损失"账户借方登记生产单位发生的各项停工损失;贷方登记应索赔的停工损失和分配结转的停工损失。分配结转停工损失以后,该账户应无余额。

例 2-18

某厂第一车间由于设备大修停工 6 天,停工期间应支付工人工资 6 840 元,应负担制造费用 1 000 元。第三车间由于外部供电线路原因停工 2 天,停工期间应支付工人工资 4 560 元,应负担制造费用 600 元。根据以上资料,编制会计分录如下:

借:停工损失——第一车间　　　　　　　　　　7 840.00
　　　　——第三车间　　　　　　　　　　5 160.00
　贷:应付职工薪酬　　　　　　　　　　　　　11 400.00
　　　制造费用——第一车间　　　　　　　　　1 000.00
　　　　　　——第三车间　　　　　　　　　　600.00

例 2-19

上例中,第一车间设备大修为正常停工,停工损失 7 840 元应计入成本中;第三车间停工为非正常停工,应计入营业外支出。假设经交涉,电业局同意赔偿由于停工给企业造成的损失 3 000 元。根据资料编制会计分录如下:

借:制造费用——第一车间　　　　　　　　　　7 840.00
　　其他应收款——电业局　　　　　　　　　　3 000.00
　　营业外支出——停工损失　　　　　　　　　2 160.00
　贷:停工损失——第一车间　　　　　　　　　7 840.00
　　　　　　——第三车间　　　　　　　　　　5 160.00

课内思考:

1. 废品损失的核算一定要设"废品损失"账户吗?
2. 由于产生了废品,"基本生产成本"账户反映的产品总成本数可能会减少吗?
3. 停工损失是指企业在停工期间发生的各项费用吗?

答案

实务操作

1. 资料:

某企业生产甲产品,20××年 10 月份投产甲产品 7 500 件,发生直接材料费用 90 000 元,直接人工 42 525 元,制造费用 22 680 元。完工合格品 7 480 件,其中可修复废品 100 件。发生了如下修复费用:直接材料 260 元,直接人工 280 元,制造费用 200 元;不可修复废品 20 件是在生产过程中发现的,回收残料价值 100 元,过失人赔款 120 元。本月份无期初、期末在产品,原材料在生产开始时一次性投入,生产工时记录为:完工产品 9 000 小时,废品 450 小时。

2. 要求:

单独核算废品损失,设置"废品损失"账户及成本项目,编制不可修复废品损失计算表,登记废品损失明细账、基本生产成本明细账,并编制有关废品损失的会计分录。按实际成本计算废品损失,见以下各账表。

不可修复废品损失计算表

产品：甲产品　　　　　　　　　　20××年10月　　　　　　　　　　金额单位：元

项目	数量（件）	直接材料	生产工时（小时）	直接人工	制造费用	合计
费用总额						
分配率						
废品成本						
减：残值						
赔款						
废品损失						

产品成本计算单

产品名称：甲产品　　　　　　　　　　　　　　　　　　　　　　产量：7 480件

月	日	摘要	直接材料	直接人工	制造费用	废品损失	合计
10	31	生产费用合计					
10	31	结转废品生产成本					
		转入废品净损失					
		产品总成本					
		产品单位成本					

废品损失明细账

产品名称：甲产品

20××年 月	日	凭证字号	摘要	直接材料	直接人工	制造费用	发生额合计 借方	发生额合计 贷方	余额
10	31		分摊修复费用						
	31		转入废品成本						
	31		残料交库						
	31		过失人赔偿						
	31		转出净损失						
	31		本月合计						

3. 答案：

甲产品不可修复废品净损失3 125元；可修复废品和不可修复废品合计净损失3 865元；甲产品总成本155 725元；甲产品单位成本20.82元。

任务五　计算完工产品成本

【实训任务】"实训七：分配完工产品与在产品成本"

按照《企业产品成本核算制度》规定，制造企业应当根据产品的生产特点和管理要求，按成本计算期结转成本，除季节性生产企业等以外，应当以月作为成本计算期。通过前述对费用的归集与分配,应计入产品成本的直接材料、直接人工及制造费用等都已按成本项目全部集中反映在"基本生产成本"账户及其明细账的借方。如果产品已经全部完工,产品成本明细账中归集的生产费用之和,就是该种完工产品的成本;如果产品全部未完工,产品成本明细账归集的生产费用之和,就是该种在产品的成本;如果既有完工产品又有在产品,产品成本明细账中归集的生产费用之和,还应在完工产品与月末在产品之间,采用适当的分配方法进行生产费用的分配,以计算完工产品和月末在产品的成本。

生产费用合计数与本月完工产品及月末在产品成本之间的关系,可以用公式表示为

月初在产品成本＋本月发生生产费用＝本月完工产品成本＋月末在产品成本

根据上述公式,则有

本月完工产品成本＝月初在产品成本＋本月发生生产费用－月末在产品成本

制造企业可以选择原材料消耗量法、约当产量法、定额比例法、原材料扣除法、完工百分比法等方法确定完工产品和在产品的实际成本,并将完工入库产品的产品成本结转至库存产品科目;在产品数量、金额不重要或在产品期初期末数量变动不大的,可以不计算在产品成本。

生产费用在完工产品和在产品之间分配的方法有以下几种:

一、不计算在产品成本法

这种方法的基本特点是:当月发生的生产费用,全部由当月完工产品负担。对于在产品数量少,且各月变动不大的企业,在产品成本的计算与否,对完工产品成本影响不大,为了简化核算,可以不计算在产品成本。这种方法计算出的本月完工产品的总成本等于该产品生产成本明细账中归集的全部生产费用。用计算公式表示为

本月完工产品成本＝本月发生生产费用

二、在产品成本按年初固定数计算法

这种方法的基本特点是:年内各月(1~11月份)的在产品成本都按年初在产品成本计算,即1~11月份发生的生产费用,全部由当月完工产品负担;期末有在产品成本,其金额按年初数确定;年末(12月份),根据盘点数重新确定年末在产品成本,作为次年在产品计价的依据。即

1~11月份各月完工产品成本 ＝ 月初在产品成本(年初固定数额) ＋ 本月发生生产费用 － 月末在产品成本(年初固定数额) ＝ 本月发生生产费用

12月份完工产品成本 ＝ 月初在产品成本(年初固定数额) ＋ 本月发生生产费用 － 月末在产品成本(年末盘点数)

该方法适用于在产品数量较少,或虽然数量较多,但各月数量比较均衡,月初月末在产品成本差异较小,对各月完工产品成本影响不大的企业。

三、原材料扣除法

原材料扣除法是一种月末在产品成本只计算其所耗用的材料费用，不计算人工费用和制造费用的成本方法。也就是说，产品的加工费用全部由完工产品负担。采用这种方法时，本月完工产品成本等于月初在产品材料成本加上本月发生的全部生产费用，再减去月末在产品材料成本。用计算公式表示为：

$$\frac{本月完工}{产品成本} = \frac{月初在产品}{材料成本} + \frac{本月发生}{生产费用} - \frac{月末在产品}{材料成本}$$

这种方法适用于各月末在产品数量较多、各月在产品数量变化较大且材料费用在成本中所占比重较大的企业采用。

例 2-20

沿用【例 2-15】的资料见表 2-30，新光公司甲产品的生产成本在完工产品与期末在产品之间的分配情况如下（见表 2-33）。

原材料费用分配率 $= \dfrac{213\ 324.07}{400+40} \approx 484.827\ 432$

期末在产品应分配的原材料费用 $= 484.827\ 432 \times 40 \approx 19\ 393.10$（元）

完工产品应分配的原材料费用 $= 213\ 324.07 - 19\ 393.10 = 193\ 930.97$（元）

完工产品成本 $= 193\ 930.97 + 173\ 351.70 + 61\ 306.21 + 5\ 664.93 = 434\ 253.81$（元）

单位成本 $= \dfrac{434\ 253.81}{390} \approx 1\ 113.47$（元）

表 2-33　　　　　　　完工产品与期末在产品分配表

新光公司　　　　　　　　20××年 × 月　　　　　　　　　　　　甲产品

成本项目	原材料	人工费用	制造费用	废品损失	合计
月初在产品费用	15 600.00				15 600.00
本月生产费用	197 724.07	173 351.69	61 306.21	5 664.93	438 046.90
生产费用合计	213 324.07	173 351.69	61 306.21	5 664.93	453 646.90
完工产品数量	400				400.00
月末在产品数量	40				40.00
月末在产品约当量	40				40.00
费用分配率	484.827 432 3				484.83
完工产品成本	193 930.97	173 351.69	61 306.21	5 664.93	434 253.80
月末在产品成本	19 393.10				19 393.10
单位成本	497.258 905	444.491 508	157.195 417	14.525 471	1 113.471 301

结转完工产品成本的会计分录为：

借：库存商品——甲产品　　　　　　　　434 253.80
　　贷：基本生产成本——甲产品　　　　　　　　434 253.80

四、在产品成本按完工产品成本计价法

在产品成本按完工产品成本计价法就是将在产品视同完工产品计算、分配生产费用的方法。适用于月末在产品已接近完工，或产品已经加工完毕，但尚未验收或包装入库的产品。

五、约当产量法

约当产量法是指将月末实际盘存的在产品数量,按其完工程度或投料程度折算成相当于完工产品的数量,然后将本期的生产费用按照月末完工产品数量和在产品约当产量比例进行分配,从而计算出完工产品成本和月末在产品成本的方法。有关计算公式为

在产品约当产量＝在产品数量×在产品加工程度(投料率)

约当总产量＝本月完工产品数量＋月末在产品约当产量

$$某项费用分配率=\frac{月初在产品成本+本月发生生产费用}{约当总产量}$$

月末在产品应分配的费用＝月末在产品约当产量×该项费用分配率

本月完工产品应分配的某项费用＝完工产品产量×费用分配率
　　　　　　　　　　　　　＝月初在产品费用＋本月发生费用－
　　　　　　　　　　　　　　月末在产品费用

由于在产品在生产加工过程中加工程度和投料情况的不同,因此必须区别成本项目计算在产品的约当产量。要正确计算在产品的约当产量,首先必须确定投料程度和完工程度。

(一)投料程度的确定

直接材料费用项目约当产量的确定,取决于产品生产过程中的投料程度。在产品投料程度是指在产品已投材料占完工产品应投材料的百分比。在生产过程中,材料投入形式通常有四种,即在生产开始时一次性投入;在生产过程中陆续投入,且投入量与加工进度一致;在生产过程中陆续投入,且投入量与加工进度不一致;在生产过程中分工序一次性投入。由于投料形式不同,因此在产品投料程度也不同,现分述如下:

1.原材料在生产开始时一次性投入

当直接材料于生产开始时一次性投入,即投料百分比为100%时,不论在产品完工程度如何,其单位在产品耗用的原材料与单位完工产品耗用的原材料是相等的。因此,用以分配直接材料费用的在产品的约当产量即为在产品的实际数量。

例2-21 某产品本月份完工250件,月末在产品50件,原材料在生产开始时一次性投入。应分配费用:月初和本月发生的原材料费用8 700元,人工费及其他费用5 220元,在产品完工程度测定为80%,完工产品和月末在产品的原材料费用和工资及其他费用的分配计算如下:

原材料费用项目在产品约当产量＝50×100%＝50(件)

人工及制造费用项目在产品约当产量＝50×80%＝40(件)

$$原材料分配率=\frac{8\ 700}{250+50}=29$$

$$人工及其他费用分配率=\frac{5\ 220}{250+40}=18$$

在产品应分配原材料费用＝50×29＝1 450(元)

$$\text{在产品应分配人工及其他费用} = 40 \times 18 = 720(元)$$
$$\text{完工产品应分配原材料费用} = 250 \times 29 = 7\ 250(元)$$

或 $\quad$ 完工产品应分配原材料费用 $= 8\ 700 - 1\ 450 = 7\ 250(元)$

$\quad\quad\quad$ 完工产品应分配人工及其他费用 $= 250 \times 18 = 4\ 500(元)$

或 $\quad$ 完工产品应分配人工及其他费用 $= 5\ 220 - 720 = 4\ 500(元)$

2.原材料陆续投入,且投入量与加工进度一致

当直接材料随生产过程陆续投入且投入量与加工进度一致时,在产品投料程度的计算与完工程度的计算相同。此时,分配直接材料费用的在产品约当产量按完工程度折算。

例 2-22 某产品本月完工 400 件,月末在产品 160 件,原材料随着加工进度陆续投入,月末在产品完工程度测定为 50%,月初和本月发生的原材料费用共计 31 200 元,人工及其他费用共计 13 440 元。完工产品和月末在产品的原材料费用和人工及其他费用的分配计算如下:

$$\text{月末在产品约当产量} = 160 \times 50\% = 80(件)$$

$$\text{原材料费用分配率} = \frac{31\ 200}{400 + 80} = 65$$

$$\text{人工及其他费用分配率} = \frac{13\ 440}{400 + 80} = 28$$

$$\text{完工产品原材料费用} = 400 \times 65 = 26\ 000(元)$$

$$\text{完工产品人工及其他费用} = 400 \times 28 = 11\ 200(元)$$

$$\text{月末在产品原材料费用} = 80 \times 65 = 5\ 200(元)$$

$$\text{月末在产品人工及其他费用} = 80 \times 28 = 2\ 240(元)$$

3.原材料陆续投入,且投入量与加工进度不一致

当直接材料随生产过程陆续投入,且原材料投料程度与加工进度不一致时,原材料的投料程度应按每工序的原材料投料定额计算。其计算公式为:

$$\text{某工序在产品投料程度} = \frac{\text{前面各道工序投料定额之和} + \text{本工序投料定额} \times 50\%}{\text{完工产品投料定额}} \times 100\%$$

例 2-23 某产品本月完工 200 件,由两道工序制成,原材料在生产过程中分工序陆续投入。各工序原材料消耗定额为:第 1 工序 70 千克,第 2 工序 30 千克,共为 100 千克。各工序月末在产品数量为:第 1 工序 80 件,第 2 工序 60 件。月初和本月发生的原材料费用为 10 200 元,分配材料费用如下:

(1)计算在产品投料率:

$$\text{第 1 工序投料率} = \frac{70 \times 50\%}{100} \times 100\% = 35\%$$

$$\text{第 2 工序投料率} = \frac{70 + 30 \times 50\%}{100} \times 100\% = 85\%$$

(2)计算在产品约当产量:

$$\text{第 1 工序在产品约当产量} = 80 \times 35\% = 28(件)$$

第 2 工序在产品约当产量＝60×85％＝51（件）
期末在产品约当产量＝28＋51＝79（件）

(3) 计算分配材料费用：

$$原材料费用分配率 = \frac{10\ 200}{200+79} = 36.56$$

月末在产品分配材料费用＝79×36.56＝2 888.24（元）
完工产品分配材料费用＝10 200－2 888.24＝7 311.76（元）

4.原材料在各工序一次性投入

如果在生产过程中，原材料不是在生产开始时一次性投入，而是分工序一次性投入，即在每道工序开始时一次性投入本工序所耗原材料。此时，各工序在产品耗用的原材料同完工产品耗用的原材料是一样的。则月末在产品投料程度的计算公式为

$$某工序投料程度 = \frac{到本工序为止的累计投料定额}{完工产品投料定额} \times 100\%$$

仍沿用【例 2-23】资料，某产品由两道工序制成，其原材料分两道工序在每道工序开始时一次性投入。各工序原材料消耗定额为：第 1 工序 70 千克，第 2 工序 30 千克，共为 100 千克，原材料费用和其他资料同上。

(1) 计算原材料每道工序的投料率：

$$第 1 工序投料率 = \frac{70}{100} \times 100\% = 70\%$$

$$第 2 工序投料率 = \frac{70+30}{100} \times 100\% = 100\%$$

由于每道工序所耗原材料在工序开始时一次投入，因而同一工序内所有在产品的消耗定额均为该工序的消耗定额，不应按 50％计算。与此相联系，最后一道工序所有在产品的消耗定额，均为该种完工产品的消耗定额，其投料率均为 100％。

(2) 计算各工序在产品约当产量：

第 1 工序在产品约当产量＝80×70％＝56（件）
第 2 工序在产品约当产量＝60×100％＝60（件）
在产品约当总产量＝56＋60＝116（件）

(3) 分配材料费用：

$$原材料费用分配率 = \frac{10\ 200}{200+116} = 32.28$$

月末在产品分配材料费用＝116×32.28＝3 744.48（元）
完工产品分配材料费用＝10 200－3 744.48＝6 455.52（元）

(二) 完工程度的确定

对于直接人工和制造费用，也称加工费用，通常按完工程度计算约当产量。完工程度的确定通常有两种形式：

1.按平均完工程度计算

当企业生产进度比较均衡，各道工序在产品数量和加工量上都相差不大时，后面各工序在产品多加工的程度可以弥补前面各工序少加工的程度。这样，全部在产品完工程度均可按 50％平均计算，如【例 2-22】。

2.按各工序的累计工时定额占完工产品工时定额的比率计算

如果各工序在产品数量和加工量上差别较大,后面各工序在产品多加工的程度不足以弥补前面各工序少加工的程度,则要分工序分别计算在产品的完工程度。计算公式为

$$某工序在产品完工程度 = \frac{前面各道工序工时定额之和 + 本工序工时定额 \times 50\%}{完工产品工时定额} \times 100\%$$

仍以【例2-23】为例,某产品由两道工序制成,每道工序的工时定额分别为30小时和20小时,产品的工时定额共为50小时。月初和本月发生的人工及其他费用为3 808元,其他资料和计算方法同上。人工及其他费用分配如下:

(1)计算在产品完工率:

$$第1工序完工率 = \frac{30 \times 50\%}{50} \times 100\% = 30\%$$

$$第2工序完工率 = \frac{30 + 20 \times 50\%}{50} \times 100\% = 80\%$$

(2)计算在产品约当产量:

第1工序在产品约当产量 = 80 × 30% = 24(件)

第2工序在产品约当产量 = 60 × 80% = 48(件)

月末在产品约当产量 = 24 + 48 = 72(件)

(3)分配工资及其他费用:

$$人工及其他费用分配率 = \frac{3\ 808}{200 + 72} = 14$$

月末在产品分配人工及其他费用 = 72 × 14 = 1 008(元)

完工产品分配人工及其他费用 = 200 × 14 = 2 800(元)

六、在产品按定额成本计价法

定额成本计价法,是指月末在产品按定额成本计算,该产品的全部生产费用(月初在产品费用加上本月发生的费用)减去按定额成本计算的月末在产品成本后的余额作为完工产品的成本。

这种方法适用于各项消耗定额或费用定额比较准确、稳定,而且各月末在产品数量变化不大的产品。在产品定额成本计算公式为:

微课20

定额成本计价法

在产品定额材料成本 = 在产品数量 × 在产品材料消耗定额 × 材料单价

在产品定额人工成本 = 在产品数量 × 在产品工时消耗定额 × 小时人工费用率

在产品定额制造费用 = 在产品数量 × 在产品工时消耗定额 × 小时费用率

将以上各项相加,即为在产品定额成本。

例 2-24 A产品月末在产品200件,每件在产品材料消耗定额为10千克,每千克材料单价为30元。每件在产品工时定额为5小时,每小时人工费用率为24元,每小时其他费用定额为8元。本月生产费用合计(月初在产品费用＋本月发生费用):原材料378 000元,人工费294 000元,制造费用90 000元。

计算分配如下:

月末在产品定额成本:

原材料定额成本＝200×10×30＝60 000(元)

人工定额成本＝200×5×24＝24 000(元)

制造费用定额成本＝200×5×8＝8 000(元)

月末在产品定额成本＝60 000＋24 000＋8 000＝92 000(元)

完工产品成本:

原材料费用＝378 000－60 000＝318 000(元)

人工费用＝294 000－24 000＝270 000(元)

制造费用＝90 000－8 000＝82 000(元)

完工产品总成本＝318 000＋270 000＋82 000＝670 000(元)

采用这种方法,由于月末在产品成本不负担实际生产费用脱离定额的差异,而全部由完工产品成本负担,所以在实际生产费用脱离定额差异比较大的情况下,就会影响产品成本计算的正确性。

七、定额比例法

定额比例法,是指产品的生产费用在完工产品与月末在产品之间按照两者的定额消耗量或定额费用比例分配。其中,原材料费用按原材料的定额消耗量或定额费用比例分配,这种方法适用于各项消耗定额比较准确、稳定,但各月末在产品数量变动较大的产品。

采用定额比例法时,如果原材料费用按定额原材料费用比例分配,各项加工费均按定额工时比例分配,则分配计算的公式为

公式一:

$$费用分配率＝\frac{月初在产品费用＋本月生产费用}{完工产品定额原材料费用或定额工时＋月末在产品定额原材料费用或定额工时}$$

公式二:

$$费用分配率＝\frac{月初在产品费用＋本月生产费用}{月初在产品定额原材料费用或定额工时＋本月定额原材料费用或定额工时}$$

上述以定额原材料费用为分母算出的费用分配率,是原材料费用分配率;以定额工时

为分母算出的费用分配率,是人工费等各项加工费用的分配率。第一个公式与第二个公式的分母不同,但可以通用。因为月初在产品定额费用(或定额工时)与本月定额费用(或定额工时)之和,等于本月完工产品定额费用(或定额工时)与月末在产品定额费用(或定额工时)之和。

$$完工产品原材料费用 = 完工产品定额原材料费用 \times 原材料费用分配率$$

$$月末在产品原材料费用 = 月末在产品定额原材料费用 \times 原材料费用分配率$$

$$完工产品某项加工费用 = 完工产品定额工时 \times 该项费用分配率$$

$$月末在产品某项加工费用 = 月末在产品定额工时 \times 该项费用分配率$$

例 2-25

某企业生产 A 产品,月初在产品费用为:原材料 40 000 元,人工费 6 000 元,制造费用 13 000 元;本月生产费用为:原材料 130 000 元,人工费 9 000 元,制造费用 18 000 元,完工产品定额原材料费用为 150 000 元,定额工时为 9 500 小时;月末在产品的定额原材料费用为 50 000 元,定额工时为 3 000 小时。采用定额比例法的第一个公式计算费用分配率,原材料费用按定额费用比例分配,人工及其他加工费用按定额工时比例分配。编制"完工产品与月末在产品费用分配表"见表 2-34。

表 2-34　　　　完工产品与月末在产品费用分配表
××企业　　　　　　　　20××年×月　　　　　　　　A产品

成本项目		原材料	人工费	制造费用	合计
月初在产品费用		40 000	6 000	13 000	59 000
本月生产费用		130 000	9 000	18 000	157 000
生产费用合计		170 000	15 000	31 000	216 000
费用分配率		0.85	1.2	2.48	—
完工产品费用	定额	150 000	9 500(小时)	9 500(小时)	—
	实际	127 500	11 400	23 560	162 460
月末在产品费用	定额	50 000	3 000(小时)	3 000(小时)	
	实际	42 500	3 600	7 440	53 540

表 2-34 中各项费用分配的算式为:

$$原材料费用分配率 = \frac{170\ 000}{150\ 000 + 50\ 000} = 0.85$$

$$人工费分配率 = \frac{15\ 000}{9\ 500 + 3\ 000} = 1.2$$

$$制造费用分配率 = \frac{31\ 000}{9\ 500 + 3\ 000} = 2.48$$

完工产品原材料费用 = 150 000×0.85 = 127 500(元)

月末在产品原材料费用=50 000×0.85=42 500(元)
完工产品人工费=9 500×1.2=11 400(元)
月末在产品人工费=3 000×1.2=3 600(元)
完工产品制造费用=9 500×2.48=23 560(元)
月末在产品制造费用=3 000×2.48=7 440(元)
完工产品成本=127 500+11 400+23 560=162 460(元)
月末在产品成本=42 500+3 600+7 440=53 540(元)

以上所述作为费用分配标准的月末在产品定额原材料费用和定额工时,都是根据月末各工序在产品的账面结存数量或实际盘存数量,以及相应的消耗定额或费用定额具体计算的。如果在产品的种类和生产工序繁多,按照这种方法计算,工作量繁重。为了简化成本计算工作,月末在产品的定额数据,也可以采用倒挤的方法计算,其计算公式为

月末在产品定额原材料费用或定额工时 = 月初在产品定额原材料费用或定额工时 + 本月投入的定额原材料费用或定额工时 − 本月完工产品定额原材料费用或定额工时

在具备了月初在产品的定额原材料费用和定额工时,以及本月投入的定额原材料费用和定额工时数据的情况下,就可以采用前述第二个费用分配率公式,分别计算完工产品和月末在产品费用。

例 2-26 某企业生产甲产品,月初在产品原材料定额费用为 12 500 元,工时定额为 500 小时,月初在产品的实际费用为:原材料 13 100 元,人工费 3 890 元,制造费用 1 129 元。本月原材料的定额费用为 25 200 元,定额工时为 700 小时。本月实际费用为:原材料 23 469 元,人工费 48 910 元,制造费用 6 671 元,本月完工产品原材料定额费用为 23 000 元,定额工时为 800 小时。

根据上述资料采用定额比例法中第二个公式计算费用分配率计算分配完工产品成本,编制"完工产品和月末在产品费用分配表"见表 2-35。

表 2-35　　　完工产品和月末在产品费用分配表

××企业　　　　　　　　　20××年×月　　　　　　　　　甲产品

成本项目		原材料	人工费	制造费用	合计
月初在产品费用	定额	12 500	500	500	—
	实际	13 100	3 890	1 129	18 119
本月生产费用	定额	25 200	700	700	—
	实际	23 469	48 910	6 671	79 050
生产费用合计	定额	37 700	1 200	1 200	—
	实际	36 569	52 800	7 800	97 169

(续表)

成本项目		原材料	人工费	制造费用	合计
费用分配率		0.97	44	6.5	—
完工产品费用	定额	23 000	800	800	—
	实际	22 310	35 200	5 200	62 710
月末在产品费用	定额	14 700	400	400	—
	实际	14 259	17 600	2 600	34 459

表 2-35 中月末在产品的定额材料费用和定额工时的计算属于倒挤求出：

$$\text{月末在产品定额原材料费用} = 12\ 500 + 25\ 200 - 23\ 000 = 14\ 700(元)$$

$$\text{月末在产品定额工时} = 500 + 700 - 800 = 400(小时)$$

表 2-35 中各项费用分配计算为

$$\text{原材料费用分配率} = \frac{36\ 569}{37\ 700} = 0.97$$

$$\text{人工费分配率} = \frac{52\ 800}{1\ 200} = 44$$

$$\text{制造费用分配率} = \frac{7\ 800}{1\ 200} = 6.5$$

完工产品原材料费用 = 23 000 × 0.97 = 22 310(元)

月末在产品原材料费用 = 14 700 × 0.97 = 14 259(元)

完工产品人工费 = 800 × 44 = 35 200(元)

月末在产品人工费 = 400 × 44 = 17 600(元)

完工产品制造费用 = 800 × 6.5 = 5 200(元)

月末在产品制造费用 = 400 × 6.5 = 2 600(元)

完工产品成本 = 22 310 + 35 200 + 5 200 = 62 710(元)

月末在产品成本 = 14 259 + 17 600 + 2 600 = 34 459(元)

通过上述计算可以看出，采用定额比例法分配完工产品与月末在产品费用，不仅分配结果比较合理，而且还便于将实际费用与定额费用相比较，分析和考核定额的执行情况。在采用上述第二个公式分配时，由于公式中分子和分母都是月初在产品和本月发生的费用，分子是实际数，分母是定额数，便于互相比较，因而这一优点体现得更为明显。

前述我们介绍了完工产品与在产品费用分配的几种常用方法，企业可根据实际需要自行选择某一种或几种方法。

课内思考：

1. 采用约当产量法分配原材料费用时，原材料在生产开始时一次投入、原材料随加工进度陆续投入、原材料在每道工序开始时一次投入，这三种情况下，原材料费用分配率计算上有什么不同？请说明理由。

2. 在计算在产品完工率时前面各工序工时定额按100%计算，而本工序工时定额按50%计算，你知道为什么吗？

3. 你知道定额成本法和定额比例法的应用条件有什么不同吗？请说明理由。

项目总结

通过本项目的学习，我们按照成本核算的一般流程，系统学习了生产费用的归集与分配方法。通过各项工作任务的执行，可以了解到即使是同一种费用的分配，也会有不同的分配方法，一个优秀的成本会计应当能够结合企业的实际情况恰当选择、综合使用，才能保证成本信息的准确性、有用性，这也是成本会计的难点和魅力所在。

项目检测

一、单项选择题

1. 下列与产品成本核算无关的原始凭证是（　　）。
   A. 领料单　　　　　　　　　　B. 派工单
   C. 银行对账单　　　　　　　　D. 生产工时记录

2. 为了正确核算产品成本，对于本月领取未用，下月继续使用的余料应（　　）。
   A. 送回仓库　　　　　　　　　B. 办理假退料
   C. 计入当月材料费　　　　　　D. 转入小金库

3. 多种产品共同耗用多种材料时，应采用（　　）进行费用分配。
   A. 定额费用比例分配法　　　　B. 定额消耗量比例分配法
   C. 生产工时比例分配法　　　　D. 产品产量比例分配法

4. 计算计件工资时，应以（　　）为依据。
   A. 合格品数量　　　　　　　　B. 废品数量
   C. 合格品数量和料废数量　　　D. 合格品数量和工废数量

5. 基本生产车间领用的直接用于产品生产，有助于产品形成的辅助材料，应借记的账户为（　　）。
   A. 辅助生产成本　　　　　　　B. 制造费用
   C. 基本生产成本　　　　　　　D. 原材料

6. 采用交互分配法分配辅助生产费用时，第一次交互分配是在（　　）之间进行的。

A.各受益的辅助生产车间 B.辅助生产车间以外的受益单位
C.各受益的基本生产车间 D.所有受益的部门

7.按照顺序分配法分配生产服务部门费用时,对生产服务部门应按照( )排序。

A.生产规模由大到小 B.受益由多到少
C.受益由少到多 D.随便排

8.适用于季节性生产的车间制造费用的分配方法是( )。

A.生产工人工时比例分配法 B.生产工人工资比例分配法
C.机器工时比例分配法 D.年度计划分配率分配法

9.废品损失,不包括( )。

A.修复废品领用的材料 B.不可修复废品的报废损失
C.修复废品中发生的人工费 D.入库后保管不当发生的损失

10.生产费用在完工产品与在产品之间进行分配的方法中,最常用的是( )。

A.不计算在产品成本法 B.在产品成本按照年初固定数计算法
C.约当产量法 D.定额比例法

二、多项选择题

1.共耗材料费用的分配方法有( )。

A.定额耗用量比例分配法 B.定额费用比例分配法
C.产品产量比例分配法 D.产品重量比例分配法
E.直接分配法

2.决定月薪制职工计时工资的因素有( )。

A.月标准工资 B.废品数量
C.合格品数量 D.日工资率
E.出勤天数

3.生产服务部门费用(辅助生产费用)按照计划成本分配法分配的特点有( )。

A.分配结果最准确 B.能反映和考核计划执行情况
C.能反映各受益单位的成本 D.便于分清部门责任
E.辅助生产费用只分配一次

4.可修复废品要求必须同时满足以下条件( )。

A.技术上不能修复 B.技术上可以修复
C.可以降价出售 D.经济上合算
E.经济上不合算

5.生产费用在完工产品与在产品之间的分配方法的选择,应综合考虑( )。

A.在产品数量 B.在产品种类
C.各月在产品数量的变化情况 D.各种费用的比重大小
E.定额管理的基础

6.在产品成本按年初固定数计算法,适用于( )。

A.各月月末在产品数量较少 B.各月月末在产品数量较多
C.各月月末在产品数量变化较大 D.各月月末在产品数量变化较小

E.各月月末在产品数量较多,但各月比较均衡

7.采用约当产量法计算分配生产费用,在产品的约当产量应根据( )计算。

A.投料程度　　　　　　　　　B.加工程度

C.验收流程　　　　　　　　　D.产品等级

E.加工流程

8.属于生产费用在完工产品与在产品之间的分配方法的有( )。

A.交互分配法　　　　　　　　B.约当产量法

C.定额成本法　　　　　　　　D.定额比例法

E.机器工时法

9.生产费用在完工产品与在产品之间进行分配,采用在产品按所耗原材料费用计价法,需要同时满足的条件有( )。

A.各月末在产品数量较多　　　B.各月末在产品数量较少

C.原材料费用在产品成本中比重较大　　D.各月末在产品数量变化较大

E.各月末在产品数量变化较小

10.计算计时工资的主要原始凭证有( )。

A.考勤簿　　　　　　　　　　B.派工单

C.产量记录　　　　　　　　　D.基本工资

E.差旅费报销单

三、判断题

1.凡是生产车间领用的材料都属于直接材料。　　　　　　　　　　( )

2.不单独核算废品损失的企业,其发生的可修复废品的损失,直接计入基本生产成本的有关项目即可。　　　　　　　　　　　　　　　　　　　　　　　　( )

3.出售时发现的不合格品属于废品。　　　　　　　　　　　　　　( )

4.凡是技术上可以修复的废品都属于可修复废品。　　　　　　　　( )

5.工伤期间应当按出勤对待。　　　　　　　　　　　　　　　　　( )

6.在生产验收时发现的废品不但不能支付计件工资,还应当追究责任人的责任。( )

7.代数分配法是最准确的辅助生产费用的分配方法。　　　　　　　( )

8.住房公积金属于职工薪酬的内容。　　　　　　　　　　　　　　( )

9.无论生产几种产品,都需要按照车间设置"制造费用明细账"。　　( )

10.采用不计算在产品成本法说明企业没有期末在产品。　　　　　( )

四、实务操作

(一)原材料扣除法的应用

1.资料:

百岸公司生产的A产品原材料在生产开始时一次性投入,因为材料费在生产成本中比例较大,所以采用原材料扣除法计算完工产品与在产品成本,10月份A产品生产费用发生情况及产量情况见下表。

完工产品与月末在产品分配表

百岸公司　　　　　　　　　　20××年10月　　　　　　　　　　A产品

成本项目	原材料	直接人工	制造费用	合计
月初在产品费用	5 400.00			5 400.00
本月生产费用	62 200.00	3 800.00	2 980.00	68 980.00
生产费用合计				
完工产品数量	400			
月末在产品数量	100			
投料率/完工程度				
月末在产品约当产量				
约当总产量				
费用分配率				
完工产品费用				
月末在产品费用				

2.要求：

采用原材料扣除法计算A产品的成本。

3.答案：

A产品的直接材料分配率为135.20；完工产品成本为60 860元；月末在产品成本为13 520元。

(二)约当产量法的应用

1.资料：

博飞公司生产的甲产品，原材料系在生产开始时一次性投入，乙产品需要经过三道工序加工，原材料随着生产进度在每道工序开始时一次性投入，11月份甲产品和乙产品生产费用发生情况及产量情况见下表。

完工产品与月末在产品分配表

博飞公司　　　　　　　　　　20××年11月　　　　　　　　　　甲产品

成本项目	原材料	直接人工	制造费用	合　计
月初在产品费用	1 756.00	576.00	275.00	2 607.00
本月生产费用	37 844.00	10 974.00	16 885.00	65 703.00
生产费用合计				
完工产品数量	100	100	100	
月末在产品数量	20	20	20	
投料率/完工程度	100%	50%	50%	
月末在产品约当产量				
约当总产量				
费用分配率				
完工产品费用				
月末在产品费用				

乙产品投料率和约当产量计算表

工序	直接材料定额	至本工序累计投料	投料率	在产品数量	约当产量（台）
1	280			60	
2	168			70	
3	112			30	
合计	560			160	

乙产品完工率和约当产量计算表

工序	直接材料定额	至本工序累计工时	完工率	在产品数量	约当产量（台）
1	80			60	
2	160			70	
3	60			30	
合计	300			160	

完工产品与月末在产品分配表

博飞公司　　　　　　　20××年11月　　　　　　　乙产品

成本项目	原材料	直接人工	制造费用	合计
生产费用合计	90 060.00	19 040.00	8 160.00	117 260.00
完工产品数量	200	200	200	
月末在产品约当产量				
约当总产量				
费用分配率				
完工产品费用				
月末在产品费用				

2.要求：

采用约当产量法计算博飞公司11月份甲、乙两种产品的成本。

3.答案：

(1)甲产品11月份的完工产品成本为59 100元。

(2)乙产品三道工序的投料率分别为50％、80％、100％，约当产量为116台；乙产品三道工序的加工程度分别为13.33％、53.33％、90％，约当产量为72.33台；乙产品11月份的完工产品成本为76 975.52元。

(三)在产品按定额成本计价法的应用

1.资料：

百岸公司生产的B产品，需要耗费甲、乙两种材料，两种材料均在产品投产时一次性投入。B产品的甲材料消耗定额为15千克/件，乙材料消耗定额为20千克/件；甲材料计划单价为4.30元/千克，乙材料计划单价为3.75元/千克。B产品的定额工时为20小时/件，计划工资率为7.60元/小时，计划制造费用率为5.30元/小时；百岸公司10月份B产品完工200件，期末在产品50件，加工程度为50％。10月份B产品生产费用发生情况见下表。

完工产品与月末在产品分配表

百岸公司　　　　　　　　20××年10月　　　　　　　　B产品

成本项目	原材料			人工费用	制造费用	合　计
	甲材料	乙材料	小计			
月初在产品费用	2 902.50	3 375.00	6 277.50	3 420.00	2 385.00	12 082.50
本月生产费用	9 026.50	10 496.00	19 522.50	12 180.00	6 155.00	37 857.50
生产费用合计						
月末在产品数量	50	50		50	50	
投料率/完工程度						
月末在产品约当产量						
在产品材料消耗定额/工时定额						
材料单价/工资、费用率						
月末在产品定额成本						
完工产品成本(200件)						

2.要求：

采用在产品按定额成本计价法计算B产品的成本。

3.答案：

B产品的完工产品成本为36 515元，在产品成本为13 425元。

(四)定额比例法的应用

1.资料：

百岸公司生产的C产品的生产费用及定额耗费情况见下表。

完工产品与月末在产品分配表

百岸公司　　　　　　　　20××年10月　　　　　　　　C产品

成本项目		原材料	人工费用	制造费用	合计
月初在产品费用		2 450.00	9 000.00	2 000.00	13 450.00
本月生产费用		8 000.00	39 000.00	10 000.00	57 000.00
生产费用合计					
费用分配率					
完工产品费用	定额	8 000.00	3 000.00	3 000.00	
	实际				
月末在产品费用	定额	3 000.00	1 000.00	1 000.00	
	实际				
合计	定额				
	实际				

2.要求：

采用定额成本比例法(材料费用按定额费用比例分配,其他费用按定额工时比例分配)计算C产品的成本。

3.答案：

C产品的完工产品成本为52 600元,期末在产品成本为17 850元。

项目三

全面认识产品成本计算方法

项目导入

通过项目二的学习,我们知道,生产费用的分配方法是多种多样的,企业的成本计算必须要和企业的实际情况相适应,才能保证成本信息的正确性、有用性。在项目三中,我们将会系统地学习如何根据企业的生产工艺特点、生产组织形式以及企业的成本管理要求,恰当地选择成本计算方法,组织生产成本的计算工作。该项目具有承上启下的作用,对成本计算方法的选择起到了指导作用。

项目任务

在对成本计算方法有一个全面认识的基础上,能够结合企业的实际情况,恰当选择运用合适的成本计算方法计算产品成本。

项目实训

"根据该项目的理论知识,结合已经完成的七个实训任务,写一份实训报告"

任务一　熟悉生产分类

微课21

熟悉生产分类

产品成本的计算,就是按照一定的方法系统地记录生产过程中所发生的费用,并按照一定的对象和标准进行归集与分配,确定各种产品的总成本和单位成本的过程。不同的企业和车间,特点不同,生产类型和管理要求不同,采用的产品成本计算方法也不同。只有根据不同生产类型的特点和管理要求,选择不同的成本计算方法,才能正确地计算产品成本。生产的分类有如下两种方法。

一、生产按工艺过程的特点分类

生产按工艺过程的特点分类,可以分为简单生产和复杂生产。

简单生产也称为单步骤生产或单阶段生产,是指在工艺过程上不能间断、不能由几个企业协作进行的生产。其特点是:生产周期一般都比较短,产品品种单一,通常没有在产品、半成品或其他中间产品。例如发电、供水、采掘生产等。

复杂生产也称为多步骤生产或多阶段生产,是指工艺可以间断,可以由一个企业单独进行,也可以由几个企业协作进行的生产。其特点是:生产周期一般比较长,产品品种也较多,有在产品、半成品或中间产品。复杂生产按其加工方式不同,又可划分为连续加工式生产和装配加工式生产两种类型。

连续加工式生产是指原材料投入后,到产品完工,要经过若干步骤的连续加工、顺序转移,直至最后一个步骤制成产成品的生产。连续加工式生产除了最后步骤生产出产成品外,其余步骤完工的产品都是自制半成品,它们往往又是后续步骤的加工对象,例如纺织、冶金等生产。

装配加工式生产(又称平行加工式生产)是指各种原材料投入后分别加工制成各种零部件,再将零部件装配成产成品的生产。例如机床、电器、仪表等的生产。

二、生产按组织方式分类

生产按组织方式分类,可以分为大量生产、成批生产和单件生产。

大量生产是指不断地重复进行品种相同产品的生产。其主要特点是:企业生产的产品品种较少,每种产品的产量较大,通常采用专业设备重复地进行生产,专业化水平也较高。例如纺织、冶金、啤酒生产等。

成批生产是指按预先规定的产品数量和规格,每隔一定时期重复进行某种产品的生产。其主要特点是:企业生产的产品品种较多,各种产品数量多少不等,每隔一定时期重复生产一批,一般是同时采用专业设备和通用设备进行生产。例如服装、电梯、印刷等生产。

成批生产按照产品批量的大小划分,可以分为大批生产和小批生产两种类型,前者的性质接近于大量生产,后者的性质接近于单件生产。

单件生产是指根据订货单位的要求,进行某种特定规格产品的生产。其主要特点是:企业生产的产品品种多,每一订单的产品数量很少,每种产品生产后一般不再重复生产或不定期重复生产,通常是采用通用设备进行加工。例如造船、大型组装仪表等。

上述生产的两种分类方法,是有着密切联系的,一般而言,简单生产都是大量生产,连续加工式复杂生产可以是大量或大批生产。只有装配加工式复杂生产,可以组织为大量生产、成批生产或单件生产。

生产还可按其内部职能分为基本生产、辅助生产和副业生产。

应该指出,就一个企业来说,各生产车间的生产并非都是同一种生产类型,可能具有不同的工艺过程特点和不同的生产组织方式。例如汽车制造厂,从整个工厂的产品生产来看,应属于装配式的大量生产,但其内部各车间的产品生产,则可能是连续式的成批生产。另外车间的组织形式,既可以有按工艺专业化建立的生产车间,也可以有按对象专业化建立的生产车间。在一个车间内部,也可以将两种专业化形式结合运用。所以,在具体划分一个企业的生产类型时，应从企业的整体情况来确定，而且不能排斥其内部的特殊情况。

任务二　了解产品成本计算方法的组成要素及影响因素

产品成本计算方法通常是指产品、作业、劳务成本的计算方法，是将一定期间的生产费用按照适当的方法予以归集和分配，以求得各种产品的总成本和单位成本的方法。

一、产品成本计算方法的组成要素

产品成本计算方法的组成要素一般包括：成本计算对象的确定、成本计算期的确定、生产费用计入产品成本的程序、生产费用在完工产品与在产品之间的分配方法等。

（一）成本计算对象

成本计算对象是指为归集和分配生产费用进行成本计算而确定的生产费用的承担者。成本计算对象的确定，既要适合企业的生产类型的特点，又要满足加强成本管理的要求。制造企业一般可以按照产品品种、批次订单、生产步骤等确定成本计算对象。

（二）成本计算期

成本计算期是指每次计算产品成本的期间，即生产费用归集与分配计入产品成本的起讫日期。制造企业产成品和在产品的成本核算，除季节性生产企业等以外，应当以月为成本计算期。

（三）生产费用计入产品成本的程序

生产费用计入产品成本的程序是指将产品生产过程中发生的各种费用进行归集和分配的方法和步骤。生产工艺特点、生产组织方式、成本管理要求等均会对生产费用的归集和分配程序产生影响。如大批量生产单一产品的企业，其所有的生产费用都是直接费用，可以直接计入该产品成本，例如发电厂、自来水公司等；而对于多品种生产的企业，则应当将生产费用区分为直接费用和间接费用，并采用适当的方法在不同品种、批次、步骤间予以归集分配，如服装生产、化工生产、机械制造等。

（四）生产费用在完工产品与在产品之间的分配方法

在项目二中已经详细介绍了生产费用在完工产品与在产品之间的分配方法，不难发现，其主要受生产工艺和生产组织方式的影响。如大批量的单步骤生产，因为期末无在产品或在产品很少，所以一般采用"不计算在产品成本法"，而如果是多步骤生产，期末通常会存在一定量的在产品，所以通常需要采用"约当产量法"等将生产费用在完工产品与在产品之间进行分配。

二、产品成本计算方法的影响因素

产品成本计算方法主要受生产类型和管理要求的影响。

（一）生产类型对成本计算方法的影响

生产类型包括生产工艺和生产组织方式两个方面，其对成本计算方法的影响可以通过其对成本计算方法的组成要素的影响来体现。

1. 生产类型对成本计算对象的影响

不同的企业，由于生产经营特点不同，具体的成本计算对象亦会有所不同。如大批量单步骤生产的企业，由于生产工艺的不可间断性，只能以产品品种作为成本计算对象；对于需要按照客户订单组织生产的企业，通常以产品的订单或批次作为成本计算对象；大批量多步骤生产的企业，其生产工艺具有可间断性的特点，为了更好地掌握不同生产阶段的成本信息，则通常在按照品种或批次核算成本的基础上，进一步对各个加工步骤的成本进行细化核算，所以以加工步骤作为成本计算对象。

2. 生产类型对成本计算期的影响

在大量、大批生产的情况下，一种产品会连续不断或经常重复地生产出来，通常按月计算产品成本。

在小批、单件生产的情况下，各批次产品的生产周期不同，而且批量小，生产不重复或者很少重复，虽然也需要每月月末将归集的费用进行分配，但各批次完工产品的成本需要等到该批次（或订单）的产品全部完工后，才能计算出其实际总成本和单位成本；对于跨月部分完工的产品，虽然月末暂时按定额成本等予以了结转，但待整批产品全部完工后，需要重新计算实际成本。

3. 生产类型对生产费用计入产品成本程序的影响

如果企业生产的是单件或单一产品，则其发生的所有生产费用都属于直接费用，直接计入该产品成本，不存在间接费用的归集与分配问题；而如果属于多品种（批次）生产的企业，生产费用除了能够明确归属对象的直接费用可以直接计入各个产品成本核算对象外，通常还会发生一些共耗费用（间接费用），则需要设置专门的账簿对这些共耗费用予以归集，并采用适当的方法予以分配。

如果企业是单步骤生产的企业，不会存在步骤间费用结转的问题；如果是多步骤生产的企业，则下一工作步骤会耗用上一工作步骤的半成品，就需要根据成本管理的需要计算结转不同工作步骤的生产成本。

4. 生产类型对生产费用在完工产品与在产品之间的分配方法的影响

对于生产周期很短的单步骤生产，因为期末无在产品或在产品很少，不考虑在产品成本对产品成本计算的准确性不会产生大的影响，所以一般采用"不计算在产品成本法"；而如果是多步骤生产，因为生产周期一般比较长，月末通常会存在一定量的在产品，所以通常需要采用"约当产量法""原材料扣除法"等将生产费用在完工产品与在产品之间进行分配。

生产类型对成本计算方法的影响如图 3-1 所示。

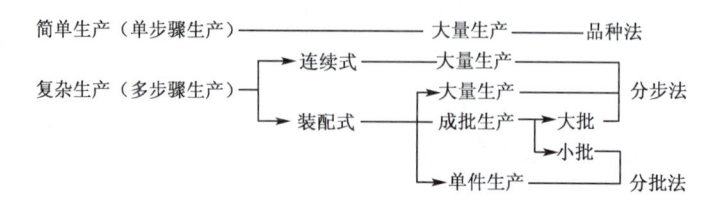

图 3-1　生产类型对成本计算方法影响示意图

(二)管理要求对产品成本计算方法的影响

成本计算对象的确定除了要适应企业的生产特点外,还要适应成本管理的要求。成本管理要求对成本计算方法的影响主要有:

(1)单步骤生产或者管理上不要求分步骤计算产品成本的多步骤生产,通常以产品品种、批次作为成本计算对象,采用品种法或分批法核算。

(2)管理上要求分步骤计算产品成本的多步骤生产,通常以产品品种、批次结合生产步骤作为成本计算对象,采用分步法核算。

(3)在产品品种、规格繁多的企业,管理上要求尽快提供成本资料,为了简化成本计算工作,可以采用分类法计算产品成本,再进一步计算出各类产品中不同品种的产品成本。

(4)在定额管理制度比较健全的企业,为了加强定额管理工作,可以采用定额法计算产品成本。

所以,成本计算方法的选择应当根据企业的实际情况确定,既要考虑生产经营的特点,也要考虑成本管理的需要;既要保证成本核算的准确性,也要考虑成本效益原则。

任务三 正确选择产品成本计算方法

由于企业的生产特点(包括生产组织方式、生产工艺特点、产品种类等)不同,成本管理要求不同(如大公司通常会要求提供尽量详细的成本资料,为成本管理提供数据资源;而小公司通常出于成本效益的考虑,不要求提供详尽的成本资料),所以成本核算方法的选择和使用也不同。

一、产品成本计算的常用方法

(一)产品成本计算的基本方法

制造企业一般按照产品品种、批次或生产步骤确定成本计算对象,所以制造企业的三种基本成本计算方法是:品种法、分批法和分步法。

(1)以产品品种作为成本计算对象的产品成本计算方法,即品种法。

(2)以产品的批次作为成本计算对象的产品成本计算方法,即分批法。

(3)以产品生产步骤作为成本计算对象的产品成本计算方法,即分步法。

其中品种法是成本计算基本方法中最基本的一种方法,其他方法都需要与之结合使用。

(二)产品成本计算的辅助方法

在实际工作中,除了采用上述三种基本的成本计算方法外,如果企业生产的产品规格繁多,也可以将产品结构、耗用材料和工艺过程基本相同的产品作为一类,先按类计算成本,再在类内的不同品种的产品之间进行分配,即采用分类法核算。但在定额管理制度比较好的企业,为了考核定额的执行情况,便于定额的管理与分析,将符合定额的生产费用和脱离定额差异分别核算,即采用定额法核算。

需要注意的是产品成本计算的辅助方法,一般应与基本方法结合起来使用,而不能单独使用。产品成本计算方法的基本内容见表3-1。

表 3-1　　　　　　　　产品成本计算方法与企业生产类型的关系表

成本计算方法	工艺技术过程特点和管理要求	生产组织特点	成本计算对象	完工产品成本的计算期	在产品成本计算
品种法	简单生产（单步骤）	大量、大批生产	产品品种	按月定期进行	不计算在产品成本
	管理上不要求分步骤计算成本的复杂生产（多步骤）	大量、大批生产	产品品种	按月定期进行	按需计算在产品成本
分批法	简单生产或管理上要求按批别计算成本的复杂生产	小批、单件生产	产品批别	与生产周期一致	按需计算
分步法	连续式或平行式的、管理上要求分步骤计算成本的复杂生产	大量、大批生产	产品品种及步骤	按月定期进行	按需计算
分类法	产品品种规格繁多，每类产品所用原材料、生产工艺过程基本相同的生产	大量、大批生产	产品类别	按月定期进行	按需计算
		小批、单件生产	产品类别	与生产周期一致	
定额法	产品消耗定额合理、稳定且定额管理基础较好的生产	各种组织形式的生产	定额成本及各种差异	按月定期进行	按需计算在产品成本

二、产品成本计算方法的选择

在实际工作中，通常只有那些规模较小或产品单一的企业能够采用单一成本计算方法，大多数企业，由于其产品的工艺特点、组织方式和成本管理要求不同，需要在同一企业甚至同一车间同时采用几种成本计算方法；有时同一种产品，因为在不同的加工环节存在工艺及生产组织的差异，也可能在其不同的加工阶段采用不同的成本计算方法。

1.同时使用几种成本计算方法计算成本

在一个制造企业中，如果产品的种类很多，生产车间设置很多，生产工艺差别很大，就有可能采用不同的成本计算方法核算产品成本。例如纺织厂的纺纱和织布等基本生产车间属于多步骤的大量生产，应该采用分步法计算半成品纱和产成品布的成本，而厂内的供水、供电等辅助生产车间，则属于单步骤大量生产，就应采用品种法计算成本。再如某机械制造厂，既有已定型的大批量生产的产品，也有根据客户要求单独加工某些定制产品，就可能同时采用分步法和分批法核算产品成本。

2.综合使用几种成本计算方法

在实际工作中，即使是一种产品，由于其在各个生产步骤的生产特点和管理要求不同，也有可能把几种成本计算方法结合起来应用。如在机械制造企业，铸造车间可以采用品种法计算铸件的成本；机加工车间则可以采用分批法计算各批产品的成本；在铸造车间和机加工车间之间可能采用逐步结转分步法结转铸件的成本；在机加工车间和装配车间之间则可能采用平行结转分步法结转各零部件成本。这样,该机械厂某一产品的生产实际上就综合使用了品种法、分批法和分步法。假设该机械厂的零部件规格很多,定额资料比较准确稳定,还可以结合使用分类法和定额法计算成本。

课内思考：
1. 一个企业只能采用一种成本计算方法吗？
2. 产品成本计算的基本方法有哪些？它们各适用于什么样的企业？

项目总结

通过本项目的学习,我们知道企业的生产类型、成本管理要求都会对产品成本计价方法的选择运用产生影响,企业既可能采用单一方法进行成本核算,也可能需要综合运用多种成本计算方法完成成本计算工作,所以不同企业,甚至同一企业的不同生产阶段,其成本计算方法的选择往往是不同的,成本核算既有相对统一的理论,又在运用上千差万别,没有定式,勤于思考是成为一个优秀成本会计必须面对的课题。

项目检测

一、单项选择题

1. 生产类型和管理要求对成本计算方法的影响主要表现在（　　）。
   A. 生产组织的特点　　　　　　　B. 工艺过程的特点
   C. 生产管理的要求　　　　　　　D. 产品成本计算对象的确定

2. 下列成本计算方法中不属于成本计算基本方法的是（　　）。
   A. 品种法　　　　　　　　　　　B. 分类法
   C. 分步法　　　　　　　　　　　D. 分批法

3. 在大批量简单生产的企业里,连续不断地重复生产一种或者若干种产品,因而其在管理上只要求而且也只能按照产品的（　　）计算成本。
   A. 批别　　　　　　　　　　　　B. 品种
   C. 类别　　　　　　　　　　　　D. 步骤

4. 决定成本计算对象的因素是生产类型和（　　）。
   A. 成本计算实体　　　　　　　　B. 成本计算时期
   C. 成本管理要求　　　　　　　　D. 成本计算方法

5. 在下列成本计算方法中最基本的成本计算方法是（　　）。
   A. 品种法　　　　　　　　　　　B. 分类法
   C. 分步法　　　　　　　　　　　D. 分批法

二、多项选择题

1. 受生产类型和管理要求影响,产品成本计算的对象有（　　）。
   A. 产品品种　　　　　　　　　　B. 产品类别
   C. 产品批别　　　　　　　　　　D. 产品生产步骤

E.产品定额
2.产品成本计算的辅助方法包括(　　)。
　　A.品种法　　　　　　　　　　B.定额法
　　C.分类法　　　　　　　　　　D.分批法
　　E.变动成本法
3.下列方法中属于产品成本基本计算方法的有(　　)。
　　A.分步法　　　　　　　　　　B.分类法
　　C.定额法　　　　　　　　　　D.分批法
　　E.品种法
4.成本计算的辅助方法有(　　)。
　　A.不能单独应用
　　B.可以单独应用
　　C.必须与基本方法结合应用
　　D.只能用于生产服务部门的成本计算
　　E.只能用于单一产品成本的计算
5.可以采用品种法计算产品成本的有(　　)。
　　A.单步骤生产的企业
　　B.多步骤生产但管理上不要求计算各步骤半成品成本的企业
　　C.多步骤生产且管理上要求计算各步骤半成品成本的企业
　　D.小批量生产的企业
　　E.单件生产的企业

三、判断题

1.产品成本的辅助计算方法可以单独使用,也可以和基本方法结合使用。　(　　)
2.产品成本的辅助计算方法与成本计算对象没有关系。　　　　　　　　(　　)
3.产品生产按照工艺过程可以分为简单生产和复杂生产。　　　　　　　(　　)
4.纺织企业一般属于大批量多步骤生产。　　　　　　　　　　　　　　(　　)
5.采掘业一般采用分步法计算产品成本。　　　　　　　　　　　　　　(　　)
6.同一家企业可以采用多种方法计算产品成本。　　　　　　　　　　　(　　)
7.分批法不需要每月计算产品成本。　　　　　　　　　　　　　　　　(　　)
8.分批法的成本计算周期与生产周期一致。　　　　　　　　　　　　　(　　)
9.品种法的成本计算周期与生产周期一致。　　　　　　　　　　　　　(　　)
10.同一种产品只能采用一种成本计算方法。　　　　　　　　　　　　 (　　)

四、问题与思考

1.企业的生产分为哪些类型?
2.产品成本计算方法的组成要素是什么?
3.常用的成本计算方法有哪些?如何选择运用?

项目四

产品成本计算的品种法

项目导入

通过项目三的学习,我们知道,产品成本计算的基本方法有三种,即品种法、分批法和分步法,其中品种法是最基本的方法,因为其他方法都必须与品种法相结合才能完成具体的成本核算工作,所以只有熟练掌握了品种法这一基本的成本计算方法,才能进一步学习其他成本计算方法。在项目四中,我们将会系统地学习品种法的工作原理及其实践应用。

项目任务

在掌握了品种法的工作原理的基础上,能够结合企业的实际情况,运用品种法,完成成本的核算工作。

项目实训

按照"标准品种法"的工作流程完成"实训任务八——品种法的应用"的核算任务。

任务一 理论储备——品种法的工作原理

一、品种法的含义及适用范围

产品成本计算的品种法,是指以产品品种作为成本计算对象,归集生产费用、计算产品成本的一种成本计算方法。它主要适用于:

(1)大量大批单步骤生产的企业,如采掘业、发电厂等。

(2)大量大批多步骤生产,而管理上不要求分步骤计算产品成本的小型企业,如小型水泥厂、造纸厂等。

(3)企业的辅助生产部门,如供水、供电车间等。

因为按品种核算产品成本是最基本的要求,所以品种法是最基本的成本计算方法。

品种法因其应用于不同的企业以及成本计算的繁简程度不同,可以分为单一品种法(简单品种法)和多品种法(标准品种法),两种品种法的工作原理及适用范围见表4-1。

表 4-1 　　　　　　单一品种法和多品种法的工作原理及适用范围

方法	工作原理	适用范围	举例
单一品种法（简单品种法）	对于大量、大批、单步骤、生产单一产品的企业,通常没有或极少有在产品存在,生产过程中发生的应计入产品成本的各种生产费用都是直接费用,所以只需要直接根据有关凭证登记产品成本明细账（或成本计算单）,所归集的费用就构成了该产品的总成本,除以当月完工产量,就是单位成本	产品品种单一、生产周期较短的大量、大批、单步骤生产的企业及企业的辅助生产车间的成本计算	发电、采掘,辅助生产的供电、供水、供汽等
多品种法（标准品种法）	按各种产品设明细账;生产费用需要区分直接费用和间接费用;期末如果有一定数量的在产品,需要将归集的生产费用在完工产品和在产品之间按一定方法进行分配	生产多种产品的大量、大批、单步骤生产或管理上不要求分步骤计算成本的大量、大批、多步骤生产的企业	小型造纸厂、水泥厂、制砖厂等

二、品种法的特点

(一)成本计算对象

品种法的成本计算对象是产品品种。采用品种法计算产品成本的企业,如果只生产一种产品(如发电厂),则只需要为该产品设产品成本明细账(或以成本计算单代替),账内按成本项目设专栏,这时发生的全部费用都是直接费用,可以直接计入该产品成本明细账,不存在将生产费用在各种产品之间分配的问题。如果企业生产的是两种或两种以上的产品,则需要按每种产品设明细账,发生的直接费用可以直接计入,间接费用则需要采用适当方法在各种产品之间进行分配,然后计入各种产品的明细账。

(二)成本计算期

品种法的成本计算期一般按月进行。因为大量大批意味着不间断重复生产一种或多种产品,不可能等到产品全部完工再计算成本,所以只能定期在月末计算当月产出的完工产品成本。因此,品种法的成本计算期与会计报告期一致,但与生产周期不一致。

(三)生产费用在完工产品和在产品之间的分配

月末,如果没有在产品或在产品数量很少,占有生产费用数额不大,按照重要性原则,就不需要计算在产品成本,归集的所有生产费用就是完工产品总成本,将其除以产量就是单位成本;如果月末在产品数量较多,占用费用较大,就需要采用适当的分配方法将所归集的生产费用在完工产品和在产品之间进行分配,计算出完工产品成本和在产品成本。

任务二 品种法的实践应用

一、品种法的核算程序

(1)按产品品种设立生产成本明细账(或成本计算单),并按成本项目设置专栏。
(2)编制各种费用分配表,登记各生产成本明细账(或成本计算单)。
(3)月末汇总生产成本,分别计算出完工产品和在产品成本。

品种法的核算程序如图 4-1 所示。

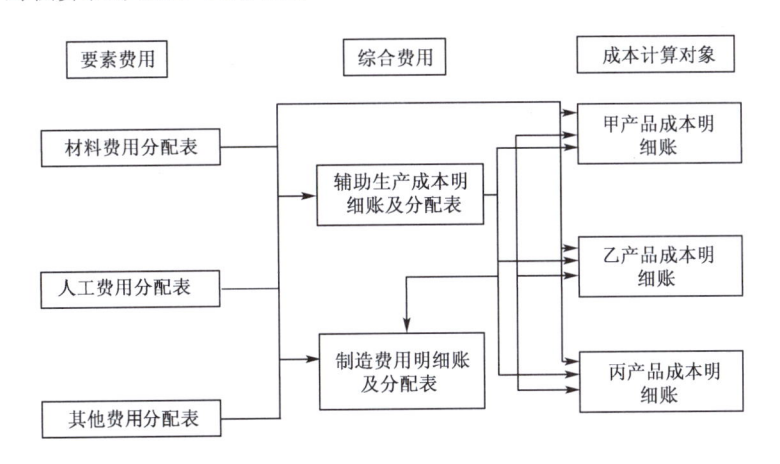

图 4-1 品种法核算程序图

> **课内思考:**
> 某化工厂有两个基本生产车间,即总溶剂车间和薄膜车间,生产组织形式是大量生产。总溶剂车间生产丙酮、乙醇、丁醇三种产品;薄膜车间生产薄膜。由于工艺比较简单,生产周期短,各种产品从原料投入到加工成产品都是在同一车间进行,你认为该工厂是否适用于采用品种法进行成本计算?为什么?

二、品种法的应用

(一)简单品种法

例 4-1 东友火力发电厂 20××年 10 月份电力成本明细账中归集的生产费用见表 4-2。

表 4-2　　　　　　　生产成本——基本生产成本明细账

车间名称：基本生产车间　　　产品名称：电力　　　　　金额单位：元

20××年 月	日	凭证字号	摘要	直接材料	直接人工	制造费用	余额
10	31		分配燃料费	3 000 000			3 000 000
	31		分配辅助材料费	70 000			3 070 000
	31		分配水费	6 000			3 076 000
	31		分配人工费用		136 800		3 212 800
	31		计提折旧			480 000	3 692 800
	31		办公费			108 000	3 800 800
	31		其他费用			125 000	3 925 800
	31		本月合计	3 076 000	136 800	713 000	3 925 800

该厂 10 月份电力产量为 1 000 万度，当月的"电力成本计算单"见表 4-3。

表 4-3　　　　　　　电力成本计算单

产量：1 000 万度　　　　　20××年 10 月　　　　　金额单位：元

成本项目	总成本	单位成本
直接材料	3 076 000	0.307 60
直接人工	136 800	0.013 68
制造费用	713 000	0.071 30
合　计	3 925 800	0.392 58

(二)标准品种法

例 4-2

沐妍公司设有一个基本生产车间和一个辅助生产车间——供电车间。基本生产车间大量生产甲、乙两种产品，根据生产特点和管理要求，公司采用品种法计算产品成本。

材料是生产开始时一次性投入，甲、乙产品共同耗用的材料按直接材料比例分配；基本生产车间生产工人薪酬、制造费用均按生产工时比例分配；辅助生产成本采用直接分配法按用电度数进行分配。甲、乙两种产品均采用约当产量法计算完工产品和月末在产品成本(加工程度为 50%)。

该公司 20××年 6 月份的有关资料见表 4-4、表 4-5、表 4-6 和表 4-7。

表 4-4　　　　　　　月初在产品成本

20××年 6 月 1 日　　　　　　　　　金额单位：元

产品品种	直接材料	直接人工	制造费用	合计
甲产品	38 000	8 000	12 600	58 600
乙产品	44 000	1 400	18 000	63 400

表 4-5　　　　　　　　　　　　　产量资料
20××年6月　　　　　　　　　　　　　　单位:件

项目	甲产品	乙产品
期初在产品	120	80
本月投产	680	260
本月完工	650	240
期末在产品	150	100

表 4-6　　　　　　　　工时记录及用电度数统计表
20××年6月

项目		生产工时(小时)	用电度数(千瓦时)
基本生产车间	甲产品	2 480	
	乙产品	1 650	
	一般消耗		12 800
公司管理部门			10 100
合计		4 130	22 900

表 4-7　　　　　　　　　　本月生产费用资料
20××年6月　　　　　　　　　　　　　　单位:元

用途＼费用要素	甲产品耗用	乙产品耗用	甲、乙产品共同耗用	基本生产车间一般耗用	辅助生产车间耗用	合　计
原材料	224 000.00	160 000.00	364 000.00	2 300.00	1 100.00	751 400.00
人工费用			94 893.60	7 364.40	27 485.40	129 743.40
折旧费				37 600.00	13 800.00	51 400.00
水费				48 400.00	3 000.00	51 400.00
燃料费				10 600.00	11 400.00	22 000.00
办公费等				38 000.00	4 500.00	42 500.00
合计	224 000.00	160 000.00	458 893.60	144 264.40	61 285.40	1 048 443.40

根据以上资料,沐妍公司的产品成本计算过程如下:

(1)以产品品种为成本计算对象分别设立甲、乙两种产品的生产成本明细账,见表4-8和表4-9。登记期初余额,并分别设立基本生产车间制造费用明细账和供电车间辅助生产成本明细账,见表4-10和表4-11。

表 4-8　　　　　　　　　　生产成本明细账　　　　　　　　本月完工:650 件
产品名称:甲产品　　　　　　　　20××年6月　　　　　　　月末在产品:150 件

20××年		摘要	直接材料	直接人工	制造费用	发生额合计		余额
月	日					借方	贷方	
6	1	月初在产品成本	38 000.00	8 000.00	12 600.00			58 600.00
	30	材料费用分配	436 333.33			436 333.33		494 933.33
	30	人工费用分配		56 982.11		56 982.11		551 915.44
	30	制造费用分配			107 198.44	107 198.44		659 113.88
	30	生产费用合计	474 333.33	64 982.11	119 798.44	659 113.88		659 113.88
	30	转出完工产品成本	(385 395.83)	(58 259.82)	(107 405.50)		551 061.15	108 052.73
	30	月末在产品成本	88 937.50	6 722.29	12 392.94			108 052.73

表 4-9　　　　　　　　　　　生产成本明细账　　　　　　　本月完工:240 件
产品名称:乙产品　　　　　　　　20××年 6 月　　　　　　　　月末在产品:100 件

20××年		摘要	直接材料	直接人工	制造费用	发生额合计		余额
月	日					借方	贷方	
6	1	月初在产品成本	44 000.00	1 400.00	18 000.00			63 400.00
	30	材料费用分配	311 666.67			311 666.67		375 066.67
	30	人工费用分配		37 911.49		37 911.49		412 978.16
	30	制造费用分配			71 321.55	71 321.55		484 299.71
	30	生产费用合计	355 666.67	39 311.49	89 321.55			484 299.71
	30	转出完工产品成本	(251 058.83)	(32 533.65)	(73 921.28)		357 513.76	126 785.95
	30	月末在产品成本	104 607.84	6 777.84	15 400.27			126 785.95

表 4-10　　　　　　　　　　　制造费用明细账
车间名称:基本生产车间　　　　　20××年 6 月

20××年		摘要	材料费	人工费	折旧费	水费	燃料费	办公费	电费	发生额合计		余额
月	日									借方	贷方	
6	30	材料费用	2 300.00							2 300.00		2 300.00
	30	人工费		7 364.40						7 364.40		9 664.40
	30	折旧费			37 600.00					37 600.00		47 264.40
	30	水费				48 400.00				48 400.00		95 664.40
	30	燃料费					10 600.00			10 600.00		106 264.40
	30	其他费用						38 000.00		38 000.00		144 264.40
	30	电费							34 255.59	34 255.59		178 519.99
	30	分配转出									178 519.99	0.00
	30	本月合计	2 300.00	7 364.40	37 600.00	48 400.00	10 600.00	38 000.00	34 255.59	178 519.99	178 519.99	0.00

表 4-11　　　　　　　　　　　辅助生产成本明细账
车间名称:供电车间　　　　　　　20××年 6 月

20××年		摘要	直接材料	直接人工	制造费用	发生额合计		余额
月	日					借方	贷方	
6	30	分配材料费用	1 100.00			1 100.00		1 100.00
	30	分配人工费		27 485.40		27 485.40		28 585.40
	30	折旧费			13 800.00	13 800.00		42 385.40
	30	水费			3 000.00	3 000.00		45 385.40
	30	燃料费			11 400.00	11 400.00		56 785.40
	30	其他费用			4 500.00	4 500.00		61 285.40
	30	分配转出					61 285.40	61 285.40
	30	本月合计	1 100.00	27 485.40	32 700.00	61 285.40	61 285.40	0.00

(2)根据领料凭证编制"产品共同耗用材料分配表"和"材料费用分配汇总表",分别见表 4-12 和表 4-13,并填制记账凭证,登记有关账簿。

表 4-12　　　　　　　　　　产品共同耗用材料分配表
20××年 6 月　　　　　　　　　　　　　　　金额单位:元

产品名称	分配标准	分配率	分配金额
甲产品	224 000		212 333.33
乙产品	160 000		151 666.67
合计	384 000	0.947 916 667	364 000.00

表 4-13　　　　　　　　　　材料费用分配汇总表
20××年 6 月　　　　　　　　　　　　　　　金额单位:元

受益部门	基本生产成本 甲产品	基本生产成本 乙产品	基本生产成本 合计	辅助生产成本 供电车间	制造费用 基本生产车间	合计
直接计入	224 000	160 000	384 000	1 100	2 300	387 400
分配计入	212 333.33	151 666.67	364 000			364 000
合计	436 333.33	311 666.67	748 000	1 100	2 300	751 400

根据表 4-13"材料费用分配汇总表",编制会计分录如下:

　　借:基本生产成本——甲产品　　　　　　　　　　436 333.33
　　　　　　　　　　　——乙产品　　　　　　　　　311 666.67
　　　辅助生产成本——供电车间　　　　　　　　　1 100.00
　　　制造费用——基本生产车间　　　　　　　　　2 300.00
　　　　贷:原材料　　　　　　　　　　　　　　　　751 400.00

(3)根据工资结算汇总表编制"人工费用分配汇总表",见表 4-14,并填制记账凭证,登记有关账簿。

表 4-14　　　　　　　　　　人工费用分配汇总表
20××年 6 月　　　　　　　　　　　　　　　金额单位:元

应贷科目	应借科目	基本生产成本 甲产品	基本生产成本 乙产品	基本生产成本 合计	辅助生产成本 供电车间	制造费用 基本生产车间	合计
应付职工薪酬	实际工时(小时)	2 480	1 650	4 130			
	分配率			22.976 659			
	分配金额	56 982.11	37 911.49	94 893.60	27 485.40	7 364.40	129 743.40

根据表 4-14"人工费用分配汇总表",编制会计分录如下:

　　借:基本生产成本——甲产品　　　　　　　　　　56 982.11
　　　　　　　　　　　——乙产品　　　　　　　　　37 911.49
　　　辅助生产成本——供电车间　　　　　　　　　27 485.40
　　　制造费用——基本生产车间　　　　　　　　　7 364.40
　　　　贷:应付职工薪酬　　　　　　　　　　　　　129 743.40

(4)编制"固定资产折旧计算表",见表 4-15,并填制记账凭证,登记有关账簿。

表 4-15　　　　　　　　　　　固定资产折旧计算表

20××年 6 月　　　　　　　　　　　　　单位:元

应贷科目＼应借科目	辅助生产成本 供电车间	制造费用 基本生产车间	合计
累计折旧	13 800	37 600	51 400

根据表 4-15"固定资产折旧计算表",编制会计分录如下:

借:辅助生产成本——供电车间　　　　　　　　　　13 800
　　制造费用——基本生产车间　　　　　　　　　　37 600
　　贷:累计折旧　　　　　　　　　　　　　　　　　　51 400

(5)根据有关记录编制"水费分配表",见表 4-16,并填制记账凭证,登记有关账簿。

表 4-16　　　　　　　　　　　　水费分配表

20××年 6 月　　　　　　　　　　　　　单位:元

应贷科目＼应借科目	辅助生产成本 供电车间	制造费用 基本生产车间	合计
应付账款	3 000	48 400	51 400

根据表 4-16"水费分配表",编制会计分录如下:

借:辅助生产成本——供电车间　　　　　　　　　　 3 000
　　制造费用——基本生产车间　　　　　　　　　　48 400
　　贷:应付账款　　　　　　　　　　　　　　　　　　51 400

(6)根据有关记录编制"燃料费用分配表",见表 4-17,并填制记账凭证,登记有关账簿。

表 4-17　　　　　　　　　　　燃料费用分配表

20××年 6 月　　　　　　　　　　　　　单位:元

应贷科目＼应借科目	辅助生产成本 供电车间	制造费用 基本生产车间	合计
燃料	11 400	10 600	22 000

根据表 4-17"燃料费用分配表",编制会计分录如下:

借:辅助生产成本——供电车间　　　　　　　　　　11 400
　　制造费用——基本生产车间　　　　　　　　　　10 600
　　贷:燃料　　　　　　　　　　　　　　　　　　　　22 000

(7)根据有关记录编制"其他费用分配汇总表",见表 4-18,并填制记账凭证,登记有关账簿。

表 4-18 其他费用分配汇总表

20××年6月　　　　　　　　　　　　　　　　单位:元

应贷科目＼应借科目	辅助生产成本 供电车间	制造费用 基本生产车间	合计
银行存款等	4 500.00	38 000.00	42 500.00

根据表 4-18"其他费用分配汇总表",编制会计分录如下:

借:辅助生产成本——供电车间　　　　　　　　　　　　4 500
　　制造费用——基本生产车间　　　　　　　　　　　　38 000
　　贷:银行存款等　　　　　　　　　　　　　　　　　　42 500

(8)分配辅助生产成本,编制"辅助生产成本分配表",见表 4-19,并填制记账凭证,登记有关账簿。

表 4-19 辅助生产成本分配表

20××年6月　　　　　　　　　　　　　　　　金额单位:元

分配项目＼受益部门		制造费用（基本生产车间）	管理费用（公司管理部门）	合计
供电车间	分配标准(用电度数)	12 800	10 100	22 900
	分配率			2.676 218
	分配金额	34 255.59	27 029.81	61 285.40

根据表 4-19"辅助生产成本分配表",编制会计分录如下:

借:制造费用——基本生产车间　　　　　　　　　　　　34 255.59
　　管理费用——公司管理部门　　　　　　　　　　　　27 029.81
　　贷:辅助生产成本——供电车间　　　　　　　　　　　61 285.40

(9)分配基本生产车间的制造费用,编制"制造费用分配表",见表 4-20,并填制记账凭证,登记有关账簿。

表 4-20 制造费用分配表

20××年6月　　　　　　　　　　　　　　　　金额单位:元

受益部门		实际工时(小时)	分配率(元/小时)	分配金额
基本生产成本	甲产品	2 480		107 198.44
	乙产品	1 650		71 321.55
	合计	4 130	43.225 179	178 519.99

根据表 4-20"制造费用分配表",编制会计分录如下:

借:基本生产成本——甲产品　　　　　　　　　　　　107 198.44
　　　　　　　　——乙产品　　　　　　　　　　　　 71 321.55
　　贷:制造费用——基本生产车间　　　　　　　　　　178 519.99

（10）编制"完工产品与月末在产品成本分配表"，分别见表 4-21、表 4-22，计算甲、乙两种产品的单位成本和完工产品及在产品成本，并填制记账凭证，登记有关账簿。

表 4-21　　　　　　　　完工产品与月末在产品成本分配表

产品名称：甲产品　　　　　　　　20××年 6 月　　　　　　　　金额单位：元

成本项目	直接材料	直接人工	制造费用	合计
生产费用合计	474 333.33	64 982.11	119 798.44	659 113.88
完工产品数量（件）	650	650	650	
月末在产品数产量（件）	150	150	150	
投料率/加工程度	100%	50%	50%	
月末在产品约当产量（件）	150	75	75	
约当总产量（件）	800	725	725	
单位成本	592.916 7	89.630 5	165.239 2	847.786 4
月末在产品成本	88 937.50	6 722.29	12 392.94	108 052.73
完工产品成本	385 395.83	58 259.82	107 405.50	551 061.15

表 4-22　　　　　　　　完工产品与月末在产品成本分配表

产品名称：乙产品　　　　　　　　20××年 6 月　　　　　　　　金额单位：元

成本项目	直接材料	直接人工	制造费用	合计
生产费用合计	355 666.67	39 311.49	89 321.55	484 299.71
完工产品数量（件）	240	240	240	
月末在产品数量（件）	100	100	100	
投料率/加工程度	100%	50%	50%	
月末在产品约当产量（件）	100	50	50	
约当总产量（件）	340	290	290	
单位成本	1 046.078 4	135.556 9	308.005 3	1 489.640 6
月末在产品成本	104 607.84	6 777.84	15 400.27	126 785.95
完工产品成本	251 058.83	32 533.65	73 921.28	357 513.76

根据表 4-21、表 4-22"完工产品与月末在产品成本分配表"，编制会计分录如下：

借：库存商品——甲产品　　　　　　　　　　551 061.15
　　　　　　——乙产品　　　　　　　　　　357 513.76
　　贷：基本生产成本——甲产品　　　　　　551 061.15
　　　　　　　　　　——乙产品　　　　　　357 513.76

甲、乙两种产品的成本核算流程图如图 4-2 所示。

项目四 产品成本计算的品种法

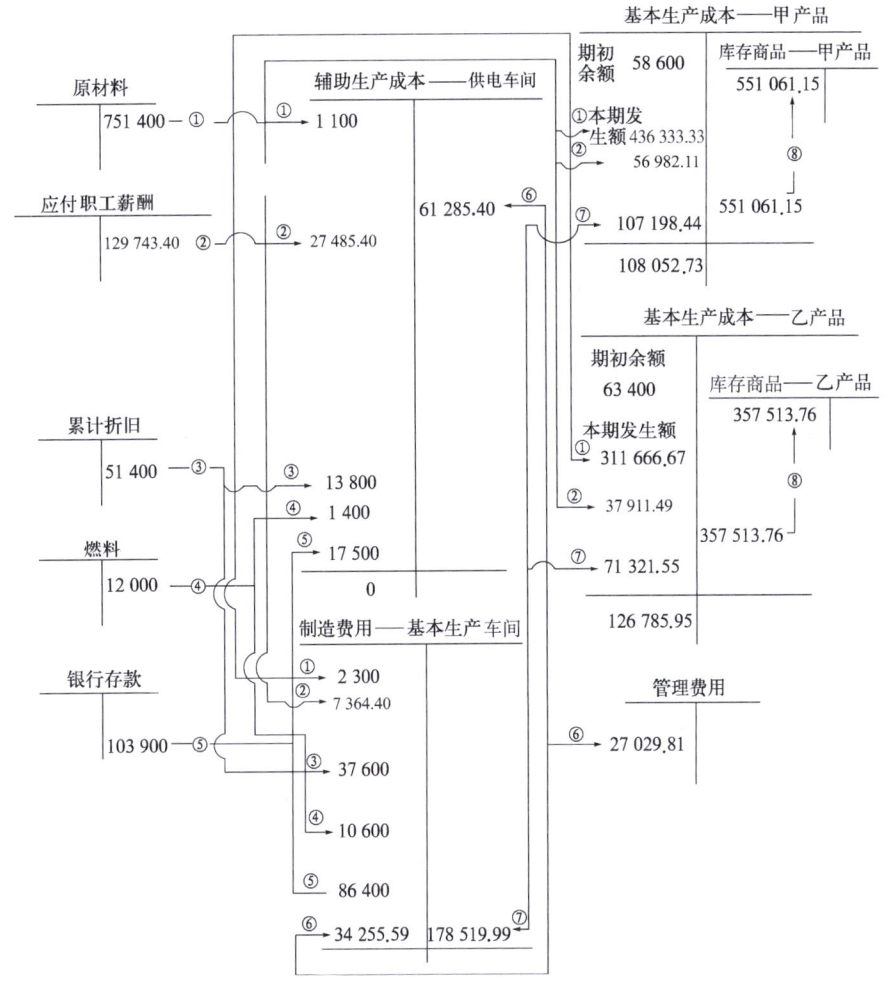

图 4-2 甲、乙产品成本核算流程图

流程图示说明：①分配原材料费用；②分配工资费用；③分配固定资产折旧费；④分配燃料费用；⑤分配外购动力及办公费等；⑥结转机修车间生产成本；⑦分配基本生产车间制造费用；⑧结转甲、乙完工产品成本。

> **课内思考：**
> 下列这些企业的产品成本计算分别应当采用哪种成本计算方法？如果适用品种法，应当采用哪种品种法？为什么？
> (1) 大量大批单步骤生产的发电厂；
> (2) 管理上要求分步计算产品成本的汽车制造厂；
> (3) 管理上要求分批次计算成本的服装加工厂；
> (4) 管理上不要求分步骤计算成本的小型水泥厂；
> (5) 船舶制造厂；
> (6) 自来水公司。

答案

项目总结

通过本项目的学习,我们可以了解到品种法是最基本的成本计算方法,分为单一品种法(简单品种法)和多品种法(标准品种法)。其特点主要体现在:(1)成本计算对象是产品品种;(2)成本计算期一般按月进行,与会计报告期一致,但与生产周期不一致;(3)是否计算月末在产品成本取决于月末是否存在在产品以及在产品所占费用的多少。掌握品种法最关键的一点就是要按照产品品种设置账簿,归集产品的生产成本。

项目检测

一、单项选择题

1. 管理上不要求分步骤计算产品成本的大批量生产企业一般采用(　　)计算产品成本。

   A.品种法　　　B.分批法　　　C.分步法　　　D.分类法

2. 大批量单步骤生产企业一般采用(　　)计算产品成本。

   A.品种法　　　B.分批法　　　C.分步法　　　D.分类法

3. 品种法适用的生产组织类型是(　　)。

   A.大量成批　　B.大量大批　　C.大量小批　　D.单件生产

4. (　　)是最基本的成本计算方法,其他成本计算方法一般都需要与其结合使用。

   A.品种法　　　B.分批法　　　C.分步法　　　D.分类法

5. 品种法的成本计算对象是产品的(　　)。

   A.批次　　　　B.品种　　　　C.加工步骤　　D.类别

二、多项选择题

1. 品种法适用于(　　)企业的成本计算。

   A.小批单件单步骤生产

   B.大量大批单步骤生产

   C.管理上不要求分步骤计算成本的小批多步骤生产

   D.管理上不要求分步骤计算成本的大批多步骤生产

   E.管理上要求分步骤计算产品成本的多步骤生产

2. 品种法(　　)。

   A.是最基本的成本计算方法

   B.通常需要计算在产品成本

   C.要求按照批次计算产品成本

   D.成本计算期与生产周期一致

   E.是以产品品种作为成本计算对象的方法

3. 品种法一般用于(　　)。

   A.大量大批单步骤生产的企业

   B.管理上不要求分步骤计算成本的大量大批多步骤生产的企业

C.单步骤生产的生产服务部门的成本计算

D.单件加工的产品的成本计算

E.小批生产的企业

4.下列企业,一般采用品种法计算产品成本的有( )。

A.生产服务部门　　　　　　　　B.采掘类企业

C.拖拉机厂　　　　　　　　　　D.造船厂

E.发电厂

5.以下符合品种法核算要求的有( )。

A.以产品品种为成本计算对象

B.成本计算期与生产周期一致

C.一般不计算在产品成本

D.成本计算期与报告期一致

E.如果期末在产品所占费用不多,可以不计算在产品成本

三、判断题

1.品种法只能用于单步骤生产的企业。　　　　　　　　　　　　　　(　)

2.品种法一般适用于大批大量多步骤生产的企业的成本计算。　　　　(　)

3.按照品种法计算产品成本不存在生产费用在各种产品之间分配的问题。(　)

4.采用品种法计算产品成本时,成本的计算期一般与报告期一致,与生产周期不一致。

(　)

5.对于多步骤生产的企业,当采用品种法计算产品成本的时候,一般需要将生产费用在完工产品与在产品之间进行分配。(　)

四、实务操作

1.资料：

假定某公司只有一个基本生产车间,单步骤大量生产甲、乙两种产品,该公司20××年5月份的有关成本资料如下：

产量资料

20××年5月　　　　　　　　　　　　　　单位:件

产品名称	月初在产品	本月投产	本月完工产品	月末在产品
甲产品	50	700	500	250
乙产品	70	580	550	100

月初在产品成本

20××年5月1日　　　　　　　　　　　　单位:元

产品名称	直接材料	直接人工	制造费用	合计
甲产品	1 000	400	400	1 800
乙产品	900	700	300	1 900

本月发生的生产费用

20××年5月 单位：元

费用要素 \ 用途	甲产品耗用	乙产品耗用	甲、乙产品共同耗用	基本生产一般耗用	合计
A 材料	4 000	5 000			9 000
B 材料			21 000		21 000
C 材料				5 000	5 000
人工费用			17 200	2 000	19 200
折旧费				1 000	1 000
办公费				4 000	4 000
水电费				900	900
合计	4 000	5 000	38 200	12 900	60 100

其他有关资料

20××年5月

项目	B材料消耗定额（千克）	实际耗用工时（小时）	材料定额成本（元）	定额工时（小时）
甲产品	1 000	4 000		
乙产品	1 100	4 600		
甲完工产品			7 500	5 500
甲在产品			5 000	2 500
合计	2 100	8 600	12 500	8 000

2.该公司有关费用分配方法说明：

(1)甲、乙产品耗用的原材料均系开工时一次投入；

(2)甲、乙共同耗用的材料按定额耗用量比例分配；

(3)生产工人人工费用按甲、乙产品实际工时比例分配；

(4)甲产品按定额比例法将生产费用在完工产品和在产品之间进行分配；乙产品按约当产量法将生产费用在完工产品和在产品之间进行分配，乙产品月末在产品的完工程度为50%。

3.要求：

(1)设置基本生产车间的"制造费用明细账""甲产品生产成本明细账"和"乙产品生产成本明细账"；

(2)编制"材料费用分配汇总表""人工费用分配汇总表"，编制会计分录，登记有关账簿；

(3)编制计提折旧、办公费、水电费耗用的会计分录（假设办公费的对应科目为"银行存款"，水电费的对应科目为"应付账款"），并登记有关账簿；

(4)根据"制造费用明细账"编制"制造费用分配表"，编制会计分录，登记有关账簿；

(5)根据"甲、乙产品明细账"归集的生产费用,编制"完工产品与在产品成本分配表",编制会计分录,登记有关账簿。

材料费用分配汇总表

20××年5月　　　　　　　　　　　金额单位:元

材料用途		B材料			A材料	C材料	合计
		定额耗用量（千克）	分配率	分配额			
产品领用	甲产品						
	乙产品						
小计							
车间一般耗用							
合计							

人工费用分配汇总表

20××年5月　　　　　　　　　　　金额单位:元

用途		实际工时(小时)	分配率	分配额
产品生产人员	甲产品			
	乙产品			
小计				
车间管理人员				
合计				

制造费用分配表

20××年5月　　　　　　　　　　　金额单位:元

受益对象	实际工时(小时)	分配率	分配额
甲产品			
乙产品			
合　计			

完工产品与月末在产品成本分配表

产品名称:甲产品　　　20××年5月　　　　　金额单位:元

成本项目		原材料	直接人工	制造费用	合计
生产费用合计					
费用分配率					
完工产品费用（500件）	定额				
	实际				
	单位成本				
月末在产品费用（250件）	定额				
	实际				
合计	定额				
	实际				

完工产品与月末在产品成本分配表

产品名称：乙产品　　　　　20××年 5月　　　　　　金额单位：元

成本项目	直接材料	直接人工	制造费用	合计
生产费用合计				
完工产品数量				
月末在产品数量				
投料率/完工程度				
月末在产品约当产量				
约当总产量				
单位成本				
月末在产品成本				
完工产品成本				

生产成本——基本生产成本

车间：基本生产车间　　　　产品：甲产品　　　　　金额单位：元

| 20××年 | | 凭证字号 | 摘要 | 直接材料 | 直接人工 | 制造费用 | 发生额合计 | | 余额 |
月	日						借方	贷方	

生产成本——基本生产成本

车间：基本生产车间　　　　产品：乙产品　　　　　金额单位：元

| 20××年 | | 凭证字号 | 摘要 | 直接材料 | 直接人工 | 制造费用 | 发生额合计 | | 余额 |
月	日						借方	贷方	

制造费用明细账

车间：基本生产车间　　　　　　　　　　　　　　　　　　　　单位：元

| 20××年 ||凭证字号|摘要|材料费|人工费|折旧费|水电费|办公费|发生额合计 ||余额|
月	日									借方	贷方	

4.答案：

完工产品实际成本为：

甲产品：直接材料9 000元，直接人工5 775元，制造费用4 400元，总成本19 175元；

乙产品：直接材料14 300元，直接人工9 075元，制造费用6 600元，总成本29 975元。

项目五 产品成本计算的分批法

项目导入

在项目四中我们完成了品种法的学习,掌握了品种法这一最基本的成本计算方法的工作原理,而对于单件小批生产的企业,分批法则是其成本计算方法的首选,在项目五中,我们将会系统地学习分批法的工作原理及其实践应用。

项目任务

在掌握了分批法的工作原理的基础上,能够结合企业的实际情况,运用分批法,完成成本的核算工作。

项目实训

1. 按照"一般分批法"的工作流程完成"实训任务九——一般分批法的应用"的核算任务。
2. 按照"简化分批法"的工作流程完成"拓展实训——简化分批法的应用"的核算任务。

任务一 理论储备——分批法的工作原理

微课23
分批法的工作原理

一、分批法的含义及适用范围

产品成本计算的分批法(也称订单法),是指以产品的批次作为成本计算对象来归集生产费用、计算产品成本的一种成本计算方法。它主要适用于以下几种类型的企业:

(1)根据客户订单生产的企业,如船舶制造、精密仪器生产、特种设备制造等。
(2)产品种类经常变动的小企业,如服装厂、鞋帽厂等。
(3)专门从事修理业务的企业。

(4)从事新产品试制的车间。

因为企业的成本核算制度不同,成本计算的程序不同,分批法又分为一般分批法和简化分批法,两种方法的工作原理和适用范围见表5-1。

表5-1　　　　　　一般分批法与简化分批法的工作原理及适用范围

方法	工作原理	适用范围
一般分批法	以产品的批别为产品生产成本的计算对象,按照产品的批别设置基本生产成本明细账,归集生产费用,每月末将间接费用采用一定的方法分配计入各批别产品,有完工产品的月份,计算完工产品和在产品成本	小批、单件、管理上不要求分步计算产品成本且生产批次较少的企业
简化分批法	以产品的批别为产品生产成本的计算对象,按照产品的批别设置基本生产成本二级分类账和明细账,归集生产费用,发生的直接费用同时登记二级账和明细账,间接费用只登记二级账,月末不进行间接费用的分配,有完工产品的月份,将累计的间接费用采用一定的方法分配给完工产品的批别,采用一定的方法分配计入各批别产品,计算完工产品和在产品成本	小批、单件、管理上不要求分步计算产品成本且生产批次较多的企业

二、分批法的特点

(一)成本计算对象

分批法的成本计算对象就是产品的批别(单件生产的为件别)。在小批和单件生产中,产品的种类和每批产品的批量,大多是根据订单确定的。因而按批、按件计算产品成本,往往也就是按照订单计算产品成本。但是,如果在一张订单中规定有几种产品,或虽然只有一种产品,但其数量较大而又要求分批交货,这时可以将上述订单按照产品品种划分批别组织生产,或将同类产品划分数批组织生产,计算成本;如果在一张订单中只规定一件产品,但该产品是大型复杂产品,价值较大,生产周期较长,如大型船舶制造,也可以按照产品的组成部分分批组织生产,计算成本;如果在同一时期,不同订单中有相同的产品,而且数量不多,为了经济合理地组织生产,可以将不同订单上的相同产品合为一批组织生产,计算成本。在这种情况下,分批法的成本计算对象,就不是购货单位的订单,而是企业生产计划部门签发下达的生产任务通知单,单上应对该批生产任务进行编号,称为产品批号或生产令号。会计部门应根据产品批号开设产品成本明细账。生产费用发生后,就按产品批别进行归集,直接费用直接计入,间接费用选择合理的分配标准分配计入。

(二)成本计算期

采用分批法时,生产费用通常按月汇总,并按照适当方法在各批次产品之间进行分配,但由于各批产品的生产周期通常不一致,所以,各批次完工产品的成本需要等到该批次的产品全部完工后,才能计算出其实际总成本和单位成本。

(三)生产费用在完工产品与在产品之间的分配

由于分批法需要等到整批产品全部完工后,才能计算出其实际总成本和单位成本。所以,就某批产品而言,如果不存在跨月陆续完工的情况,则不存在生产费用在完工产品与在产品之间的分配问题。

在单件生产中,产品完工前,产品明细账所记的生产费用,都是在产品成本;产品完工时,产品明细账所记的生产费用,就是完工产品成本。因而,在月末计算成本时,不存在在完工产品与在产品之间分配费用的问题。

在小批生产中,由于产品批量较小,批内产品一般都能同时完工,或者在相距不久的时间内全部完工。月末计算成本时,或是全部已经完工,或是全部没有完工,因而一般也不存在在完工产品与在产品之间分配费用的问题。但在产品批量较大、批内产品有跨月陆续完工交货的情况时,就有必要计算完工产品和月末在产品成本,以便计算先交货的产品成本。通常做法是对先完工产品按计划单位成本或定额单位成本,或最近一批相同产品的实际单位成本计价,从该批产品成本明细账中转出,剩余数额即为在产品成本。在该批产品全部完工时,还应计算该批产品的实际总成本,对已经转账的完工产品,不作账面调整。这种分配方法的核算工作虽简单,但分配结果不太准确。因而在批内产品跨月陆续完工情况较多、月末完工产品数量占批量比重较大时,为了提高成本计算的正确性,则应采用适当的方法,在完工产品与月末在产品之间分配费用,计算完工产品成本和月末在产品成本。为了使同一批产品尽量同时完工,避免跨月陆续完工的情况,减少在完工产品与月末在产品之间分配费用的工作,在合理组织生产的前提下,可以适当缩小产品的批量。

> **课内思考:**
> 1. 采用品种法和分批法的产品成本计算期是否相同?为什么?
> 2. 采用分批法计算产品成本时如何确定产品的批量?

任务二　分批法的实践应用

一、分批法的核算程序

采用分批法计算产品成本,可按以下三个步骤进行。

(1)产品投产时,按批号(生产指令)设置生产成本明细账(成本计算单)。如果企业按产品批别生产,在产品投产时,生产计划部门要发出"生产通知单",将生产任务下达生产车间,并通知会计部门。会计部门应根据产品批号,设置生产成本明细账(成本计算单),按成本项目归集生产费用,计算各批产品成本。

(2)各月份按批别汇集和分配生产费用,编制各种费用汇总分配表,登记生产成本明细账(成本计算单)。

(3)产品完工月份,计算该批产品自开工之日起所发生的总成本和单位成本,并结转产成品成本。分批法成本核算程序如图5-1所示。

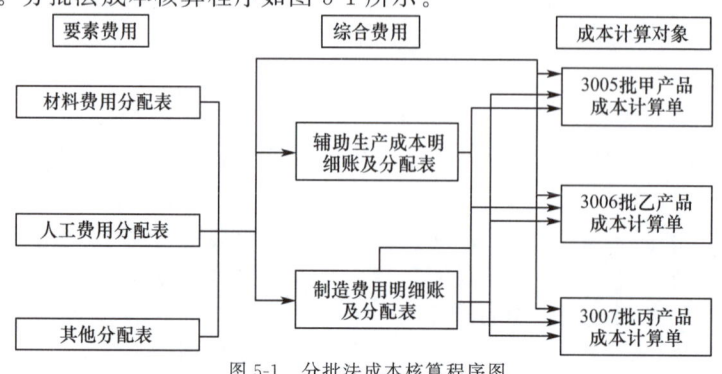

图 5-1　分批法成本核算程序图

二、分批法的应用

(一)一般分批法

一般分批法又称为"间接费用当月分配法",其特点是在分配间接费用时,不论各批次产品是否完工,都要按照当月分配率分配其应负担的间接费用。采用"当月分配法",各月份月末的间接费用明细账没有余额,未完工的批次也要按月结转分配间接费用。该方法适用于企业的产品批次较少的情况。

一般分批法的核算程序如下:

(1)按照产品品种及批次设置生产成本明细账,并按照费用项目设置专栏;
(2)归集和分配生产费用,登记有关账簿;
(3)月末将归集的间接费用采用适当的分配方法在各批次产品之间进行分配;
(4)计算出各批产品的完工成本和在产品成本;
(5)对于已整批完工的产品,汇总计算出该批次完工产品的实际总成本和单位成本;
(6)编制"完工产品成本汇总表",结转完工入库产品的成本。

例 5-1 博源公司是一家小型设备加工企业,根据客户订单加工甲、乙两种产品,采用一般分批法计算产品成本。20××年7月的生产情况及生产费用发生情况如下:

(1)各批次投产及完工情况见表 5-2。

表 5-2　　　　　生产情况登记表

批次	产品名称	投产日期	批量	本月完工	整批实际完工	预计完工日期
9219	甲产品	5月22日	4	4	7月17日	7月20日
9220	甲产品	6月18日	10	6		8月8日
9231	乙产品	7月8日	8	2		8月21日

(2)本月生产费用发生情况见表 5-3。

表 5-3　　　　　本月生产费用
20××年7月　　　　　　　　　　　　单位:元

批次	直接材料	直接人工	制造费用	合　计
9219		2 980	970	3 950
9220		6 120	2 730	8 850
9231	9 360	5 740	3 010	18 110

(3)完工产品与期末在产品之间的费用分配方法。

9220批次甲产品,采用约当产量法分配完工产品与在产品成本,其中材料费系生产开始时一次性投入,其他费用的加工程度为60%。

9231批次乙产品,按照计划成本转出本月完工的2台产品成本,每台计划成本2 100元,其中直接材料1 160元,直接人工612元,制造费用328元。

(4)根据上述资料,博源公司应分别为9219批次、9220批次、9231批次设置生产成本明细账(见表5-4、表5-5和表5-6)。

表5-4　　　　　　　　　　生产成本明细账

产品批号:9219　　　　购货单位:光华工厂　　　　投产日期:20××年5月22日
产品名称:甲产品　　　　批量:4台　　　　　　　　完工日期:20××年7月17日

| 20××年 || 凭证字号 | 摘要 | 借方 | 贷方 | 方向 | 余额 | (借)方金额分析 |||
月	日							直接材料	直接人工	制造费用
5	31	(略)	本月生产费用	7 480.00		借	7 480.00	6 560.00	640.00	280.00
6	30		本月生产费用	4 500.00		借	11 980.00		3 000.00	1 500.00
6	30		本月累计	11 980.00		借	11 980.00	6 560.00	3 640.00	1 780.00
7	31		本月生产费用	3 950.00		借	15 930.00		2 980.00	970.00
7	31		本月累计	15 930.00		借	15 930.00	6 560.00	6 620.00	2 750.00
7	31		完工转出		15 930.00	平	0.00	(6 560.00)	(6 620.00)	(2 750.00)

表5-5　　　　　　　　　　生产成本明细账

产品批号:9220　　　　购货单位:南海公司　　　　投产日期:20××年6月18日
产品名称:甲产品　　　　批量:10台　　　　　　　完工日期:20××年　月　日

| 20××年 || 凭证字号 | 摘要 | 借方 | 贷方 | 方向 | 余额 | (借)方金额分析 |||
月	日							直接材料	直接人工	制造费用
6	30	(略)	本月生产费用	22 620.00		借	22 620.00	12 860.00	5 870.00	3 890.00
7	31		本月生产费用	8 850.00		借	31 470.00		6 120.00	2 730.00
7	31		本月累计	31 470.00		借	31 470.00	12 860.00	11 990.00	6 620.00
7	31		完工转出		21 008.86	借	10 461.14	(7 716.00)	(8 564.29)	(4 728.57)
7	31		期末余额			借	10 461.14	5 144.00	3 425.71	1 891.43

表5-6　　　　　　　　　　生产成本明细账

产品批号:9231　　　　购货单位:大通公司　　　　投产日期:20××年7月8日
产品名称:乙产品　　　　批量:8台　　　　　　　　完工日期:20××年　月　日

| 20××年 || 凭证字号 | 摘要 | 借方 | 贷方 | 方向 | 余额 | (借)方金额分析 |||
月	日							直接材料	直接人工	制造费用
7	31	(略)	本月生产费用	18 110.00		借	18 110.00	9 360.00	5 740.00	3 010.00
7	31		完工转出		4 200.00	借	13 910.00	(2 320.00)	(1 224.00)	(656.00)
7	31		期末余额			借	13 910.00	7 040.00	4 516.00	2 354.00

(5)根据产量及账簿登记的生产费用信息编制"产品成本计算表"(见表5-7、表5-8和表5-9)。

表 5-7 　　　　　　　　　　产品成本计算表

批次：9219

产量：4 台　　　　　　　　　　20××年 7 月

成本项目	直接材料	直接人工	制造费用	合计
费用累计	6 560.00	6 620.00	2 750.00	15 930.00
完工产量	4	4	4	
单位成本	1 640.00	1 655.00	687.50	3 982.50
完工产品成本	6 560.00	6 620.00	2 750.00	15 930.00
期末在产品成本	0.00	0.00	0.00	0.00

注：单位成本＝费用累计÷完工产量。

表 5-8 　　　　　　　　　　产品成本计算表

批次：9220

产量：10 台　　　　　　　　　20××年 7 月

成本项目	直接材料	直接人工	制造费用	合计
费用累计	12 860.00	11 990.00	6 620.00	31 470.00
完工产量	6	6	6	
期末在产品	4	4	4	
投料/加工程度	100.00%	60.00%	60.00%	
期末在产品约当产量	4	2.4	2.4	
约当总产量	10	8.4	8.4	
单位成本	1 286.00	1 427.38	788.10	3 501.48
完工产品成本	7 716.00	8 564.29	4 728.57	21 008.86
期末在产品成本	5 144.00	3 425.71	1 891.43	10 461.14

注：单位成本＝费用累计÷约当总产量。

表 5-9 　　　　　　　　　　产品成本计算表

批次：9231

产量：8 台　　　　　　　　　　20××年 7 月

成本项目	直接材料	直接人工	制造费用	合计
费用累计	9 360.00	5 740.00	3 010.00	18 110.00
计划单位成本	1 160	612	328	2 100.00
完工数量	2	2	2	
完工产品成本	2 320.00	1 224.00	656.00	4 200.00
期末在产品成本	7 040.00	4 516.00	2 354.00	13 910.00

注：完工产品成本＝计划单位成本×完工数量。

课内思考：

1. 产品成本计算的分批法和品种法有什么联系？
2. 分批法比品种法简单吗？
3. 某塑料制品厂小批生产塑料制品，成本管理上不要求分步计算成本，一般情况下应采用哪种方法计算产品成本？

实务操作

练习产品成本核算的一般分批法。

1.资料：

某工业企业生产甲、乙两种产品，属于小批生产，采用分批法计算成本。生产情况和生产费用资料如下：

(1)4月份生产的产品批号为：

301批号甲产品5台，3月投产，本月完工。

401批号乙产品10台，本月投产，月末完工2台。

(2)4月份的成本资料如下：

301批号甲产品的月初在产品费用为：直接材料6 000元，直接人工2 000元，制造费用5 000元，合计13 000元。

各批产品本月发生的费用如下：

批号	直接材料	直接人工	制造费用
301		500	1 000
401	7 000	2 000	4 000

401批号乙产品完工数量少，按计划成本结转，每台计划成本为：直接材料900元，直接人工230元，制造费用500元，合计1 630元。

(3)5月份的成本资料如下：

401批号乙产品全部完工，5月份发生的直接人工费用为800元，制造费用为1 400元。

2.要求：

(1)计算4月份各批产品完工产品和月末在产品成本；

(2)计算5月份401批号乙产品完工产品成本；

(3)计算401批号乙产品全部完工产品实际总成本和单位成本。

产品成本计算单

产品批号：301　　　购货单位：白云工厂　　　投产日期：3月16日
产品名称：甲产品　　批量：5台　　　　　　　完工日期：4月21日

月	日	摘　　要	直接材料	直接人工	制造费用	合　计
4	1	月初在产品成本				
4	30	本月生产费用				
4	30	生产费用合计				
4	30	完工产品成本				
4	30	单位实际成本				

产品成本计算单

产品批号:401　　　购货单位:大宇工厂　　　投产日期:4月02日
产品名称:乙产品　　　批量:10台　　　　　　完工日期:5月22日

月	日	摘要	直接材料	直接人工	制造费用	合计
4	30	本月生产费用				
4	30	单台计划成本				
4	30	完工转出成本(2台)				
4	30	月末在产品成本				
5	1	月初在产品费用				
5	31	本月生产费用				
5	31	本月生产费用合计				
5	31	完工转出成本(8台)				
5	31	累计生产费用				
5	31	实际单位成本				

3.答案:

(1)4月份301批号甲产品完工产品总成本为14 500元;4月份401批号乙产品完工产品总成本为3 260元,月末在产品成本为9 740元。

(2)5月份401批号乙产品完工产品总成本为11 940元。

(3)401批号乙产品全部完工产品实际总成本为15 200元,实际单位成本为1 520元。

(二)简化分批法

简化分批法又称为"间接费用累计分配法",其特点是需要同时设置基本生产二级账和明细账归集各批次产品的成本费用以及生产工时的发生、转出情况,在分配间接费用时,只对当月有完工产品的批次按照累计分配率进行分配,将未完工批次的间接费用总额保留在基本生产二级账中。采用"间接费用累计分配法",只要存在尚未完工的生产批次,间接费用就会留有余额,由于完工批次是一次性分配间接费用,所以简化了成本核算工作,但如果各月份的间接费用相差悬殊,就会影响成本计算的准确性。该方法适用于同一月份投产的批次较多,且月末未完工的批次也较多的企业或车间,因为此种情况下,如果采用间接费用当月分配法计算各批产品成本,费用分配和登记工作就会极为繁重,采用间接费用累计分配法,就可以大大简化核算工作。

简化分批法的核算程序如下：

(1)设置生产成本总账、基本生产成本二级账,按照产品品种及批次设置生产成本明细账,并设置费用项目和生产工时专栏。

(2)归集和分配生产费用,登记有关账簿。

在生产成本二级账中要全面反映各批产品的料、工、费及生产工时的发生转出情况；在生产成本明细账中,平时只登记直接费用和生产工时的发生情况,只有在有完工产品的月份,才计算确定完工产品应负担的间接费用,计算转出完工产品成本以及应转出的生产工时,即平时直接费用和生产工时需要在生产成本二级账和明细账中平行登记,间接费用只在二级账中登记,当某批产品有完工产品时,才需要平行登记需要分配转出的间接费用。

(3)月末将二级账归集的间接费用采用适当的分配方法在有完工产品的批次之间进行分配。

月末如果本月各批产品均未完工,则各项费用与生产工时累计数转至下月继续登记。如果本月有完工产品,对完工产品应负担的间接计入费用,则需要根据"基本生产成本二级账"归集的累计间接费用及累计工时,计算全部产品各项累计间接计入费用分配率,据以分配费用,计算完工产品成本。

$$全部产品累计间接费用分配率 = \frac{全部产品累计间接费用}{全部产品累计工时}$$

$$某批完工产品应负担的间接费用 = 该批完工产品累计工时 \times 全部产品累计间接费用分配率$$

(4)计算各批产品的完工成本和在产品成本。

(5)对于已整批完工的产品,汇总计算出该批次完工产品的实际总成本和单位成本。

(6)编制"完工产品成本汇总表",结转完工入库产品的成本。

▼ 例 5-2

某制造企业小批量生产多种产品,产品批数多,为了简化成本计算工作,采用简化的分批法——间接费用累计分配法计算成本,该企业6月(本月)份各批产品的情况是：

94408 批号甲产品 9 件,4 月投产,本月完工；

94519 批号乙产品 8 件,5 月投产,本月完工 5 件；

94523 批号甲产品 12 件,5 月投产,尚未完工；

94601 批号丙产品 10 件,6 月投产,尚未完工。

该企业设立的"基本生产二级账"见表 5-10。

表 5-10　　　　　　　　　　　基本生产二级账

年间名称：一车间　　　　　　　　（各批产品总成本）　　　　　　　金额单位：元

20××年 月	日	摘　要	直接材料	生产工时	人工费用	制造费用	成本合计
5	31	月初在产品成本	123 550	39 780	35 404	111 383	270 337
6	30	本月发生	40 750	58 420	52 976	163 577	257 303
6	30	累计	164 300	98 200	88 380	274 960	527 640
6	30	累计间接费用分配率			0.9	2.8	
6	30	转出完工产品成本	(87 130)	(48 970)	(44 073)	(137 116)	(268 319)
6	30	月末在产品成本	77 170	49 230	44 307	137 844	259 321

该企业的直接材料费用为直接计入费用；该企业采用计时工资制度，因而人工费用为间接计入费用。

在表 5-10 中，5 月 31 日余额是 5 月末在产品的生产工时和各项费用。

本月发生的原材料费用和生产工时，应根据本月原材料费用分配表、生产工时记录，与各批产品成本明细账平行登记；本月发生的各项间接费用，应根据各项费用分配表汇总登记。全部产品累计间接费用分配率计算如下（以直接人工和制造费用为例）：

$$直接人工费用累计分配率 = \frac{88\ 380}{98\ 200} = 0.9$$

$$制造费用累计分配率 = \frac{274\ 960}{98\ 200} = 2.8$$

基本生产成本二级账中完工产品的直接材料费用和生产工时，应与各批次产品成本明细账（成本计算单）中完工产品对应项目的汇总数一致（如直接材料＝63 130＋24 000＝87 130 元，生产工时＝33 030＋15 940＝48 970 小时）。

完工产品的各项间接费用，可以根据完工产品生产工时分别乘以相应的费用累计分配率登记（如人工费用＝48 970×0.9＝44 073 元，制造费用＝48 970×2.8＝137 116 元）。

基本生产成本二级账中月末在产品的直接材料费用和生产工时，可以根据累计的直接材料费用和生产工时分别减去本月完工产品的直接材料费用和生产工时计算登记（如直接人工＝49 230×0.9＝44 307 元，直接材料＝164 300－87 130＝77 170 元）。

基本生产成本二级账中月末在产品的各项间接计入费用，可以根据其生产工时分别乘以相应的费用累计分配率计算登记（如制造费用＝49 230×2.8＝137 844 元），也可以根据其费用的累计数分别减去完工产品的相应费用计算登记（如直接人工＝88 380－

44 073＝44 307元,制造费用＝274 960－137 116＝137 844元)。

该企业设立的各批产品成本明细账分别见表 5-11、表 5-12、表 5-13、表 5-14。

表 5-11　　　　　　　　　　产品成本明细账

产品批号:94408　　　　产品名称:甲产品　　　　投产日期:××年4月12日
订货单位:大兴工厂　　　产品批量:9件　　　　　完工日期:××年6月28日

20××年 月	日	摘要	直接材料	生产工时	人工费用	制造费用	成本合计
4	30	本月发生	31 220	11 220			31 220
5	31	本月发生	18 980	7 590			18 980
6	30	本月发生	12 930	14 220			12 930
6	30	累计数及累计间接费用分配率	63 130	33 030	0.9	2.8	
6	30	本月完工产品转出	63 130	33 030	29 727	92 484	185 341
6	30	完工产品单位成本	7 014.44		3 303	10 276	20 593.44

表 5-12　　　　　　　　　　产品成本明细账

产品批号:94519　　　　产品名称:乙产品　　　　投产日期:××年5月2日
订货单位:大兴工厂　　　批量:8件　　　　　　　完工日期:××年　月　日

20××年 月	日	摘要	直接材料	生产工时	人工费用	制造费用	成本合计
5	31	本月发生	38 400.00	8 620			38 400.00
6	30	本月发生		15 880			
6	30	累计数	38 400.00	24 500			
6	30	费用分配率	4 800.00		0.90	2.80	
6	30	转出完工产品成本(5件)	24 000.00	15 940	14 346.00	44 632.00	82 978.00
6	30	完工产品单位成本	4 800.00		2 869.20	8 926.40	16 595.60
6	30	在产品	14 400.00	8 560			14 400.00

表 5-13　　　　　　　　　　产品成本明细账

产品批号:94523　　　　产品名称:甲产品　　　　投产日期:××年5月20日
订货单位:化星工厂　　　产品批量:12件　　　　完工日期:××年　月　日

20××年 月	日	摘要	直接材料	生产工时	人工费用	制造费用	成本合计
5	31	本月发生	34 950	12 350			
6	30	本月发生	15 450	15 110			

表 5-14　　　　　　　　　　　　　　产品成本明细账

产品批号：94601　　　　产品名称：丙产品　　　　投产日期：××年 6 月 13 日
订货单位：红光公司　　　产品批量：10 件　　　　完工日期：××年　月　日

| 20××年 ||摘　要| 直接材料 | 生产工时 | 人工费用 | 制造费用 | 成本合计 |
月	日						
6	30	本月发生	12 370	13 210			

在各批产品成本明细账中，对于没有完工产品的月份，只登记直接材料费用（一般只有直接材料费用是直接计入费用）和生产工时。如第 94523、94601 两批产品，这些月份发生的直接材料费用和生产工时，也就是该月份各月末在产品的直接材料费用和生产工时。因此，在各批产品成本明细账中，在产品的各个月份的直接材料费用或生产工时发生额之和，应该等于基本生产成本二级账所记在产品的直接材料费用或生产工时。

在上列各批产品成本明细账中，对于有完工产品（包括全部完工或批内部分完工）的月份，除了登记直接材料费用和生产工时，以及相应的累计数以外，还应根据基本生产成本二级账登记各项间接费用的累计分配率。

第 94408 批产品，月末全部完工，因而其累计的直接材料费用和生产工时就是完工产品的直接费用和生产工时；以其生产工时乘以各项间接计入费用累计分配率，即为完工产品的各项间接计入费用。

第 94519 批产品，月末部分完工、部分在产，因而还应在完工产品与月末在产品之间分配费用。该种产品所耗直接材料在生产开始时一次投入，因而直接材料费用按完工产品与月末在产品的数量比例分配：

$$直接材料费用分配率 = \frac{38\ 400}{5+3} = 4\ 800$$

完工产品直接材料费用 = 5 × 4 800 = 24 000（元）

月末在产品直接材料费用 = 3 × 4 800 = 14 400（元）

假定月末在产品工时按工时定额计算，其定额工时共计 8 560 小时，完工产品工时应为 15 940（24 500 − 8 560）小时，以该工时分别乘以各项间接计入费用累计分配率，即为完工产品的各项间接计入费用。完工产品直接人工 = 15 940 × 0.9 = 14 346 元，完工产品制造费用 = 15 940 × 2.8 = 44 632 元。

各批产品成本明细账登记完毕后，其中完工产品的直接材料费用和生产工时应分别汇入"基本生产成本"二级账，并汇总当月各批全部完工产品的总成本，编制"完工产品成本汇总表"，见表 5-15。

表 5-15　　　　　　　　　　完工产品成本汇总表

20××年6月　　　　　　　　　金额单位:元

成本项目	甲产品(9件) 总成本	甲产品(9件) 单位成本	乙产品(8件) 总成本	乙产品(8件) 单位成本	合计
直接材料	63 130.00	7 014.44	24 000.00	4 800.00	87 130.00
人工费用	29 727.00	3 303.00	14 346.00	2 869.20	44 073.00
制造费用	92 484.00	10 276.00	44 632.00	8 926.40	137 116.00
合计	185 341.00	20 593.44	82 978.00	16 595.60	268 319.00

上述简化的分批法,与上一节讲述的一般分批法的区别在于:各批产品之间分配间接费用的工作和完工产品与在产品之间分配费用的工作,都是利用累计间接费用分配率,到产品完工时合在一起进行的。就是说,各项间接计入费用累计分配,既是在各批完工产品之间分配各项费用的依据,也是在完工批别与月末在产品批别之间,以及某批产品的完工产品与月末在产品之间分配各项费用的依据;成本计算工作中的横向分配工作与纵向分配工作,在有完工产品时,根据同一个费用分配率一次分配完成。这一特点在第94519批产品的成本计算中体现得最为明显。

采用这种分批法,可以简化费用的分配和登记工作,月末未完工产品的批数越多,核算工作就越简化。但是,这种方法在各月间接计入费用水平相差悬殊的情况下则不宜采用,否则就会影响各月成本的正确性。例如,前几个月的间接计入费用水平高,本月间接计入费用水平低,而某批产品本月投产,当月完工,在这种情况下,按累计间接计入费用分配率计算的该批完工产品的成本就会发生不应有的偏高。另外,如果月末未完工产品的批数不多,也不宜采用这种方法。因为在这种情况下,月末大多数产品已经完工,绝大多数产品的批号仍然要分配登记各项间接计入费用,核算工作量减少不多,但计算的正确性却会受到影响。

综上所述,可以看出,要使这种分批法充分发挥其简化成本核算工作的优点,保证各月成本计算的正确性,采用这种分批法时必须具备两个条件,即:(1)各月份的间接计入费用的水平相差不多;(2)月末未完工产品的批数比较多。

课内思考:
1. 简化分批法下,为什么要设置"基本生产成本"二级账?
2. 简化分批法与一般分批法有何异同?

项目总结

通过本项目的学习,我们可以了解到分批法是一种适用于单件、小批生产的成本计算方法,分为一般分批法和简化分批法。其特点主要体现在:(1)成本计算对象是产品批次;(2)生产费用通常应按月汇总,并按照适当方法在各批次产品之间进行分配,但由于各批次产品的生产周期通常不一致,所以,各批次完工产品的成本需要等到该批次的产品全部完工后,才能计算出其实际总成本和单位成本。掌握分批法最关键的一点就是要按照批次设置账簿,归集产品的生产成本。

项目检测

一、单项选择题

1. 分批法的成本计算对象是产品的（　　）。
   A. 批次　　　　　　　　　　　　B. 品种
   C. 加工步骤　　　　　　　　　　D. 类别

2. 分批法的特点是（　　）。
   A. 按照产品品种计算成本　　　　B. 按照产品加工步骤计算成本
   C. 按照产品定额计算成本　　　　D. 按照产品批次计算成本

3. 最适合采用分批法计算产品成本的企业是（　　）。
   A. 纺织厂　　　　　　　　　　　B. 发电厂
   C. 自来水公司　　　　　　　　　D. 造船厂

4. 采用分批法计算产品成本的企业，其成本明细账应按（　　）设置。
   A. 产品批号　　　　　　　　　　B. 生产日期
   C. 产品种类　　　　　　　　　　D. 客户要求

5. 简化分批法之所以简化，是由于（　　）。
   A. 不计算在产品成本
   B. 不分批计算在产品成本
   C. 采用累计的间接分配率分配生产费用
   D. 在产品完工前不登记产品成本明细账

6. 博飞公司6月5日接受了3个订单，6－1订单定制A、B、C三种产品各100件，6－2订单定制B、C两种产品各50件，6－3订单定制C、D两种产品各150件，公司采用分批法计算产品成本。假设交货日期全部为6月20日，公司准备6月6日组织投产，如果A、B、C的总订货量未超过公司的生产能力，假设该公司6月份再无其他投产的订单，则博飞公司6月份应开设（　　）个生产成本明细账。
   A. 3　　　　　　　　　　　　　　B. 4
   C. 5　　　　　　　　　　　　　　D. 7

7. 产品成本计算的分批法，适用的生产类型是（　　）。
   A. 大量大批生产　　　　　　　　B. 大量多步骤生产
   C. 大批单步骤生产　　　　　　　D. 小批单件生产

8. 对于成本计算的分批法，下列说法正确的是（　　）。
   A. 需要将生产费用在完工产品与在产品之间进行分配
   B. 成本计算期与会计报告期一致
   C. 成本计算期与生产周期一致
   D. 适用于小批、单件、管理上要求分步骤计算成本的多步骤生产

9. 采用简化的分批法，累计间接计入费用分配率（　　）。
   A. 是各批完工产品之间分配间接费用的依据
   B. 是各批在产品之间分配间接费用的依据

C.每个月都需要计算

D.只在二级账中登记

10.以下关于简化分批法说法不正确的是（　　）。

A.需要设立基本生产二级分类账

B.需要按产品的品种和批次设立基本生产明细账

C.只有在有完工产品的月份才需要计算应完工转出的间接费用

D.生产工时只在二级分类账中登记

二、多项选择题

1.简化分批法下，产品成本明细账中应登记的内容有（　　）。

A.完工产品的生产工时　　　　B.完工产品的间接计入费用

C.月末在产品的生产工时　　　D.月末在产品的间接计入费用

E.月末在产品的直接计入费用

2.简化分批法下，基本生产二级账中应登记的内容有（　　）。

A.本月发生的原材料费用　　　B.本月发生的间接计入费用

C.月末在产品的原材料费用　　D.月末在产品的间接计入费用

E.产品产量

3.分批法下，产品的批别可以按照（　　）确定。

A.同一订单中的不同产品　　　B.不同订单中的相同产品

C.同一订单中的同种产品的组成部分　　　D.不同订单中的不同产品

E.相同产品的不同订单

4.分批法适用于（　　）。

A.小批生产　　　　　　　　　B.单件生产

C.大量生产　　　　　　　　　D.多步骤生产

E.单步骤生产

5.分批法下，批内产品跨月陆续完工不多的情况下，完工产品成本可以采用（　　）。

A.按计划单位成本结转

B.暂不结转，待全部完工后一并计算结转

C.按定额单位成本计算结转

D.按近期同种产品实际单位成本计算结转

E.按估计的单位成本计算结转

三、判断题

1.分批法下，若是单件生产，则不存在生产费用在完工产品与在产品之间的分配问题。

（　　）

2.分批法下的产品批量必须与购买者的订单一致。（　　）

3.分批法因为按批组织生产，所以不存在在产品的计价问题。（　　）

4.采用简化分批法计算产品成本，必须设置"基本生产成本"二级账。（　　）

5.简化分批法下，在产品完工前，产品成本明细账只按月登记直接费用和生产工时。

（　　）

四、实务操作

（一）

1. 资料：

某产品制造企业生产甲、乙、丙、丁、戊等产品。该厂设有一个基本生产车间,根据客户的要求按订单分批组织生产,其成本计算采用分批法。

20××年7月份有关成本计算资料如下：

月初在产品成本

批　号	产品名称	批量	直接材料	直接人工	制造费用
84—520	甲	60 件	21 180	2 670	9 750
84—521	乙	20 件	13 466	1 634	5 668
84—522	丙	30 件	17 385	5 250	18 225

本月发生费用及工时资料

批　号	产品名称	原材料(计划成本)	实用工时	生产工人人工费
84—520	甲	9 000	6 000	
84—521	乙	5 334	4 666	
84—522	丙	—	6 750	
84—601	丁	15 000	20 000	
84—602	戊	10 000	6 000	
合　计	—	39 334	43 416	28 500

已知,材料成本差异率为-3%;84—601、84—602为本月新投入生产的产品,批量分别为50台和80台;本月共发生制造费用95 000元。

本月84—520、84—522、84—602批号的产品已全部完工验收入库;84—521批号的产品全部在产;84—601批号的产品本月完工5台,按计划成本转出,直接材料计划单位成本300元,直接人工单位成本63元,制造费用单位成本876元,合计1 239元。

本月发生的工资费用、制造费用均按实用工时比例分配(分配率保留八位小数,分配金额保留两位小数,尾差计入戊产品)。

2. 要求：

(1) 月末根据领料单、工资结算单及有关资料编制材料费用分配表、人工费用分配表、制造费用分配表,并做相应的账务处理。

(2) 根据"材料费用分配表""人工费用分配表""制造费用分配表",登记各产品成本计算单。

(3) 根据各完工批号的"产品成本计算单",编制"产品成本计算表"。

材料费用分配表

20××年7月　　　　　　　　　　　　　金额单位:元

应借科目＼应贷科目		原　材　料		
		计划成本	成本差异（差异率－3％）	实际成本
基本生产成本	甲			
	乙			
	丙			
	丁			
	戊			
成本合计				

根据"材料费用分配表"，编制会计分录。

人工费用分配表

20××年7月　　　　　　　　　　　　　金额单位:元

受益部门		应付职工薪酬		
		分配标准（工时）	分配率	分配金额
基本生产成本	甲			
	乙			
	丙			
	丁			
	戊			
合计				

根据"人工费用分配表"，编制会计分录。

制造费用分配表

20××年7月　　　　　　　　　　　　　金额单位:元

受益部门		制造费用		
		分配标准（工时）	分配率	分配金额
基本生产成本	甲			
	乙			
	丙			
	丁			
	戊			
合计				

根据"制造费用分配表"，编制会计分录。

产品成本计算单

批号:84—520　　　　　　　　　　　　　　　开工日期:20××年6月3日
产品名称:甲产品　　　购货单位:A公司　　　完工日期:20××年7月20日
产量:60件　　　　　　　　　　　　　　　　金额单位:元

年		摘　要	直接材料	直接人工	制造费用	成本合计
月	日					
6	30	本月发生额				
7	31	本月发生额				
		总成本				
		单位成本				

产品成本计算单

批号:84—521　　　　　　　　　　　　　　　开工日期:20××年6月18日
产品名称:乙产品　　　购货单位:B公司　　　完工日期:
产量:20件　　　　　　　　　　　　　　　　单位:元

年		摘　要	直接材料	直接人工	制造费用	成本合计
月	日					
6	30	本月发生额				
7	31	本月发生额				
		成本合计				

产品成本计算单

批号:84—522　　　　　　　　　　　　　　　开工日期:20××年6月29日
产品名称:丙产品　　　购货单位:C公司　　　完工日期:20××年7月28日
产量:30件　　　　　　　　　　　　　　　　单位:元

年		摘　要	直接材料	直接人工	制造费用	成本合计
月	日					
6	30	本月发生额				
7	31	本月发生额				
		总成本				
		单位成本				

产品成本计算单

批号:84—601　　　　　　　　　　　　　　　开工日期:20××年7月3日
产品名称:丁产品　　　购货单位:A公司　　　完工日期:20××年　月　日
产量:50台　　　　　　　　　　　　　　　　单位:元

年		摘　要	直接材料	直接人工	制造费用	成本合计
月	日					
7	31	本月发生额				
7	31	单台计划成本				
7	31	完工5台产品成本				
7	31	月末在产品成本				

产品成本计算单

批号:84－602　　　　　　　　　　　　　　开工日期:20××年7月11日
产品名称:戊产品　　　购货单位:D公司　　完工日期:20××年7月30日
产量:80台　　　　　　　　　　　　　　　　　　　　　　　　单位:元

年		摘　要	直接材料	直接人工	制造费用	成本合计
月	日					
7	31	本月发生额 总成本 单位成本				

产品成本计算表

20××年7月

成本项目	520 甲产品 60 件		522 丙产品 30 件		601 丁产品 5 台		602 戊产品 80 台	
	总成本	单位成本	总成本	单位成本	总成本	单位成本	总成本	单位成本
直接材料								
直接人工								
制造费用								
成本合计								

3.答案:

材料实际总成本 38 153.98 元;人工费用分配率 $=\dfrac{28\ 500}{43\ 416}=0.656\ 440\ 02$,制造费用分配率为 2.188 133 41;甲产品总成本 59 397.44 元,乙产品在产品总成本 39 214.76 元,丙产品总成本 60 060.87 元;丁产品转出 5 台计划总成本 6 195 元,月末在产品总成本为 65 246.47 元;戊产品总成本 26 767.44 元。

(二)

1.资料:

(1)某企业小批生产多种产品,该企业 20××年 9 月份的产品批号有:

9210 批号甲产品 6 件,7 月投产,本月完工;

9211 批号乙产品 12 件,8 月投产,本月完工 2 件;

9241 批号甲产品 8 件,8 月投产,尚未完工;

9261 批号丙产品 4 件,9 月投产,尚未完工。

(2)各批号产品各月份发生的原材料和工时的资料如下:

产品批号	月 份	原材料(元)	工时(小时)
9210	7	5 800	5 430
	8	1 130	8 870
	9	1 210	16 700
9211	8	13 350	28 630
	9		14 140
9241	8	9 840	19 070
	9	2 980	42 080
9261	9	19 910	28 580

9211批号产品的原材料在生产开始时一次投入,其完工2件的工时为10 460小时,在产品10件的工时为32 310小时。

(3)8月份该企业全部在产品的人工费用为23 850元,制造费用为36 060元。9月份该企业发生的人工费用为41 550元,制造费用为45 690元。

2.要求:

根据上述资料,用简化分批法——间接费用累计分配法计算产品成本。

基本生产二级账

(各批产品总成本)   单位:元

月	日	摘　要	直接材料	生产工时	人工费用	制造费用	成本合计
9	1	月初在产品					
9	30	本月发生					
9	30	累计					
9	30	全部产品累计间接费用分配率					
9	30	本月完工产品转出					
9	30	月末在产品					

产品成本明细账

产品批号:9210　　　购货单位:万里公司　　　投产日期:7月12日
产品名称:甲产品　　　批量:6件　　　　　　　完工日期:9月18日

月	日	摘　要	直接材料	生产工时	人工费用	制造费用	成本合计
7	31	本月发生					
8	31	本月发生					
9	30	本月发生					
9	30	累计数及累计间接费用分配率					
9	30	本月完工产品转出					
9	30	完工产品单位成本					

产品成本明细账

产品批号:9211　　　购货单位:万里公司　　　投产日期:8月2日
产品名称:乙产品　　　批量:12件　　　　　　完工日期:9月完工2件

月	日	摘　要	直接材料	生产工时	人工费用	制造费用	成本合计
8	31	本月发生					
9	30	本月发生					
9	30	累计数及累计间接费用分配率					
9	30	本月完工产品(2件)转出					
9	30	完工产品单位成本					
9	30	在产品					

产品成本明细账

产品批号:9241　　　购货单位:博飞公司　　　投产日期:8月20日
产品名称:甲产品　　　批量:8件　　　　　　　完工日期:

月	日	摘　要	直接材料	生产工时	人工费用	制造费用	成本合计
8	31	本月发生					
9	30	本月发生					

产品成本明细账

产品批号:9261　　　购货单位:东方集团　　　投产日期:9月20日
产品名称:丙产品　　　批量:4件　　　　　　　完工日期:

月	日	摘　要	直接材料	生产工时	人工费用	制造费用	成本合计
9	30	本月发生					

完工产品成本汇总表

20××年9月　　　　　　　　　　　　　　　金额单位:元

成本项目	9210(6件) 总成本	9210(6件) 单位成本	9211(2件) 总成本	9211(2件) 单位成本	合　计
直接材料					
人工费用					
制造费用					
工时					
成本合计					

3.答案:

人工费用累计间接费用分配率为0.4。

制造费用累计间接费用分配率为0.5。

9210批号甲产品完工产品总成本为36 040元(其中直接材料8 140元,人工费用12 400元,制造费用15 500元)。

9211批号乙产品完工产品(2件)总成本为11 639元(其中直接材料2 225元,人工费用4 184元,制造费用5 230元)。

项目六 产品成本计算的分步法

项目导入

在项目四和项目五中我们分别学习了品种法和分批法,这两种方法相对都比较简单,而分步法则是三种基本成本计算方法中难度最高的一种,但由于很多企业的产品生产需要经过多个加工步骤,所以分步法也是制造业最常用的成本计算方法之一。在项目六中,我们将会系统地学习分步法的工作原理及其实践应用,完成登顶之旅。

项目任务

在掌握了分步法的工作原理的基础上,能够结合企业的实际情况,运用分步法,完成成本的核算工作。

项目实训

1. 按照"综合逐步结转分步法"的工作流程完成"实训任务十——综合逐步结转分步法的应用"的核算任务。

2. 按照"平行结转分步法"的工作流程完成"实训任务十一——平行结转分步法的应用"的核算任务。

任务一 理论储备——分步法的工作原理

微课24
分步法工作原理

一、分步法的含义及适用范围

产品成本计算的分步法,是指以每种(批)产品及其各生产步骤作为成本计算对象来归集生产费用、计算产品成本的一种成本计算方法。它主要适用于大量、大批多步骤生产的企业,例如纺织厂、造纸、冶金、化工、机械制造等。在这些企业中,生产工艺由若干个生产步骤组成,而且生产步骤可以间断,除最后一个加工步骤外,每一个加工步骤都能生产出不同的半成品,这些半成品既可以作为下一个加工步骤的继续加工对象,也可以对外出售。为了了解每一个加工步骤的成本构成情况,加强对各个生产环节的成本管理,客观上就要求在按照产品品种(批次)计算产品成本的基础上,结合具体的生产步骤计算产品成本。

二、分步法的特点

采用分步法计算产品成本,其计算对象是各种产品及其所经过的各生产步骤。分步法的特点主要表现在以下几方面:

(1)按生产步骤及产品品种设置生产成本明细表,以便按成本项目汇集各步骤的生产费用。如果一个生产步骤只生产一种产品,可按该种产品和生产步骤设置生产成本明细表;如果一个生产步骤生产多种产品,则需按生产步骤和产品品种分别设置生产成本明细表。

(2)某步骤某种产品发生的直接费用,应直接计入该步骤该种产品生产成本明细表的相应成本项目之内;各步骤、各种产品共同发生的间接费用,应采用一定的标准,分配计入各步骤、各种产品的生产成本明细表内。

(3)计算各步骤完工产品成本(或计入产成品成本份额)和在产品成本。月末将各生产步骤中各生产成本明细表上汇集的全部生产费用,在各完工产品和在产品之间进行分配,计算出各步骤的完工产品成本和在产品成本。

(4)结转各步骤半成品成本(或计入产成品成本份额),计算产成品总成本和单位成本。月末应采用适当的方法,按产品品种结转各步骤成本,计算出每种产品的总成本和单位成本。

在实际工作中,由于企业管理要求不同,以及各生产步骤的成本计算和结转方式不同,根据各生产步骤是否需要计算半成品成本,分步法分为逐步结转分步法和平行结转分步法。

任务二 分步法的实践应用——逐步结转分步法

一、逐步结转分步法的含义及适用范围

逐步结转分步法也称为计算半成品成本法,它的计算对象是各种产成品及其所经过的各步骤的半成品成本。在这种类型的企业中,各步骤所生产完工的半成品既可以作为本企业下一个步骤继续加工的对象,也可以对外销售。为了计算对外销售的半成品成本和计算以后生产步骤的产品成本,有必要计算各步骤半成品的成本。

二、逐步结转分步法的特点及核算程序

逐步结转分步法的特点是:各步骤所耗用的上一步骤半成品的成本,要随着半成品实物的转移,从上一步骤的产品成本明细账转入下一步骤相同的产品成本明细账中,以便逐步计算各步骤的半成品成本和最后步骤的产成品成本。逐步结转分步法实物结转程序如

图 6-1 所示,半成品成本结转程序如图 6-2 所示。

第一步骤			第二步骤			第三步骤	
项目	数量		项目	数量		项目	数量
月初在产	20		月初在产	30		月初在产	50
本月投产	230	→	本月投产	210	→	本月投产	220
本月完工	210		本月完工	220		本月完工	230
月末在产	40		月末在产	20		月末在产	40

图 6-1　逐步结转分步法实物结转程序

第一步骤成本计算单					第二步骤成本计算单					第三步骤成本计算单			
项目	直接材料	加工费用	合计		项目	直接材料	加工费用	合计		项目	直接材料	加工费用	合计
月初在产品	300	160	460		月初在产品	1 140	240	1 380		月初在产品	1 460	650	2 110
本月投产	4 700	2 140	6 840		本月投产	6 300	1 830	8 130		本月投产	8 800	2 350	11 150
本月完工	4 200	2 100	6 300		本月完工	6 820	1 980	8 800		本月完工	8 740	2 760	11 500
月末在产品	800	200	1 000		月末在产品	620	90	710		月末在产品	1 520	240	1 760

产品成本计算单			
项目	直接材料	加工费用	合计
总成本	8 740	2 760	11 500
单位成本	38	12	50

图 6-2　半成品成本结转程序(不经过半成品库)

逐步结转分步法按照半成品成本在下一步骤成本计算单中反映的方法,可分为综合逐步结转分步法和分项逐步结转分步法两种方法。

三、综合逐步结转分步法的应用

综合逐步结转分步法的特点是将各生产步骤所耗用的上一步骤的半成品成本,以其合计数综合计入下一步骤的产品成本计算单中的"半成品"或"直接材料"成本项目中去,为了了解产品的项目构成,还需要对产品成本进行还原。

(一)综合逐步结转分步法的成本计算

例 6-1　某企业 20××年 10 月份生产甲产品,经过三个生产步骤顺序加工,第一步骤生产的半成品直接被第二步骤领用,第二步骤生产的半成品,直接被第三步骤领用,并将其加工成产成品。材料在开始生产时一次投入,在在产品按约当产量法计算的情况下,有关的产量、成本计算资料分别见表 6-1、表 6-2。

(1)产量记录

表 6-1　　　　　　　　各步骤产量记录　　　　　　　　单位:件

项　目	第一步	第二步	第三步
月初在产品	100	200	160
本月投产(或上月转入)	1 000	960	1 080
本月产成品	960	1 080	1 200
月末在产品	140	80	40
在产品完工程度%	50	50	50

(2)费用资料

表 6-2　　　　　　　　　　　各步骤费用资料

成本项目	第一步 月初在产品成本	第一步 本月发生费用	第二步 月初在产品成本	第二步 本月发生费用	第三步 月初在产品成本	第三步 本月发生费用
直接材料	32 480	333 600	73 600	—	61 440	—
直接人工	3 192	47 880	18 240	64 152	21 888	96 672
制造费用	840	11 200	4 800	13 200	5 120	12 720
合计	36 512	392 680	96 640	77 352	88 448	109 392

根据以上资料,采用综合逐步结转分步法计算产品成本,并编制"产品成本计算单",见表6-3、表6-4、表6-5、表6-6。(产品成本明细表略,其格式及登记方法参见《成本会计实训》的"项目十"。)

表 6-3　　　　　　　　　　　产品成本计算单

生产步骤:第一步骤

产品名称:甲半成品　　　　　　　　　　　　　　　　　　　　　　产量:960 件

成本项目	直接材料	直接人工	制造费用	合　计
月初在产品成本	32 480.00	3 192.00	840.00	36 512.00
本月生产费用	333 600.00	47 880.00	11 200.00	392 680.00
生产费用合计	366 080.00	51 072.00	12 040.00	429 192.00
完工产品数量	960.00	960.00	960.00	
月末在产品数量	140.00	140.00	140.00	
投料率/完工程度	100%	50%	50%	
月末在产品约当产量	140.00	70.00	70.00	
约当总产量	1 100.00	1 030.00	1 030.00	
费用分配率	332.800 000	49.584 466	11.689 320	394.073 786
完工产品成本	319 488.00	47 601.09	11 221.75	378 310.84
月末在产品成本	46 592.00	3 470.91	818.25	50 811.16

注:直接材料费用分配率=366 080÷1 100≈332.800 000;

　　直接人工费用分配率=51 072÷1 030≈49.584 466;

　　制造费用分配率=12 040÷1 030≈11.689 320。

表 6-4　　　　　　　　　　　产品成本计算单

生产步骤:第二步骤

产品名称:甲半成品　　　　　　　　　　　　　　　　　　　　　　产量:1 080 件

成本项目	直接材料	直接人工	制造费用	合　计
月初在产品成本	73 600.00	18 240.00	4 800.00	96 640.00
本月生产费用	378 310.84	64 152.00	13 200.00	455 662.84
生产费用合计	451 910.84	82 392.00	18 000.00	552 302.84
完工产品数量	1 080.00	1 080.00	1 080.00	
月末在产品数量	80.00	80.00	80.00	
投料率/完工程度	100%	50%	50%	

(续表)

成本项目	直接材料	直接人工	制造费用	合　计
月末在产品约当产量	80.00	40.00	40.00	
约当总产量	1 160.00	1 120.00	1 120.00	
费用分配率	389.578 310	73.564 286	16.071 429	479.214 025
完工产品成本	420 744.58	79 449.43	17 357.14	517 551.15
月末在产品成本	31 166.26	2 942.57	642.86	34 751.69

注：直接材料费用分配率＝451 910.84÷1 160≈389.578 310；
　　直接人工费用分配率＝82 392÷1 120≈73.564 286；
　　制造费用分配率＝18 000÷1 120≈16.071 429。

表 6-5　　　　　　　　　　　产品成本计算单

生产步骤：第三步骤
产品名称：甲产成品　　　　　　　　　　　　　　　　　　　　　产量：1 200 件

成本项目	直接材料	直接人工	制造费用	合　计
月初在产品成本	61 440.00	21 888.00	5 120.00	88 448.00
本月生产费用	517 551.15	96 672.00	12 720.00	626 943.15
生产费用合计	578 991.15	118 560.00	17 840.00	715 391.15
完工产品数量	1 200.00	1 200.00	1 200.00	
月末在产品数量	40.00	40.00	40.00	
投料率/完工程度	100%	50%	50%	
月末在产品约当产量	40.00	20.00	20.00	
约当总产量	1 240.00	1 220.00	1 220.00	
费用分配率	466.928 347	97.180 328	14.622 951	578.731 626
完工产品成本	560 314.02	116 616.39	17 547.54	694 477.95
月末在产品成本	18 677.13	1 943.61	292.46	20 913.20

注：直接材料费用分配率＝578 991.15÷1 240≈466.928 347；
　　直接人工费用分配率＝118 560÷1 220≈97.180 328；
　　制造费用分配率＝17 840÷1 220≈14.622 951。

表 6-6　　　　　　　　　　　产品成本计算单

产品名称：甲产品　　　　　　　　20××年10月　　　　　　　　产量：1 200 件

成本项目	总成本	单位成本
直接材料（半成品）	560 314.02	466.93
直接人工	116 616.39	97.18
制造费用	17 547.54	14.62
合　计	694 477.95	578.73

实务操作

1.资料：

有关甲产品的成本资料见下表(假设没有月初在产品成本)。

甲产品成本计算单

项目	第一步骤		第二步骤			第三步骤		
	直接材料	加工费用	合计	半成品	加工费用	合计	半成品	加工费用	合计
本月生产费用	5 000	2 300	7 300		1 890			3 000	
完工产品成本	4 200	2 100	6 300					2 000	
月末在产品成本	800	200	1 000	300	90		1 500		

2.要求：

采用综合逐步结转分步法填列上述成本计算单。

3.答案：

甲产品完工产品成本为8 300元。

从表6-5可以看出，采用综合逐步结转分步法结转半成品成本，各步骤耗用上一步半成品的费用，可以直接从成本计算单中反映出来。这样，对于加强对各步骤耗用半成品情况的监督、分析、考核及提高成本管理水平，都有重要作用。但这种方法在成本计算单里，不能直接提供按原始成本项目反映的成本资料。为此，在管理上要求在从整个企业角度考核和分析产品成本构成时，还应将综合逐步结转计算出的产成品成本进行成本还原。

(二)综合逐步结转分步法的成本还原

所谓成本还原就是恢复产品成本结构的本来面目，把各步骤耗用的半成品成本，逐步分解还原为"直接材料""直接人工""制造费用"等。

成本还原的方法通常是从最后一个生产步骤开始，将其所耗用的上一生产步骤自制半成品的综合成本，按本月所生产这种半成品的成本结构比例逐步进行还原，直至还原到第一个生产步骤，使产成品成本中半成品成本还原成为原始成本项目为止。

成本还原的方法一般有两种：

1.按半成品各成本项目占全部成本的比重还原

它是将本月产成品耗用上一步骤半成品的成本，按照上一步骤完工半成品各成本项目占全部成本的比重进行还原的方法。其计算公式为

$$还原分配率(项目比重)=\frac{上一步骤完工半成品各成本项目的金额}{上一步骤完工半成品成本合计}$$

$$\frac{还原后各成本}{项目金额}=\frac{完工产品中耗用某}{步骤半成品成本}\times 该步骤还原分配率(项目比重)$$

现以【例6-1】资料计算出来的甲产品成本为例说明其还原方法，见表6-7。

表 6-7

成本项目	还原前总成本	第二步半成品成本	还原率	还原额	第一步半成品成本	还原率	还原额	还原后总成本
栏目	1	2	3=2栏各项目的结构比	4=1栏半成品成本×3	5	6=5栏各项目的结构比	7=4栏半成品成本×6	8
直接材料(半成品)	560 314.02	420 744.58	81.30%	455 508.77	319 488.00	84.45%	384 682.57	384 682.57
直接人工	116 616.39	79 449.43	15.35%	86 013.97	47 601.09	12.58%	57 314.55	259 944.91
制造费用	17 547.54	17 357.14	3.35%	18 791.28	11 221.75	2.97%	13 511.65	49 850.47
合　　计	694 477.95	517 551.15	100.00%	560 314.02	378 310.84	100.00%	455 508.77	694 477.95

注:还原后的产品总成本=7栏直接材料+(1、4、7栏的加工费用之和)。

通过上述计算可以看出,第三步骤产成品耗用的半成品成本560 314.02元,经过连续还原计算,其总成本没有变化,但是其成本构成有了变化,即将以综合成本项目反映的"半成品"项目,还原为原来的成本项目。这为按成本项目考核成本计划的执行情况提供了可靠的核算资料。

上述还原方法是分别按成本项目计算还原率的,在成本项目较多的情况下,其计算次数必然要多一些。

实际工作中为简化成本还原工作,还可以将本期产成品所耗用上一步骤半成品的综合成本,按照本期所生产该半成品的成本结构进行还原。

2.按所耗半成品综合成本占完工半成品总成本的倍数还原

采用该方法进行成本还原,首要要计算出还原分配率,还原分配率即产成品成本中半成品成本占上一步骤所生产该种半成品总成本的比重,其计算公式为

$$还原分配率 = \frac{本期产成品耗用上一步骤半成品成本合计}{本期生产该种半成品成本合计}$$

$$还原后各成本项目金额 = 本月生产该种半成品成本中各成本项目金额 \times 还原分配率$$

现仍以【例6-1】资料计算出来的甲产品成本为例说明其还原方法,见表6-8。

表 6-8

成本项目	还原前总成本	第二步半成品成本	还原额及还原率	第一步半成品成本	还原额及还原率	还原后总成本
栏目	1	2	3	4	5	6
还原分配率			1.082 625 398		1.204 059 524	
直接材料(半成品)	560 314.02	420 744.58	455 508.77	319 488.00	384 682.57	384 682.57
直接人工	116 616.39	79 449.43	86 013.97	47 601.09	57 314.55	259 944.91
制造费用	17 547.54	17 357.14	18 791.28	11 221.75	13 511.65	49 850.47
合　　计	694 477.95	517 551.15	560 314.02	378 310.84	455 508.77	694 477.95

注:3栏还原分配率=560 314.02÷517 551.15≈1.082 625 398;

5栏还原分配率=455 508.77÷378 310.84≈1.204 059 524。

还原后的产品总成本=5栏直接材料+(1、3、5栏的加工费用之和)

上述成本还原方法，没有考虑以前月份所生产的半成品成本结构对本月产成品所耗半成品成本结构的影响。因此，在各月份半成品成本结构变动较大的情况下，对还原结果的正确性会有一定的影响。

四、分项逐步结转分步法的应用

分项逐步结转分步法是指按照成本项目，将上一步骤的半成品成本分项转入下一步骤成本计算单上相应的成本项目的一种方法。

仍沿用【例 6-1】资料，按分项逐步结转分步法计算各生产步骤半成品成本和最后步骤的产成品成本，填制第一、第二、第三各步骤及完工后"产品成本计算单"，见表 6-9、表 6-10、表 6-11、表 6-12。

表 6-9　　　　　　　　　　　产品成本计算单

生产步骤：第一步骤　　　　　20××年10月

产品名称：甲半成品　　　　　　　　　　　　　　　　　产量：960 件

成本项目	直接材料	直接人工	制造费用	合　计
月初在产品成本	32 480.00	3 192.00	840.00	36 512.00
本月生产费用	333 600.00	47 880.00	11 200.00	392 680.00
生产费用合计	366 080.00	51 072.00	12 040.00	429 192.00
完工产品数量	960.00	960.00	960.00	
月末在产品数产量	140.00	140.00	140.00	
投料率/完工程度	100%	50%	50%	
月末在产品约当产量	140.00	70.00	70.00	
约当总产量	1 100.00	1 030.00	1 030.00	
费用分配率	332.800 000	49.584 466	11.689 320	394.073 786
完工产品成本	319 488.00	47 601.09	11 221.75	378 310.84
月末在产品成本	46 592.00	3 470.91	818.25	50 881.16

注：直接材料费用分配率＝366 080÷1 100≈332.800 000；
　　直接人工费用分配率＝51 072÷1 030≈49.584 466；
　　制造费用分配率＝12 040÷1 030≈11.689 320。

表 6-10　　　　　　　　　　　产品成本计算单

生产步骤：第二步骤　　　　　20××年10月

产品名称：甲半成品　　　　　　　　　　　　　　　　　产量：1 080 件

成本项目	直接材料	直接人工	制造费用	合　计
月初在产品成本	73 600.00	18 240.00	4 800.00	96 640.00
本月本步骤发生费用		64 152.00	13 200.00	77 352.00
耗用上步骤半成品成本	319 488.00	47 601.09	11 221.75	378 310.84
生产费用合计	393 088.00	129 993.09	29 221.75	552 302.84

(续表)

成本项目	直接材料	直接人工	制造费用	合　计
完工产品数量	1 080.00	1 080.00	1 080.00	
月末在产品数量	80.00	80.00	80.00	
投料率/完工程度	100%	50%	50%	
月末在产品约当产量	80.00	40.00	40.00	
约当总产量	1 160.00	1 120.00	1 120.00	
费用分配率	338.868 966	116.065 259	26.090 848	481.025 073
完工产品成本	365 978.48	125 350.48	28 178.12	519 507.08
月末在产品成本	27 109.52	4 642.61	1 043.63	32 795.76

注：直接材料费用分配率＝393 088.00÷1 160≈338.868 966；
　　直接人工费用分配率＝129 993.09÷1 120≈116.065 259；
　　制造费用分配率＝29 221.75÷1 120≈26.090 848。

表 6-11　　　　　　　　　　　产品成本计算单
生产步骤：第三步骤　　　　　20××年10月
产品名称：甲产成品　　　　　　　　　　　　　　　　　　　产量：1 200 件

成本项目	直接材料	直接人工	制造费用	合　计
月初在产品成本	61 440.00	21 888.00	5 120.00	88 448.00
本月本步骤发生费用		96 672.00	12 720.00	109 392.00
耗用上步骤半成品成本	365 978.48	125 350.48	28 178.12	519 507.08
生产费用合计	427 418.48	243 910.48	46 018.12	717 347.08
完工产品数量	1 200.00	1 200.00	1 200.00	
月末在产品数量	40.00	40.00	40.00	
投料率/完工程度	100%	50%	50%	
月末在产品约当产量	40.00	20.00	20.00	
约当总产量	1 240.00	1 220.00	1 220.00	
费用分配率	344.692 323	199.926 623	37.719 770	582.338 716
完工产品成本	413 630.79	239 911.95	45 263.72	698 806.46
月末在产品成本	13 787.69	3 998.53	754.40	18 540.62

注：直接材料费用分配率＝427 418.48÷1 240≈344.692 323；
　　直接人工费用分配率＝243 910.48÷1 220≈199.926 623；
　　制造费用分配率＝46 018.12÷1 220≈37.719 770。

表 6-12　　　　　　　　　产品成本计算单

产品名称:甲产品	20××年10月	产量:1 200 件
成本项目	总成本	单位成本
直接材料	413 630.79	344.69
直接人工	239 911.95	199.93
制造费用	45 263.72	37.72
合　计	698 806.46	582.34

从以上各表可以看出,采用分项逐步结转分步法,能够直接、准确地按原始成本项目反映企业的产品成本构成,不需要进行成本还原。但采用这种方法,成本结转工作比较复杂,而且在各步骤完工产品成本中看不出所耗上一步骤半成品成本以及本步骤发生的加工费用。所以,本方法一般适用于在管理上不要求考核各步骤所耗上一步骤半成品成本以及本步骤加工费用的情况。

实务操作

1.资料:

博飞机械公司有三个基本生产车间,生产甲、乙两种产品,生产开始时一次性投入全部材料,按顺序进行加工,第三车间生产出产成品。在产品按定额成本法计价,车间之间半成品直接转移,不通过半成品库。该公司10月份各种半成品及产成品的产量资料及成本资料如下:

产品成本计算单

生产车间:一车间　　　　　　　　20××年10月

产品名称:甲半成品1　　　　　　　　　　　　　　　产量:625 件

成本项目	直接材料	直接人工	制造费用	合计
月初在产品成本	1 800.00	342.00	118.00	2 260.00
本月生产费用	25 000.00	9 348.00	5 142.00	39 490.00
生产费用合计				
完工产品数量	625	625	625	
月末在产品数量	15	15	15	
单位定额成本	45.00	8.55	2.95	56.50
完工产品成本				
月末在产品成本				

产品成本计算单

生产:车间:二车间　　　　　　　　20××年10月

产品名称:甲半成品2　　　　　　　　　　　　　　　产量:620 件

成本项目	直接材料	直接人工	制造费用	合　计
月初在产品成本	1 000.00	228.00	172.00	1 400.00
本月生产费用		4 332.00	3 240.00	
生产费用合计				
完工产品数量	620	620	620	
月末在产品数量	25	25	25	
单位定额成本	50.00	11.40	8.60	70.00
完工产品成本				
月末在产品成本				

产品成本计算单

生产车间：三车间
产品名称：甲产成品
20××年10月
产量：640件

成本项目	直接材料	直接人工	制造费用	合 计
月初在产品成本	1 500.00	684.00	486.00	2 670.00
本月生产费用		3 648.00	3 102.00	
生产费用合计				
完工产品数量	640	640	640	
月末在产品数量	10	10	10	
单位定额成本	50.00	22.80	17.20	90.00
完工产品成本				
月末在产品成本				

甲产品成本还原计算表（倍数法）

成本项目	还原前总成本	第二步半成品成本	还原额及还原率	第一步半成品成本	还原额及还原率	还原后总成本
还原分配率						
直接材料（半成品）						
直接人工						
制造费用						
合 计						

甲产品成本还原计算表（项目比重法）

成本项目	还原前总成本	第二步半成品成本	还原率	还原额	第一步半成品成本	还原率	还原额	还原后总成本
栏目	1	2	3=2栏各项目的结构比	4=1栏半成品成本×3	5	6=5栏各项目的结构比	7=4栏半成品成本×6	8
直接材料（半成品）								
直接人工								
制造费用								
合计								

产品成本计算单

生产车间:一车间　　　　　20××年10月
产品名称:乙半成品1　　　　　　　　　　　　　　　　　　产量:390件

成本项目	直接材料	直接人工	制造费用	合计
月初在产品成本	1 200.00	114.00	76.00	1 390.00
本月生产费用	44 000.00	9 802.00	6 286.00	60 088.00
生产费用合计				
完工产品数量	390	390	390	
月末在产品数量	20	20	20	
单位定额成本	120.00	11.40	7.60	139.00
完工产品成本				
月末在产品成本				

产品成本计算单

生产车间:二车间　　　　　20××年10月
产品名称:乙半成品2　　　　　　　　　　　　　　　　　　产量:400件

成本项目	直接材料	直接人工	制造费用	合计
月初在产品成本	2 200.00	456.00	344.00	3 000.00
本月生产费用		7 296.00	6 504.00	
生产费用合计				
完工产品数量	400	400	400	
月末在产品数量	10	10	10	
单位定额成本	110.00	22.80	17.20	150.00
完工产品成本				
月末在产品成本				

产品成本计算单

生产车间:三车间　　　　　20××年10月
产品名称:乙产成品　　　　　　　　　　　　　　　　　　产量:420件

成本项目	直接材料	直接人工	制造费用	合计
月初在产品成本	2 800.00	1 140.00	860.00	4 800.00
本月生产费用		7 410.00	5 850.00	
生产费用合计				
完工产品数量	420	420	420	
月末在产品数量	5	5	5	
单位定额成本	112.00	45.60	34.40	192.00
完工产品成本				
月末在产品成本				

乙产品成本还原计算表(倍数法)

成本项目	还原前总成本	第二步半成品成本	还原额及还原率	第一步半成品成本	还原额及还原率	还原后总成本
还原分配率						
直接材料(半成品)						
直接人工						
制造费用						
合计						

乙产品成本还原计算表(项目比重法)

成本项目	还原前总成本	第二步半成品成本	还原率	还原额	第一步半成品成本	还原率	还原额	还原后总成本
栏目	1	2	3=2栏各项目的结构比	4=1半成品成本×3	5	6=5栏各项目的结构比	7=4半成品成本×6	8
直接材料(半成品)								
直接人工								
制造费用								
合计								

2.要求：

采用综合逐步结转分步法计算产品成本并进行成本还原。

3.答案：

(1)甲完工产品成本56 644.50,乙完工产品成本91 098.00。

(2)成本还原：

按所耗半成品综合成本占完工半成品总成本比重还原：

甲:第二步骤还原率为1.020 779,第一步骤还原率为1.014 54,还原后成本为直接材料26 504.87、直接人工18 168.61、制造费用11 971.02。

乙:第二步骤还原率为1.030 271,第一步骤还原率为1.049 578,还原后成本为直接材料44 921.95、直接人工26 242.07、制造费用19 933.97。

按半成品各成本项目占全部成本的比重还原：

甲:第二步骤还原率直接材料为84.473 604 92%,直接人工为8.883 209 176%,制造费用为6.643 185 903%,第一步骤还原率直接材料为63.871 401 5%,直接人工为23.376 932 95%,制造费用为12.751 665 55%,还原后成本为直接材料26 504.87、直接人工18 168.61、制造费用11 971.02。

乙:第二步骤还原率直接材料为80.810 292 17%,直接人工为10.167 842 37%,制造费用为9.021 865 456%,第一步骤还原率直接材料为72.915 601 89%,直接人工为16.504 821 29%,制造费用为10.579 576 82%,还原后成本为直接材料44 921.95、直接人工26 242.07、制造费用19 933.97。

任务三 分步法的实践应用——平行结转分步法

一、平行结转分步法的含义及适用范围

平行结转分步法,也称不计算半成品成本法,即各步骤不计算、也不向下一步骤结转半成品成本,各个加工步骤只归集本步骤所发生的生产费用,并在期末将本步骤发生的生产费用采用适当的计算方法在完工产品与广义在产品之间分配,计算出应计入最终产成品的份额,从而汇总计算出完工产品成本的成本计算方法。主要适用于装配式多步骤生产的企业,以及管理上不要求计算各步骤半成品成本的连续式多步骤生产的企业。

二、平行结转分步法的核算程序及特点

(一)平行结转分步法的核算程序

在平行结转分步法下,各生产步骤不计算、也不逐步结转半成品成本,只是在企业产成品入库时,才将各步骤费用中应计入产成品的份额从各步骤产品成本明细账中转出,从"基本生产成本"科目的贷方转入"库存商品"科目的借方。因此,采用这一方法,不论半成品是在各生产步骤之间直接转移,还是通过半成品库收发,都不通过"自制半成品"科目进行总分类核算。这种方法的成本核算程序如图 6-3 所示。

第一步骤 甲产品成本明细账	第二步骤 甲产品成本明细账	第三步骤 甲产品成本明细账
原材料费用 6 100 第一步其他费用 3 300	第二步费用 7 200	第三步费用 5 600
应计入产成品成本的份额 5 000 / 在产品成本 4 400	应计入产成品成本的份额 4 800 / 在产品成本 2 400	应计入产成品成本的份额 4 200 / 在产品成本 1 400

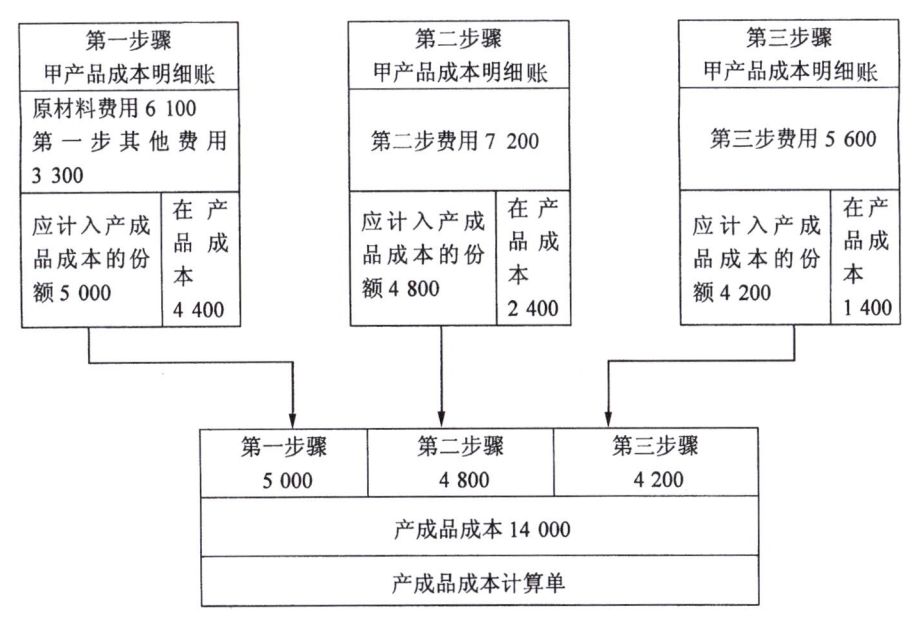

第一步骤 5 000	第二步骤 4 800	第三步骤 4 200
产成品成本 14 000		
产成品成本计算单		

图 6-3 平行结转分步法核算程序

(二)平行结转分步法的特点

(1)各生产步骤不计算半成品成本,只核算本步骤所发生的生产费用。

（2）采用这一方法，各步骤之间不结转半成品成本。不论半成品实物是在各生产步骤之间直接转移，还是通过半成品库收发，都不进行总分类核算，也就是说半成品成本不随半成品实物的转移而转移。

（3）每月终了，将各步骤成本计算单上发生的生产费用选择适当的方法在完工产品和在产品之间进行分配。这里的"完工产品"是指最终完工的产成品；"在产品"是指就整个企业而言的未完工产品，即广义在产品，具体包括：①本步骤正在加工的在产品（亦称狭义在产品）；②本步骤完工转入以后各步骤尚未最终产成的在产品；③本步骤完工转入半成品库的半成品。

（4）将各步骤费用中应计入产成品的"份额"平行汇总，计算该种产成品的总成本和单位成本。

三、平行结转分步法的应用

平行结转分步法下的完工产品成本，等于各步骤应计入完工产品成本中的"份额"之和。这个应计入产品成本中的"份额"的计算公式为

$$某步骤应计入产品成本的份额 = 产成品产量 \times 单位产成品耗用该步骤半成品的数量 \times 该成本项目费用分配率$$

式中"该成本项目费用分配率"可用约当产量法、定额比例法或定额成本法等方法计算求得。约当产量法下的成本费用分配率的计算公式为

$$某成本项目费用分配率 = \frac{该步骤月初在产品成本 + 该步骤本月发生费用}{该步骤产品约当产量}$$

$$某步骤约当产量 = 完工产品耗用本步骤半成品的数量 + 以后各步骤期末在产品耗用本步骤半成品的数量 + 本步骤期末在产品折合本步骤完工产品的数量$$

例 6-2

某企业生产 A 产品，连续经过三个生产步骤进行加工，原材料是在第一个生产步骤一次性投入。各生产步骤的半成品，直接为下一个生产步骤耗用，不经过半成品库。第三步骤单位在产品和产成品耗用第二步骤半成品 1 件；第二步骤单位在产品和半成品耗用第一步骤半成品 1 件。月末在产品成本按约当产量法计算，其他有关资料如下：

（1）本月产品产量资料见表 6-13。

表 6-13　　　　　　　　　产品产量表　　　　　　　　　单位：件

项　目	第一步	第二步	第三步
月初在产品数量	300	200	100
本月投产数量	600	500	400
本月完工产品数量	500	400	300
月末在产品数量	400	300	200
在产品完工程度	50%	50%	50%

（2）产品费用资料见表 6-14。

项目六 产品成本计算的分步法

表 6-14　　　　　　　　　　　　　产品费用表

项目	月初在产品 第一生产步骤	第二生产步骤	第三生产步骤	合计	本月发生费用 第一生产步骤	第二生产步骤	第三生产步骤	合计
直接材料	36 000			36 000	36 000			36 000
直接人工	768	1 008	300	2 076	1 032	2 511	1 053.50	4 596.50
制造费用	2 379.14	1 484	875	4 738.14	2 918	3 339	1 746.50	8 003.50
合计	39 147.14	2 492	1 175	42 814.14	39 950	5 850	2 800	48 600

根据上述资料,按平行结转分步法计算 A 产品成本。

平行结转分步法下约当产量的计算见表 6-15。

表 6-15　　　　　　　　　　　　约当产量计算表

项目	第一生产步骤 投料约当产量	加工约当产量	第二生产步骤 投料约当产量	加工约当产量	第三生产步骤 投料约当产量	加工约当产量
最终产成品数量	300	300	300	300	300	300
广义在产品数量	300+200+400=900	300+200+200=700	200+300=500	200+150=350	200	100
合计	1 200	1 000	800	650	500	400

平行结转分步法下各项费用的分配见表 6-16。

表 6-16　　　　　　　　　平行结转分步法下的费用分配表

成本项目	第一生产步骤 计入产成品成本份额	月末在产品成本	第二生产步骤 计入产成品成本份额	月末在产品成本	第三生产步骤 计入产成品成本份额	月末在产品成本
直接材料	$\frac{36\,000+36\,000}{1\,200}\times 300$ $=18\,000$	$72\,000-18\,000$ $=54\,000$				
直接人工	$\frac{768+1\,032}{1\,000}\times 300$ $=540$	$1\,800-540=1\,260$	$\frac{1\,008+2\,511}{650}\times 300$ $=1\,624.15$	$3\,519-1\,624.15$ $=1\,894.85$	$\frac{300+1\,053.50}{400}\times 300$ $=1\,015.13$	$1\,353.50-1\,015.13$ $=338.37$
制造费用	$\frac{5\,297.14}{1\,000}\times 300$ $=1\,589.14$	$5\,297.14-1\,589.14$ $=3\,708$	$\frac{4\,823}{650}\times 300=2\,226$	$4\,823-2\,226$ $=2\,597$	$\frac{2\,621.50}{400}\times 300$ $=1\,966.13$	$2\,621.5-1\,966.13$ $=655.37$
合计	20 129.14	58 968	3 850.15	4 491.85	2 981.26	993.74

A 产品的成本计算单见表 6-17、表 6-18、表 6-19 和表 6-20。

表 6-17　　　　　　　　　　　　产品成本计算单
生产步骤:第一步骤　　　　　20××年 10 月　　　　　完工产量:300 件

成本项目	直接材料	直接人工	制造费用	合　计
月初在产品成本	36 000.00	768.00	2 379.14	39 147.14
本月生产费用	36 000.00	1 032.00	2 918.00	39 950.00
生产费用合计	72 000.00	1 800.00	5 297.14	79 097.14
完工产品数量	300	300	300	
以后各步骤期末在产品数量	500	500	500	
本步骤期末在产品数量	400	400	400	
投料率/完工程度	100%	50%	50%	
月末在产品约当产量	400	200	200	
约当总产量	1 200	1 000	1000	
费用分配率	60.000 0	1.800 0	5.297 1	67.097 1
单位产成品耗用本步骤份额比	1.000 0	1.000 0	1.000 0	
计入完工产品成本份额	18 000.00	540.00	1 589.14	20 129.14
月末在产品成本	54 000.00	1 260.00	3 708.00	58 968.00

表 6-18　　　　　　　　　　　　产品成本计算单
生产步骤:第二步骤　　　　　20××年 10 月　　　　　完工产量:300 件

成本项目	直接材料	直接人工	制造费用	合　计
月初在产品成本		1 008.00	1 484.00	2 492.00
本月生产费用		2 511.00	3 339.00	5 850.00
生产费用合计		3 519.00	4 823.00	8 342.00
完工产品数量		300	300	
以后各步骤期末在产品数量		200	200	
本步骤期末在产品数量		300	300	
投料率/完工程度		50%	50%	
月末在产品约当产量		150	150	
约当总产量		650	650	
费用分配率		5.413 80	7.420 00	12.833 8
单位产成品耗用本步骤份额比		1.000 00	1.000 00	
计入完工产品成本份额		1 624.15	2 226.00	3 850.15
月末在产品成本		1 894.85	2 597.00	4 491.85

表 6-19　　　　　　　　　　　产品成本计算单
生产步骤:第三步骤　　　　　20××年10月　　　　　完工产量:300 件

成本项目	直接材料	直接人工	制造费用	合 计
月初在产品成本		300.00	875.00	1 175.00
本月生产费用		1 053.50	1 746.50	2 800.00
生产费用合计		1 353.50	2 621.50	3 975.00
完工产品数量		300	300	
以后各步骤期末在产品数量		0	0	
本步骤期末在产品数量		200	200	
投料率/完工程度		50%	50%	
月末在产品约当产量		100	100	
约当总产量		400	400	
费用分配率		3.383 8	6.553 8	9.937 5
单位产成品耗用本步骤份额比		1.000 0	1.000 0	
计入完工产品成本份额		1 015.13	1 966.13	2 981.26
月末在产品成本		338.38	655.38	993.76

表 6-20　　　　　　　　　　　产品成本计算单
产品名称:A 产品　　　　　　20××年10月　　　　　完工产量:300 件

成本项目	直接材料	直接人工	制造费用	合 计
第一步骤转入份额	18 000.00	540.00	1 589.14	20 129.14
第二步骤转入份额		1 624.15	2 226.00	3 850.15
第三步骤转入份额		1 015.13	1 966.13	2 981.26
总成本	18 000.00	3 179.28	5 781.27	26 960.55
单位成本	60	10.597 6	19.270 9	89.868 5

从以上计算可以看出,平行结转分步法可以同时平行汇总计算产品成本,不用进行成本还原。这样既简化了成本计算手续,又加速了成本计算进度,但这种方法也有以下缺点:

(1)在这种成本计算法下,由于各步骤间不结转半成品成本,实物结转和成本结转不一致,因而不能全面反映各步骤的生产情况,不便于加强车间成本管理。

(2)在这种成本法下,不计算半成品成本,不能为分析半成品成本计划的完成情况和计算半成品的销售成本提供资料。

所以,平行结转分步法只适宜在半成品种类较多、逐步结转半成品成本时工作量较大、管理上又不要求提供半成品成本资料的情况下采用。

四、平行结转分步法与逐步结转分步法的比较

从以上可以看出,平行结转分步法与逐步结转分步法在成本计算程序、各步骤所包含的内容、完工产品的概念、在产品的概念等方面有不同之处,详见表6-21。

表 6-21　　　　　　　　　平行结转分步法与逐步结转分步法

比较内容	平行结转分步法	逐步结转分步法
成本计算程序	各步骤只计算本步骤应计入产品成本的份额,将各步骤应计入产品成本的份额进行平行加总,计算出完工产品成本	按产品生产过程逐步计算并结转半成品成本,最后计算出完工产品成本
各步骤所包含的费用	只包括本步骤所发生的费用,不包括上步转入的半成品成本	既包括本步骤所发生的费用,也包括上步转入的半成品成本
完工产品的概念	企业的最终完工产品	既包括完工的产成品,也包括各步骤完工的半成品
在产品的概念	广义	狭义
提供的成本资料	不能提供各步骤所占用的生产资金数额,但能提供按原始成本项目反映的成本结构,不需要进行成本还原	能提供各步骤所占用的生产资金数额,但综合结转分步法不能提供按原始成本项目反映的成本结构,需要进行成本还原
成本与实物的关系	成本与实物转移不一致	成本与实物转移一致
成本计算的及时性	各步骤成本计算可同时进行,加快了成本计算速度	后一步骤必须在上一步骤成本计算后才能进行,影响了成本计算的及时性

课内思考:

1. 广义在产品和狭义在产品两个概念之间是并列关系,还是包含与被包含的关系?

2. 在逐步结转分步法下,生产费用合计数是按本步骤完工半成品数量和狭义在产品数量两者的比例进行分配,在平行结转分步法下,生产费用的合计数是在哪两者之间进行分配呢?

项目总结

通过本项目的学习,我们可以了解到分步法是一种适用大量大批多步骤生产的成本计算方法,分为逐步结转分步法和平行结转分步法。其特点主要体现在:(1)成本计算对象是产品品种及其经过的加工步骤;(2)成本计算期与会计报告期一致,与生产周期不一致;(3)通常需要将生产费用在完工产品与期末在产品之间进行分配。掌握分步法最关键的一点就是要同时结合产品品种和加工步骤设置账簿,归集产品的生产成本,如果采用的是逐步结转分步法应将完工产品的成本还原成原始的料、工、费状态,如果采用的是平行结转分步法则需要将生产费用在完工产品和广义在产品之间进行分配。

项目六 产品成本计算的分步法

项目检测

一、单项选择题

1. 下列方法中属于不计算半成品成本的分步法是（　　）。
    A. 逐步结转分步法
    B. 综合逐步结转分步法
    C. 分项逐步结转分步法
    D. 平行结转分步法

2. 在按照项目比重进行成本还原时，应以还原分配率乘以（　　）。
    A. 本月所生产半成品的总成本
    B. 本月所耗半成品的总成本
    C. 本月所生产该种半成品各个成本项目的费用
    D. 本月所耗该种半成品各个成本项目的费用

3. 成本还原就是从最后一个步骤起，把各步骤所耗上一步骤半成品成本按照（　　）逐步分解，还原算出按原始成本项目反映的产成品成本。
    A. 本步骤半成品成本结构
    B. 本月完工产品成本结构
    C. 上一步骤所生产该种半成品成本的结构
    D. 上一步骤月末在产品成本的结构

4. 采用逐步结转分步法时，完工产品与在产品之间的费用分配，是指在（　　）之间的费用分配。
    A. 完工产品与月末在产品
    B. 完工半成品与月末加工中的在产品
    C. 产成品与广义在产品
    D. 前面步骤的完工半成品与加工中的在产品，最后步骤的产成品与加工中的在产品

5. 分步法的主要特点是（　　）。
    A. 需要计算半成品成本
    B. 需要计算各步骤应计入产成品的份额
    C. 需要按照产品的生产步骤计算产品成本
    D. 需要分车间计算产品成本

6. 将各步骤所耗半成品费用，按照成本项目分项转入各步骤产品成本明细账的各个成本项目中的分步法是（　　）。
    A. 综合逐步结转分步法
    B. 分项逐步结转分步法
    C. 平行结转分步法
    D. 逐步结转分步法

7.某种产品由三个生产步骤加工完成,企业采用逐步结转分步法计算产品成本。本月第一生产步骤转入第二生产步骤的生产费用为 2 300 元,第二生产步骤转入第三生产步骤的费用为 4 100 元。本月第三生产步骤发生的费用为 2 500 元(不包括上一生产步骤转入的费用),第三生产步骤月初在产品费用为 800 元,月末在产品生产费用为 600 元。本月该种产品的产成品成本为(　　)元。

　　A.10 900　　　　　　　　　　B.6 800

　　C.6 400　　　　　　　　　　 D.2 700

8.综合逐步结转分步法下成本还原的对象是(　　)。

　　A.各步骤半成品成本　　　　　B.各步骤产成品成本

　　C.各步骤所耗上一步骤半成品的综合成本　D.最后步骤的产成品成本

9.在平行结转分步法下,完工产品与月末在产品之间的费用分配是指(　　)。

　　A.各步骤完工产品与狭义在产品之间的分配

　　B.产成品与广义在产品之间的分配

　　C.各步骤完工半成品与广义在产品之间的分配

　　D.产成品与狭义在产品之间的分配

10.与逐步结转分步法相比,平行结转分步法的缺点是(　　)。

　　A.各步骤不能同时计算产品成本

　　B.不需要进行成本还原

　　C.不能提供各步骤的半成品成本资料

　　D.不便于进行半成品的实物管理

二、多项选择题

1.逐步结转分步法的特点有(　　)。

　　A.半成品成本随着实物的转移而结转

　　B.可以计算出半成品成本

　　C.期末在产品是指广义在产品

　　D.期末在产品是指狭义在产品

　　E.自制半成品通过半成品库收发

2.平行结转分步法的特点有(　　)。

　　A.各生产步骤不结转半成品成本

　　B.各生产步骤不计算半成品成本,只计算本步骤所发生的生产费用

　　C.将各步骤应计入产成品成本的份额平行结转,汇总计算产成品的总成本和单位成本

　　D.各步骤应计算本步骤发生的生产费用中应计入产成品成本的份额

　　E.月末在产品是指狭义在产品

3.广义在产品包括(　　)。

　　A.尚在本步骤加工中的在产品

B.企业最后一个步骤的完工产品

C.转入了半成品库的半成品

D.已从半成品库转到以后各步骤进一步加工尚未最后制成的产成品

E.完工的半成品和狭义在产品

4.平行结转分步法的适用情况有（　　　）。

A.产品种类多,计算和结转半成品工作量大

B.管理上不要求提供各步骤半成品成本资料

C.管理上不要求提供原始成本项目反映的产成品成本资料

D.管理上不要求全面反映各个生产步骤的生产耗费水平

E.只能用于装配式生产的企业

5.采用分步法计算各步骤半成品成本是（　　　）。

A.成本计算的需要

B.成本控制的需要

C.对外销售的需要

D.全面考核和分析成本计划完成情况的需要

E.分别计算各种产品成本的需要

三、判断题

1.分步计算产品成本,不一定就是分生产车间计算产品成本。　　　　　　（　　）

2.平行结转分步法下,各步骤的生产费用都要在完工产品和广义在产品之间进行分配。

（　　）

3.平行结转分步法下,不需要进行成本还原。　　　　　　　　　　　　（　　）

4.分步法均应顺序结转半成品成本,直至最后步骤计算出完工产品成本。　（　　）

5.逐步结转分步法,实际上就是品种法的多次连接应用。　　　　　　　（　　）

6.平行结转分步法下任何一个生产步骤都不能全面反映其生产费用的实际耗费水平。

（　　）

7.在平行结转分步法下,各步骤完工产品与在产品之间的费用分配是指产成品与广义在产品之间的费用分配。　　　　　　　　　　　　　　　　　　　　　　　（　　）

8.逐步结转分步法下,若采用综合结转法结转半成品成本,则还需要进行成本还原。

（　　）

9.分步法下产品成本计算的步骤应由实际生产步骤确定。　　　　　　　（　　）

10.逐步结转分步法下,无论采用何种方法结转半成品成本,第一个生产步骤的产品成本明细账的登记方法都是相同的。　　　　　　　　　　　　　　　　　（　　）

四、实务操作

1.资料：

百岸公司生产甲产品,需要经过三个生产车间加工完成,各车间耗用各加工步骤的半

成品的份额比为1∶1∶1。原材料在一车间一次性投入,由于百岸公司生产的甲半产品不外销,所以不需要计算在产品成本,生产费用采用约当产量法分配。其10月份的生产费用发生情况见相关成本计算单,10月份的产量记录见下表。

产量记录

20××年10月　　　　　　　　　　　　　　　　　单位:件

摘　要	一车间	二车间	三车间	产成品
月初在产品	4	10	8	
本月投入(转入)	56	50	24	
本月完工	50	30	15	15
月末在产品	10	30	17	
在产品完工程度	50%	50%	50%	

2.要求:

请采用平行结转分步法完成甲产品在各个加工步骤的成本计算单。

产品成本计算单

车间名称:一车间　　产品名称:甲　　20××年10月　　　　完工产量:15件

成本项目	直接材料	直接人工	制造费用	合计
月初在产品成本	23 000.00	7 000.00	5 000.00	35 000.00
本月生产费用	330 000.00	90 000.00	70 000.00	490 000.00
生产费用合计				
完工产品数量				
以后各步骤期末在产品数量				
本步骤期末在产品数量				
投料率/完工程度				
月末在产品约当产量				
约当总产量				
费用分配率				
单位产成品耗用本步骤份额比				
计入完工产品成本份额				
月末在产品成本				

产品成本计算单

车间名称:二车间　　产品名称:甲　　20××年10月　　　　完工产量:15件

成本项目	直接材料	直接人工	制造费用	合计
月初在产品成本		3 000.00	7 000.00	10 000.00
本月生产费用		15 000.00	35 000.00	50 000.00
生产费用合计				
完工产品数量				
以后各步骤期末在产品数量				
本步骤期末在产品数量				
投料率/完工程度				

(续表)

成本项目	直接材料	直接人工	制造费用	合计
月末在产品约当产量				
约当总产量				
费用分配率				
单位产成品耗用本步骤份额比				
计入完工产品成本份额				
月末在产品成本				

产品成本计算单

车间名称：三车间　　产品名称：甲　　20××年10月　　完工产量：15件

成本项目	直接材料	直接人工	制造费用	合计
月初在产品成本		5 000.00	2 500.00	7 500.00
本月生产费用		15 000.00	7 000.00	22 000.00
生产费用合计				
完工产品数量				
以后各步骤期末在产品数量				
本步骤期末在产品数量				
投料率/完工程度				
月末在产品约当产量				
约当总产量				
费用分配率				
单位产成品耗用本步骤份额比				
计入完工产品成本份额				
月末在产品成本				

产品成本计算单

产品名称：甲产品　　20××年10月　　完工产量：15件

成本项目	直接材料	直接人工	制造费用	合计
第一步骤转入份额				
第二步骤转入份额				
第三步骤转入份额				
总成本				
单位成本				

3.答案：

第一步骤转入份额 112 049.13；第二步骤转入份额 19 148.94；第三步骤转入份额 18 829.79。总成本：直接材料 73 541.67；直接人工 40 227.06；制造费用 36 259.13。

项目七

产品成本计算的辅助方法

项目导入

通过项目四至项目六的学习,我们完成了对品种法、分批法、分步法三种基本成本计算方法的学习,掌握了成本计算方法的基本构架和工作原理,而如果企业产品种类繁多,一一设账显然过于烦琐;如果存在联合生产问题,则会涉及联合成本的分配;如果要加强定额管理,则必然要核算定额成本差异情况,这就是项目七中要解决的问题。

项目任务

在掌握分类法以及联合成本分配方法的基础上,能够结合企业的实际情况,运用其工作原理完成成本的核算工作,并对定额法有一定的了解。

项目实训

1. 按照"分类法"的工作流程完成"实训任务十二——分类法的应用"的核算任务。
2. 按照"定额法"的工作流程完成"实训任务十三——定额法的应用"的核算任务。

任务一 合理运用分类法计算产品成本

一、分类法的含义和适用范围

分类法也称系数法。该方法是按产品类别归集生产费用,先计算各类完工产品的总成本,然后再按一定标准在同类产品中分配计算出各品种或规格产品成本的一种方法。

微课25

分类法工作原理

这种方法主要适用于产品品种或产品规格较多的企业。在这类企业中,如果以每种产品或每一规格产品作为成本核算对象,其核算工作量会非常大,因此为了简化成本核算工作,可采用分类法。

从根本上说,分类法不是一种独立的成本核算方法。分类法所要解决的根本问题是在一类产品已经完工、该类产品总成本已经计算出来的基础上,如何把该类产品的总成本在该类别内部各种不同规格或型号的产品中分配的问题。因此,分类法的费用归集方法、各种费用的分配等,都是采用前面讲过的方法进行的,只是以类别作为费用归集和分配的对象而已。

二、分类法的特点

(1)分类法不是一种独立的成本计算方法,需要与品种法、分步法、分批法结合使用。

其与品种法结合,则把原料、工艺相同的某种产品作为一类。

其与分批法结合,则把原料、工艺相同的某批产品作为一类。

其与分步法结合,则把原料、工艺相同的某步骤产品作为一类。

(2)分类法以产品的类别为成本计算对象。

采用分类法计算产品成本时,首先,要根据产品所用原材料和工艺技术过程的不同,将产品划分为若干类,按照产品的类别开设成本计算单,按类归集产品的生产费用,计算各类产品成本;其次,选择合理的分配标准,在每类产品的各种产品之间分配费用,计算每类产品内各种产品的成本。

(3)分类法的成本计算期应视产品生产类型及管理要求而定。

如果是大量大批生产,应结合品种法或分步法进行成本计算,每月月末定期计算产品成本;如果与分批法结合运用,成本计算期可不固定,而与生产周期一致。

分类法并不是一种独立的成本计算方法,而是在前三种基本成本计算方法基础上计算多规格产品而采用的一种简化方式,表现为三种形式:第一,品种法下的分类法,即简单分类法,以产品类别作为成本计算对象;第二,分批法下的分类法,即分批分类法,以批内产品类别作为成本计算对象;第三,分步法下的分类法,即分步分类法,以半成品类别作为成本计算对象。

三、分类法的核算程序

(1)根据产品的性质、结构、所用原材料、工艺流程等特点,将产品划分为不同的类别,按类别开设成本计算单,按类归集生产费用。

(2)将每类产品的费用总额在该类完工产品和在产品之间进行分配,计算出各类产品的完工产品成本和在产品成本。

(3)选择合理的分配方法,计算出每类产品类内各种产品的成本(通常使用系数法)。

这种核算方法的成本核算程序如图 7-1 所示。

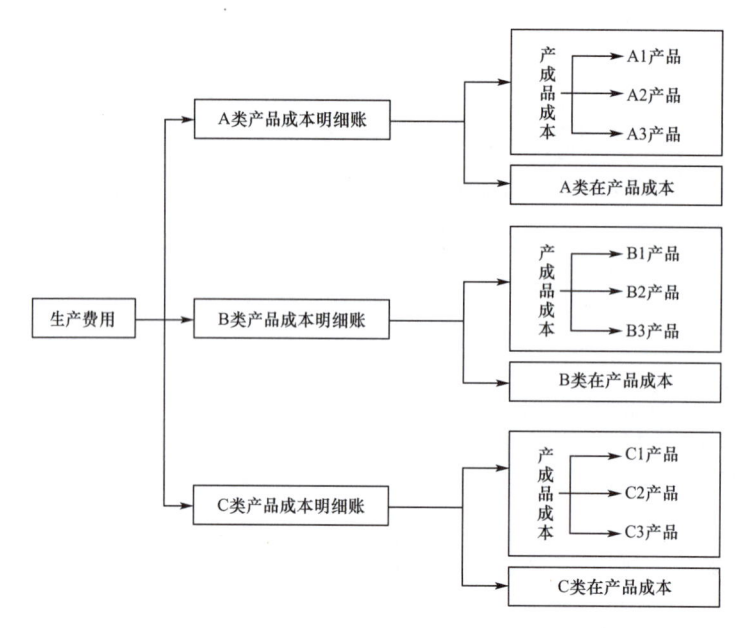

图 7-1　分类法的成本核算程序

四、分类法的应用

由于采用分类法要把多种或多个规格的产品合在一起作为一个成本核算对象,因此,企业首先要根据所生产产品的性质、结构和耗用的原材料,以及工艺过程等条件,将产品划分为不同的类别,然后按每一类产品设置成本计算单,按照规定的成本项目归集生产费用,并选择一定的方法计算出各类产品的总成本,然后再采用合适的标准,在类内各种产品之间进行分配。

分类法核算的核心是如何分配类内各种产品的成本,也就是说采用什么标准来分配才能使分配合理,能够基本上反映出各种产品的实际耗费。一般来说,分配标准应根据各类产品的特点和企业管理上的要求来确定,主要应考虑与产品生产耗费高低有关的因素,即应选择与产品各项耗费的高低有密切联系的分配标准,如采用产品的重量、体积、长度作为分配标准,采用产品的计划成本、定额成本、售价等作为分配标准等。不同的成本项目可以采取不同的标准,如原材料采用重量为分配标准、工资费用采用工时为分配标准等,但也可以采用同一个分配标准,前提是既要保证成本计算的正确性,又能使分配简便易行。

在确定分配标准之后,一般是将分配标准折合成系数。通常的做法是在类内选择一种产量大、生产稳定、规格适中的产品作为标准产品,把标准产品的系数确定为1,用其他各种产品的分配标准额与标准产品的分配标准额相比,求出其他产品的分配标准额与标准产品的分配标准额的比率,即系数。系数一经确定,应相对稳定不变。现以产品价格作为分配费用的标准,说明系数的折合方法。

$$折合系数 = \frac{某规格产品的售价}{标准产品的售价}$$

在计算出折合系数的基础上,根据各种产品的产量,计算出类内全部产品的总系数,其计算公式为

$$\text{类内产品总系数} = \sum(\text{类内某产品实际产量} \times \text{该产品折合系数})$$

然后根据本期该类产品的实际总成本与计算出来的类内产品总系数计算出每一系数成本,其计算公式为

$$\text{每一系数成本} = \frac{\text{该类产品本期实际总成本}}{\text{类内产品总系数}}$$

最后计算类内每种产品的实际成本,其计算公式为

$$\text{某种产品实际成本} = \text{该种产品总系数} \times \text{每一系数成本}$$

例 7-1 某企业按分类法进行核算,月末计算出各类产品的实际总成本,其中A类产品的成本及有关资料见表7-1和表7-2,该类产品以各种产品的售价作为分配标准。

表 7-1　　　　　　　　　　分类产品成本计算单
产品类别:A类　　　　　　　　20××年×月　　　　　　　　　　单位:元

项　目	直接材料	直接人工	制造费用	合　计
月初在产品	400	200	300	900
本月发生费用	26 000	1 000	2 100	29 100
合计	26 400	1 200	2 400	30 000
月末在产品成本	3 200	600	1 780	5 580
本月完工产品成本	23 200	600	620	24 420

表 7-2　　　　　　　　　　A类基础数据表

产品类别	规格(厘米)	本期实际产量(件)	单位售价(元)
A类	90 100 110	500 700 800	15 20(标准产品) 24

根据以上条件,A类产品成本的分配如下:
(1)计算各种产品的折合系数:
100厘米产品的折合系数为1;
90厘米产品的折合系数为$\frac{15}{20}=0.75$
110厘米产品的折合系数为$\frac{24}{20}=1.2$

(2)计算各种产品的总系数：

90厘米产品的总系数：500×0.75＝375

100厘米产品的总系数：700×1＝700

110厘米产品的总系数：800×1.2＝960

全部产品总系数：375＋700＋960＝2 035

(3)每一系数成本：$\frac{24\ 420}{2\ 035}$＝12(元)

(4)计算各种产品的成本：

90厘米产品的总成本：375×12＝4 500(元)

100厘米产品的总成本：700×12＝8 400(元)

110厘米产品的总成本：960×12＝11 520(元)

各种产品总成本：24 420(元)

以上分配结果见表7-3。

表7-3　　　　　　　　　规格产品成本计算表

类别：A类　　　　　　　　20××年×月

产品规格	产量(件)	折合系数	总系数	完工产品总成本	每一系数成本	各规格产品总成本	单位产品成本
90厘米	500	0.75	375			4 500	9
100厘米	700	1	700			8 400	12
110厘米	800	1.2	960			11 520	14.4
合　计	2 000		2 035	24 420	12	24 420	

在采用分类法计算时，为了保证成本计算的准确性，分类一定要恰当，使类内产品的费用比较接近，类距不能太大或太小，而且选择的分配标准要符合实际。

课内思考：

1.川北糖果厂大量生产奶糖、软糖、水果糖等多种糖果，成本管理上不要求分步、分批计算产品成本，为简化成本计算工作，应采用哪种成本计算方法？为什么？

2.按类别归集生产费用，计算一类产品成本后，是否需要按品种计算产品成本？

实务操作

1.资料：

某工厂产品品种较多，按生产工艺及结构将产品分为甲、乙两类。其中甲类包括A，B，C三种产品，B产品为标准产品。有关产量及成本资料如下：

项目七 产品成本计算的辅助方法

产量记录与定额资料

类别：甲类产品　　　　　　　　20××年8月

产品	本月完工产品产量（件）	原材料费用定额（元/件）	工时定额（小时）
A	300	40	72
B	400	50	80
C	220	35	60

产品成本明细表

类别：甲类产品　　　　　　　　20××年8月　　　　　　　　单位：元

年月	日	凭证号码	项目	直接材料	直接人工	制造费用	合计
8	31	略	月初在产品成本（定额成本）	41 910	13 530	44 550	99 990
8	31		本月费用	53 340	18 500	60 090	131 930
8	31		合计	95 250	32 030	104 640	231 920
8	31		完工产品成本	64 770	19 320	62 790	146 880
8	31		月末在产品成本（定额成本）	30 480	12 710	41 850	85 040

2．要求：

根据以上资料，采用系数法计算类内各种产品成本。其中，原材料项目以原材料费用定额为分配标准，其他费用项目以工时定额为分配标准。（分配率保留6位小数）

（1）编制"产品系数计算表"如下：

产品系数计算表

20××年8月

产品名称	产量（件）	直接材料费用定额（元/件）	直接材料费用 单位系数	直接材料费用 总系数	工时定额（小时）	其他费用 单位系数	其他费用 总系数
A	300	40			72		
B	400	50			80		
C	220	35			60		
合计	920						

（2）编制"类内各种产品成本计算表"如下：

类内各种产品成本计算表　　　　　　　　金额单位：元

产品名称	产量（件）	分配标准 直接材料总系数	分配标准 其他费用总系数	完工产品总成本 直接材料 单位系数成本	完工产品总成本 直接材料 总成本	完工产品总成本 直接人工 单位系数成本	完工产品总成本 直接人工 总成本	完工产品总成本 制造费用 单位系数成本	完工产品总成本 制造费用 总成本	合计	单位成本
A											
B											
C											
合计											

3．答案：

A产品总成本为46 128.60元；

B产品总成本为71 964元；

C产品总成本为28 787.40元。

任务二　正确处理联产品、副产品成本

一、联产品的成本计算

（一）联产品的含义

联产品是指用同样的原材料，经过一道或一系列工序的加工同时生产出的几种地位相同但用途不同的主要产品。例如，炼油厂以原油为原料，经过一定的生产工艺过程，加工成汽油、煤油、柴油等各种燃料油。联产品与同类产品不同，同类产品是指在产品品种、规格繁多的企业或车间，按一定的标准归类的产品，其目的是便于采用分类法简化产品成本计算工作。联产品的生产是联合生产，其特点是同一资源在同一生产过程中投入，分离出两种或两种以上的主要产品，其中个别产品的产出，必然伴随联产品同时产出。

联产品的产出，有的要到生产过程终了时才分离出来，有的也可能在生产过程中的某个步骤先分离出来，有些产品分离出来后，还需继续加工。联产品分离出来时的生产步骤称为"分离点"。分离点是联产品的联合生产程序结束、各种产品可以辨认的生产交界点。

（二）联产品联合成本的分离方法

联合成本是指在联合生产过程中生产联产品所发生的总成本。如上所述，在分离点之前联产品中某一产品的生产，必须同时生产别的产品。因此，不可能分别对每种产品归集生产费用并直接计算其产品成本，只能把分离点前联合生产过程发生的费用归集在一起，计算联产品分离前的联合成本。然后，在分离点采用一定的分配方法，在各联产品之间分配联合成本，计算出各联产品的成本。至于有些联产品分离后继续加工发生的费用，可按分离后各联产品品种分别归集，计算出分离后成本。用分离后成本加上由联合成本分配来的成本，构成该种产品整个生产过程成本。

因此，联产品成本计算同一般产品的成本计算有所不同，要分三个部分进行，即联产品分离点前成本计算、分离点的联合成本分配和分离点后加工成本的计算。分离点前联产品联合成本的计算和分离点后加工成本的计算，都应根据生产类型和管理要求，选用以前章节的成本计算方法。而分离点联产品之间联合成本的分配则要采用专门的方法进行，常用的分配方法有系数分配法、实物量分配法和销售收入比例分配法等。

1. 系数分配法

系数分配法是指将各种联产品的实际产量乘以事先制定的各联产品的系数，把实际产量换算成相对生产量，然后按各联产品的相对生产量比例来分配联产品的联合成本。系数分配法的关键是系数的确定要合理。实践中系数的确定标准有的是用各联产品的技术特征（如重量、体积、质量性能、含量和加工难易程度等），也有的是采用各种联产品的经济指标（如定额成本、售价等）。

2.实物量分配法

实物量分配法是指按分离点上各种联产品的重量、容积或其他实物量比例来分配联合成本。采用这种方法计算出的各种产品单位成本是一致的,且是平均单位成本,因此简便易行。但由于并非所有的成本发生都与实物量直接相关,容易造成成本计算与实际相脱节的情况,因此此法一般适用于成本的发生与实务量关系密切且各联产品销售价值较为均衡的联合成本的分配。

3.销售收入比例分配法

销售收入比例分配法是指用各种联产品的销售收入比例来分配联合成本。这种分配法强调经济比值,认为联合生产过程的联产品是同时产出的,并不是只产出其中一种,因此,从销售中所获得的收益,理应在各种联产品之间按比例进行分配。也就是说,售价较高的联产品应该负担较高份额的联合成本,售价较低的联产品应该负担较低份额的联合成本,其结果是各种联产品的毛利率相同。这种方法克服了实物量分配法的不足,但其本身也存在着缺陷,表现在:一方面,并非所有的成本都与售价有关,价格较高的产品不一定耗用了较高的成本;另一方面,并非所有的联产品都具有同样的获利能力。这种方法一般适用于分离后不再加工,而且价格波动不大的联产品成本计算。

(三)联产品成本计算举例

例 7-2 某公司某种原材料经过同一生产过程同时生产出甲、乙两种联产品。20××年8月共生产甲产品4 000千克,乙产品2 000千克,无期初、期末在产品。该月生产发生的联合成本分别为:原材料为60 000元,直接人工成本为21 600元,制造费用为38 400元。甲产品每千克的售价为500元,乙产品每千克的售价为600元,假设全部产品均已售出。根据资料分别用系数分配法、实物量分配法、销售收入比例分配法计算甲、乙产品的成本,见表7-4、表7-5和表7-6。

表7-4　　　　　联产品成本计算表(系数分配法)
　　　　　　　　　　20××年8月　　　　　　　金额单位:元

产品名称	产量(千克)	单位售价	系数	标准产量(千克)	分配比例	应负担的成本			
						直接材料	直接人工	制造费用	合计
甲	4 000	500	1	4 000	62.50%	37 500	13 500	24 000	75 000
乙	2 000	600	1.2	2 400	37.50%	22 500	8 100	14 400	45 000
合计	6 000			6 400	100.00%	60 000	21 600	38 400	120 000

注:以售价为标准确定系数,选择甲产品为标准产品,其系数为1,乙产品的系数为$\frac{600}{500}=1.2$。

表7-5　　　　　联产品成本计算表(实物量分配法)
　　　　　　　　　　20××年8月　　　　　　　金额单位:元

产品名称	产量(千克)	联合成本				分配率	应负担的成本			
		直接材料	直接人工	制造费用	合计		直接材料	直接人工	制造费用	合计
甲	4 000						40 000	14 400	25 600	80 000
乙	2 000						20 000	7 200	12 800	40 000
合计	6 000	60 000	21 600	38 400	120 000	20	60 000	21 600	38 400	120 000

表7-5中，甲、乙产品成本计算过程如下：

(1)分配率的计算：

$$综合分配率=\frac{120\ 000}{6\ 000}=20$$

$$直接材料分配率=\frac{60\ 000}{6\ 000}=10$$

$$直接人工分配率=\frac{21\ 600}{6\ 000}=3.6$$

$$制造费用分配率=\frac{38\ 400}{6\ 000}=6.4$$

(2)甲产品应负担的成本：

$$直接材料成本=4\ 000×10=40\ 000(元)$$

$$直接人工成本=4\ 000×3.6=14\ 400(元)$$

$$制造费用=4\ 000×6.4=25\ 600(元)$$

(3)乙产品应负担的成本：

$$直接材料成本=2\ 000×10=20\ 000(元)$$

$$直接人工成本=2\ 000×3.6=7\ 200(元)$$

$$制造费用=2\ 000×6.4=12\ 800(元)$$

表 7-6　　　　联产品成本计算表(销售收入比例分配法)

20××年8月　　　　　　　　　　　　金额单位：元

产品名称	产量(千克)	销售单价	销售价值	分配比例(%)	应负担的成本			
					直接材料	直接人工	制造费用	合计
甲	4 000	500	2 000 000	62.5	37 500	13 500	24 000	75 000
乙	2 000	600	1 200 000	37.5	22 500	8 100	14 400	45 000
合计	6 000		3 200 000	100	60 000	21 600	38 400	120 000

二、副产品的成本计算

副产品是指使用同种原材料在同一生产过程中生产主要产品的同时，附带生产出一些非主要产品，或利用生产中的废料加工而成的产品，如肥皂厂生产出来的甘油；炼油厂在炼油过程中产出的渣油、石油焦等。

副产品不是企业生产的主要目的，其价值与主要产品相比较低，但它仍具有一定的经济价值，能满足社会某些方面的需要，而且客观上也发生耗费，因此，需要采取一定的成本计算方法求出其成本。副产品和联产品都是投入同一原材料，经过同一生产过程同时生产出来的。但联产品全都是主要产品，而副产品则是伴随着主要产品生产出来的，其价值较低。当然，副产品与主要产品是相对而言的，随着生产技术的发展和综合利用，在一定条件下，副产品也能转为主要产品，同样，主要产品也会转为副产品。

由于副产品和主要产品是同一原材料经过同一生产过程生产出来的，因此，其成本与主要产品成本在分离步骤前是共同发生的，这也决定了副产品的经济价值较小，在企业全部产品中所占的比重也较小，因此在计算成本时，可采用简单的计算方法，先确定副产品的成本,然后从分离前联合成本中扣除,其余额就是主要产品成本。

副产品的成本计算方法通常有以下几种:

(1)分离后不再加工的副产品,若价值不大(与主要产品相比),则可不负担分离前的联合成本,或以定额单位成本计算其成本。

(2)对分离后不再加工但价值较高的副产品,往往以其销售价格作为计算的依据,按销售价格扣除销售税金、销售费用和一定的利润后即为副产品成本。

(3)对于分离后仍需进一步加工才能出售的副产品,如价值较低,则可只计算归属于本产品的成本;如价值较高,则需同时负担可归属成本和分离前联合成本,以保证主要产品成本计算的合理性。

例 7-3

假设某公司在生产甲产品过程中,附带生产出副产品乙产品和丙产品,两种副产品无须继续加工,直接对外出售。20××年9月生产该类产品所发生的费用资料见表7-7,并假定本月甲产品产量为200千克,乙产品产量为80千克,丙产品产量为40千克,乙产品的定额单位成本为20元,丙产品的定额单位成本为75元。各产品成本计算结果见表7-8。

表 7-7　　　　　成本费用资料
20××年9月　　　　　　　　金额单位:元

项目	直接材料	直接人工	制造费用	合计
月初在产品成本	1 600	400	1 200	3 200
本月费用	24 000	6 000	6 800	36 800

表 7-8　　　　甲、乙、丙产品的成本计算表
20××年9月　　　　　　　　金额单位:元

	项目	直接材料	直接人工	制造费用	合计
总成本	月初在产品成本	1 600	400	1 200	3 200
	本月费用	24 000	6 000	6 800	36 800
	合计	25 600	6 400	8 000	40 000
费用项目比重		64%	16%	20%	100%
甲产品	总成本 单位成本	22 656 113.28	5 664 28.32	7 080 35.4	35 400 177
乙产品	总成本 单位成本	1 024 12.8	256 3.2	320 4	1 600 20
丙产品	总成本 单位成本	1 920 48	480 12	600 15	3 000 75

表7-8中,产品成本计算过程如下:

乙产品: 　总成本＝80×20＝1 600(元)
　　　　　直接材料＝1 600×64%＝1 024(元)
　　　　　直接人工＝1 600×16%＝256(元)
　　　　　制造费用＝1 600×20%＝320(元)

丙产品: 　总成本＝40×75＝3 000(元)

$$直接材料 = 3\ 000 \times 64\% = 1\ 920(元)$$
$$直接人工 = 3\ 000 \times 16\% = 480(元)$$
$$制造费用 = 3\ 000 \times 20\% = 600(元)$$

甲产品：
$$总成本 = 40\ 000 - 1\ 600 - 3\ 000 = 35\ 400(元)$$
$$直接材料 = 25\ 600 - 1\ 024 - 1\ 920 = 22\ 656(元)$$
$$直接人工 = 6\ 400 - 256 - 480 = 5\ 664(元)$$
$$制造费用 = 8\ 000 - 320 - 600 = 7\ 080(元)$$

任务三　掌握定额法的工作原理与实践应用

一、定额法的含义和适用范围

定额法是指以事先制定的产品定额成本为标准，在生产费用发生时，就及时提供实际发生的费用脱离定额耗费的差异额，以便于相关管理人员及时采取控制措施优化成本管理而采用的一种成本计算方法。

定额法主要适用于已经制定了一整套完整的定额管理制度，产品定型、各项生产费用消耗定额稳定、准确的大批量生产的企业。

该种方法是把产品成本的核算和成本的控制结合起来，与前面所讲的几种成本核算方法的最大区别是：前面讲的各种方法都是按实际发生的费用进行归集和分配的，而定额法是在费用发生的当时，就把符合定额的各项费用与脱离定额的各项费用的差异数分别核算的。这样从成本核算的过程中，就可以反映出哪些费用符合定额，哪些费用脱离定额，脱离了多少，即差异有多大，有利于成本的日常控制。

由于定额法把实际发生的费用和定额费用分别核算，因此，期末计算完工产品成本时，通常由三部分组成，即

产品实际成本 ＝ 定额成本 ＋ 脱离定额差异 ＋ 定额变动差异 ＋ 材料成本差异（计划成本法下）

这个公式中的定额成本是指按产品现行消耗定额计算的成本，脱离定额差异（以下简称定额差异）是指实际发生的各项费用与现行定额的差异，定额变动差异则是指当企业修改定额时，新定额与旧定额的差异。定额差异反映了费用的节约和超支，而定额变动差异则是由于技术进步、劳动生产率提高、物价变动等原因形成的新、旧定额的差异，而不是费用本身的节约或超支；定额差异是经常存在的，而定额变动差异只有在修改消耗定额时才产生。

在定额法下，产品实际成本是由定额成本、定额差异和定额变动差异三个因素组成的。

二、定额法的特点

（1）定额法不是基本成本计算方法，一般与企业的生产类型无关，只是为了加强成本控制，及时揭露成本计划执行过程中存在的问题，及时采取措施并加以改进而采用的一种成本计算辅助方法。

(2)在定额法下,产品实际成本的计算与其他成本计算方法不一样,是在定额成本的基础上,加(减)脱离定额差异、定额变动差异来计算完工产品的实际成本。即

产品实际成本＝定额成本＋脱离定额差异＋定额变动差异＋材料成本差异

(3)能将成本核算与成本分析、成本控制、成本考核有机结合起来。

脱离定额差异与定额变动差异的比较见表7-9。

表7-9 脱离定额差异与定额变动差异的比较

比较内容	脱离定额差异	定额变动差异
产生原因	未完全执行定额	修改旧定额
对节约与超支的反映	能反映费用本身的节约与超支	与生产费用的节约或超支无关
核算要求	经常存在,要经常、及时核算	只有在修改旧定额时才产生,不需要经常核算

三、定额法的核算程序

在定额法下,计算产品的生产成本,需要企业制定产品的定额成本,确定脱离定额差异和定额变动差异,进而计算产品的实际生产成本,其成本核算程序如图7-2所示。

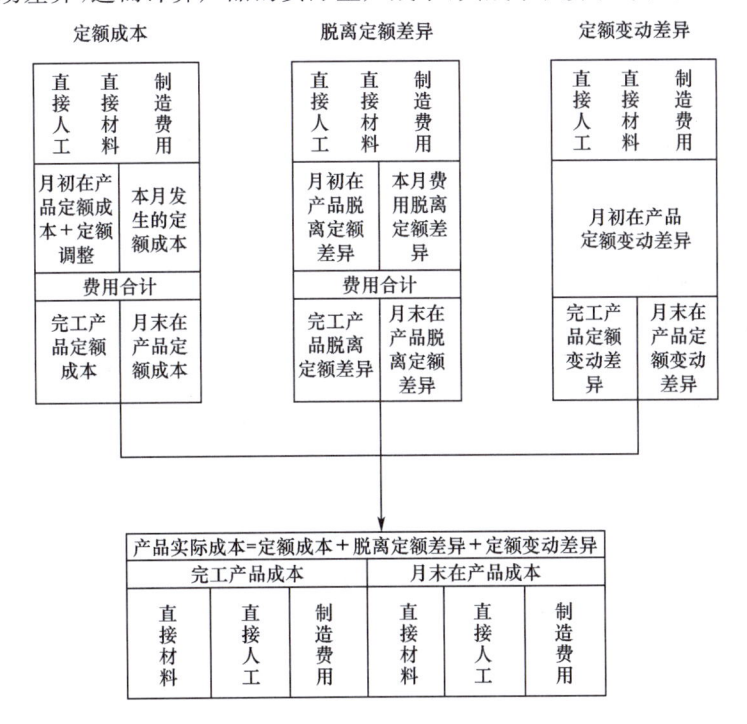

图7-2 定额法成本核算程序

四、定额法的实践应用

(一)定额成本的制定

定额成本是目标成本的一种,它是根据现行定额和计划单位成本制定的。在制定时,要分别成本项目进行。其计算公式为

原材料费用定额＝产品原材料消耗定额×原材料计划单价
生产人工费用定额＝产品生产工时定额×计划小时人工费率
制造费用定额＝产品生产工时定额×计划小时费用率

其中，计划小时人工费率、计划小时费用率的计算公式为

$$计划小时人工费率=\frac{预计某车间生产工人人工费总额}{预计该车间定额工时总额}$$

$$计划小时费用率=\frac{预计某车间制造费用总额}{预计该车间定额工时总额}$$

单位产品的定额成本＝原材料费用定额＋生产人工费用定额＋制造费用定额

不同行业、不同的工艺流程，定额成本的具体制定程序也不尽相同。一般需要由计划、技术、会计等部门共同制定。

(二)脱离定额差异的计算

脱离定额差异的计算是定额成本制度下进行成本日常控制的重要手段。当发生费用时，应当将符合定额的费用与脱离定额的差异，分别编制定额凭证和差异凭证，并在有关的费用分配表和明细账中分别登记。在工作实践中，为了便于成本差异的分析，脱离定额差异的计算应分别按成本项目进行。

1.原材料脱离定额差异的计算

原材料脱离定额差异的计算一般有限额法、切割法和盘存法等。

(1)限额法(差异凭证法)

采用这种方法时，企业应实行限额领料制度。凡属限额之内的领料，应根据限额领料单向仓库领料；超过限额的领料，应填制专设的超额领料单等差异凭证。如果领用代用材料，则应按规定比例折算为原材料，仍通过限额领料单或填制代用材料领料单领用。车间已领月末未用材料，应办理退库手续。如果因增加产量而发生超额领料，则应办理追加限额手续，仍用限额领料单领料。月末汇总差异凭证和限额领料单余额，即可求得原材料在本月的定额差异。

采用限额法时，应注意在一般情况下，领料差异不等于耗料差异。这是因为本期投产产品的数量不一定等于规定的产品数量。在车间中还可能有期初期末余料，致使本期领料数量不等于本期实际耗料数量。只有在本期投产产品数量等于规定的产品数量、车间领料已全部耗用、在车间中再无期初期末余料的情况下，领料差异才能等于耗料差异。因此，采用限额法计算本期原材料消耗时，应按下列公式计算：

$$本期原材料定额消耗量=本期投产产品数量×单位定额消耗量$$

$$本期原材料实际消耗量=本期领用原材料数量+期初结余原材料数量-期末结余原材料数量$$

$$本期原材料脱离定额差异=(本期原材料实际消耗量-本期原材料定额消耗量)×原材料计划单价$$

▼例 7-4　某企业生产丁产品,本期投产产品数量 1 100 件,单位产品材料消耗定额为 5 千克。本期限额领料凭证领用原材料数量 5 400 千克,差异凭证中超领原材料 100 千克,车间期初余料 10 千克,期末余料 50 千克,材料计划单价 4 元。计算丁产品原材料定额差异如下:

本期材料定额消耗量＝1 100×5＝5 500(千克)

本期材料实际消耗量＝5 400＋100＋10－50＝5 460(千克)

本期材料定额差异额＝(5 460－5 500)×4＝－160(元)(节约)

从【例 7-4】计算可见,采用限额法,虽然对节约领料和耗料具有重要作用,但不能完全控制耗料不超支。所以采用限额法时,不仅要控制领料不超过限额,还必须控制投产产品数量不少于计划规定的数量。

(2)切割法

切割法适用于必须使用经过切割的板材、棒材和棍材等。采用该法进行控制用料时,企业应按照切割材料的批别设置"材料切割核算单",见表 7-10。

表 7-10　　　　　　　　　　　材料切割核算单

材料名称编号:A101　　　计量单位:kg　　　计划单价:10 元/千克

产品名称:甲产品　　　　零件名称编号:B1　　　图纸号:J123

切割人:××　　　　　　　　　　　　　　　　机床号:D1

交切日期:20××年×月×日　　　　　完工日期:20××年×月×日

发料数量		退回余料数量		材料实际消耗量	废料实际回收量
110		10		100	5
单件消耗定额	单件回收废料定额	应割毛坯数量	实割毛坯数量	材料定额消耗量	废料定额回收量
4	0.1	25	24	96	2.4
材料脱离定额差异		废料脱离定额差异			差异原因分析	责任人
数量	金额	数量	单价	金额	设备调试不当	××
4	40	－2.6	1	－2.6		

注:应切割毛坯数量＝材料实际消耗量÷单件消耗定额＝100÷4＝25(件)

废料定额回收量＝实割毛坯数量×单件回收定额＝24×0.1＝2.4(千克)

材料脱离定额差异＝材料实际消耗量－材料定额消耗量＝100－96＝4(千克)

废料脱离定额差异＝废料实际回收量－废料定额回收量＝5－2.4＝2.6(千克)(因废料可以冲减材料成本,故在表中用负号表示)

(3)盘存法

盘存法是指按照一定的间隔日数,对生产中的余料进行盘点,再根据盘点结果推算出原材料的实际耗用量。其计算公式为

原材料实际耗用量＝期初余料＋本期领料－期末余料

原材料定额耗用量＝本期投产数量×原材料消耗定额

原材料脱离定额差异＝原材料实际耗用量－原材料定额耗用量

2.人工费用脱离定额差异的计算

由于生产工人的工资分为计时工资和计件工资,人工费用脱离定额的差异的计算也要区别这两种形式。

在计件工资形式下,生产工人工资属于直接计入费用,其脱离定额差异的计算与原材料脱离定额差异的计算相类似,可采用差异凭证法,将符合定额的生产工人工资,反映在产量记录中,脱离定额的差异可反映在专设的差异凭证中,并注明差异的原因。

在计时工资形式下,生产工人工资属于间接计入费用,影响其脱离定额的差异的因素是生产工时和小时工资率。其计算公式为

  某产品的实际生产工资＝该产品实际生产工时×实际小时人工费率

  某产品的定额生产工资＝该产品定额生产工时×计划小时人工费率

该产品生产工资脱离定额差异＝该产品的实际人工费用－该产品的定额人工费用

"人工费用定额差异计算表"见表7-11。

表 7-11   人工费用定额差异计算表

部门:××   20××年×月

产品名称	实际产量	单位定额工时	定额人工费用			实际人工费用			定额差异
			工时定额	计划小时人工费率	定额费用	实际工时	实际小时人工费率	实际费用	
A	400	6	2 400	20	48 000	2 450	20.5	50 225	2 225
B	500	5	2 500	20	50 000	2 400	20.5	49 200	－800
C	300	2	600	20	12 000	580	20.5	11 890	－110
合计					110 000			111 315	1 315

3.制造费用脱离定额差异的计算

制造费用大多数属于间接费用,通常不能直接按照产品确定定额,核算差异。制造费用作为一种综合性费用,其组成内容的复杂性决定了其定额控制的困难性。对制造费用进行定额控制时,可以将其分为变动制造费用定额控制和固定制造费用定额控制。对于变动制造费用定额,可以比照原材料的定额控制;对于固定制造费用定额,可以制定计划总额,实行总量控制。对于按工时分配计入产品的制造费用,可以比照计时工资的定额核算,月末按公式计算,将小时人工费率改为小时费用率即可,其计算公式为

  某产品的实际制造费用＝该产品实际生产工时×实际小时费用率

  某产品制造费用的定额＝该产品定额生产工时×计划小时费用率

该产品制造费用脱离定额差异＝该产品的实际制造费用－该产品的定额制造费用

4.其他生产费用脱离定额差异的计算

计入产品成本的废品损失和停工损失,通常是全部作为定额差异处理的,因为在产品定额成本中,一般不包括废品损失和停工损失这两个成本项目。

(三)定额变动差异的计算

由于生产技术和劳动生产率的提高,原来制定的消耗定额或费用定额在一定时期后

需要修订，修订后的新定额与修订前的老定额之间的差异就是定额变动差异。因此，定额变动差异只有在修订定额时才会发生。

定额的变动一般在月初进行。如果定额降低，定额变动差异则为"＋"号，反之，如果定额提高，定额变动则为"－"号。为了简化计算工作，定额变动差异可以按照定额变动系数进行计算，其计算公式为：

定额变动系数＝按新定额计算的单位产品成本÷按老定额计算的单位产品成本

月初在产品定额变动差异＝按老定额计算的月初在产品成本 ×(1－定额变动系数)

如果特殊原因导致需要在月份中修订定额，则计算公式为：

定额变动差异＝(新定额－老定额)×自变动日起到月底为止投入的生产量

(四)定额成本法下的成本计算程序

在定额成本法下，产品实际成本的计算可以按照以下程序进行：

1. 按产品品种编制月初产品定额成本表，若定额有修订，应在该表中注明。

2. 按成本计算对象设置成本计算单，按成本项目设置"期初在产品成本""本月产品费用""生产费用累计""完工产品成本""月末在产品成本"等专栏(或行次)，各栏(或行次)又分为"定额成本""脱离定额差异""定额变动差异""材料成本差异"各小栏(行)。

3. 编制费用分配明细表，各项费用应按定额成本和脱离定额差异进行汇总和分配。

4. 登记各产品成本计算单。产品计算单中的期初在产品成本各栏(行)可根据上月的期末在产品各栏(行)填列。若月初定额有降低，可在"月初在产品定额成本变动"栏(行)中的"定额成本调整"栏(行)用"－"号表示，同时，在"定额变动差异" 栏(行)用"＋"号表示；若定额成本有提高，则定额成本制度在"定额成本调整"栏(行)用"＋"号表示，同时，在"定额变动差异" 栏(行)用"－"号表示。

5. 分配计算完工产品和月末在产品成本。

6. 如果有不可修复废品，应按成本项目计算其定额成本，并按定额成本分配计算定额差异或定额变动差异以及材料成本差异，如果不可修复废品不多，也可不承担这些差异，废品导致的"脱离定额差异"全部由产成品负担。

7. 计算产成品的实际成本。

8. 成本核算人员将成本核算、分析结果及改进建议上报单位负责人，由单位负责人对成本控制做出最后的决策和评价。

定额法下的成本计算单参考格式见表 7-12，企业可以根据实际情况灵活设计。

课内思考：

根据表 7-12 的数据，你能测算出材料的单位消耗定额吗？你能判断出其直接材料的投料方式以及本月的投产量和月初在产品数量吗？

表 7-12

A产品成本计算单

20××年×月

金额单位：元

成本项目		行次	直接材料	直接人工	制造费用	合计
月初在产品	定额成本	1	5 100.00	10 000.00	3 000.00	18 100.00
	脱离定额差异	2	(100.00)	0.00	0.00	(100.00)
月初在产品定额调整	定额成本调整	3	(100.00)	0.00	0.00	(100.00)
	定额变动差异	4＝－3	100.00	0.00	0.00	100.00
本月发生费用	定额成本	5	50 000.00	100 000.00	30 000.00	180 000.00
	脱离定额差异	6	800.00	2 000.00	(6 000.00)	(3 200.00)
	材料成本差异	7	254.00			254.00
费用合计	实际成本	8＝5＋6＋7＋8	51 054.00	102 000.00	24 000.00	177 054.00
	定额成本	9＝1＋3＋5	55 000.00	110 000.00	33 000.00	198 000.00
	脱离定额差异	10＝2＋6	700.00	2 000.00	(6 000.00)	(3 300.00)
	定额变动差异	11＝4	100.00	0.00	0.00	100.00
	材料成本差异	12＝7	254.00			254.00
	实际成本	13＝9＋10＋11＋12	56 054.00	112 000.00	27 000.00	195 054.00
分配率	脱离定额差异分配率	14＝10/9	1.2727%			
产成品（480件）	定额成本	15	48 000.00	96 000.00	28 800.00	172 800.00
	脱离定额差异	16＝15×14	610.91	2 000.00	(6 000.00)	(3 389.00)
	定额变动差异	17＝11	100.00	0.00	0.00	100.00
	材料成本差异	18＝12	254.00			254.00
	实际成本	19＝15＋16＋17＋18	48 964.91	98 000.00	22 800.00	169 764.91
	单位成本	20	102.01	204.17	47.50	353.68
月末在产品（70件）	定额成本	21＝9－15	7 000.00	14 000.00	4 200.00	25 200.00
	脱离定额差异	22＝10－16	89.09	0.00	0.00	89.09

注：假设材料费用的脱离定额差异在完工产品与在产品之间分配，人工费用和制造费用的脱离定额差异由完工产品负担，定额变动差异和材料成本差异均由完工产品负担。

实务操作

1.甲产品定额成本计算表如下：

20××年5月

材料名称	单位	材料消耗定额	计划单价	费用定额
A材料	公斤	50	10	500
工时定额	直接人工		制造费用		定额成本合计
	费用率	金额	费用率	金额	
50	30	150	2.5	125	775

材料生产开始时一次性投入，由于工艺改进，于20××年6月对材料消耗定额进行修订，新的材料消耗定额费用为475元。

2.本月生产量和生产费用：月初在产品10件，投产100件，完工80件，在产品完工程度50%。投入定额工时4 500小时，本月实际领用材料4 800公斤，材料成本差异率2%，实际工人工资139 500元，实际制造费用10 800元。

3.材料成本差异、定额变动差异由完工产品负担，其他由完工产品和在产品共同负担。

4.其他资料见成本计算单。采用定额法计算产品成本。

甲产品成本计算单

20××年6月　　　　　　　　　　　　　金额单位：元

成本项目		行次	直接材料	直接人工	制造费用	合计
月初在产品	定额成本	1	5 000.00	750.00	625.00	6 375.00
	脱离定额差异	2	(100.00)	50.00	25.00	(25.00)
月初在产品定额变动	定额成本调整	3				
	定额变动差异	4＝－3				
本月发生的费用	定额成本	5				
	脱离定额差异	6				
	材料成本差异	7				
	实际成本	8＝5＋6＋7				
费用合计	定额成本	9＝1＋3＋5				
	脱离定额差异	10＝2＋6				
	定额变动差异	11＝5				
	材料成本差异	12＝8				
	实际成本	13＝9＋10＋11＋12				

(续表)

成本项目		行次	直接材料	直接人工	制造费用	合计
分配率(%)	脱离定额差异分配率	14				
产成品 (80件)	定额成本	15				
	脱离定额差异	16=15×14				
	定额变动差异	17=11				
	材料成本差异	18=12				
	实际成本	19				
	单位成本	20				
月末在产品 (30件)	定额成本	21				
	脱离定额差异	22				
	实际成本					

5.答案：

完工产品的实际成本：直接材料 39 500.91 元；直接人工 124 022.01 元；制造费用 9 642.11 元。

任务四　标准成本法和作业成本法

一、标准成本法

标准成本法是以预先运用技术测试等科学方法制定的标准成本为基础，将实际成本与标准成本进行比较，核算和分析成本差异的一种成本计算方法。包括制定标准成本、计算和分析差异以及处理成本差异三个环节。

标准成本主要包括理想标准成本、正常标准成本和现实标准成本。标准成本制度下的标准成本通常是指现实标准成本。

(一)标准成本法的实施步骤

实施标准成本法一般有以下几个步骤：

1.制定单位产品标准成本；

2.根据实际产量和成本标准计算产品的标准成本；

3.汇总计算实际成本；

4.计算标准成本与实际成本的差异；

5.分析差异产生的原因(注意如果将标准成本纳入账簿核算体系，还要就标准成本和差异进行账务处理)；

6.出具成本控制报告。

(二)标准成本的制定

标准成本一般由会计部门会同采购部门、技术部门和其他有关的经济管理部门，在对企业的生产经营的具体条件进行分析、研究和技术测试的基础上，采用一套科学的方法共同制定的。标准成本的制定通常按照成本项目进行,即对单位产品生产成本的直接材料、直接人工和制造费用三大项目制定标准成本。

1. 直接材料标准成本的制定

直接材料标准成本的制定包括直接材料用量标准的制定和直接材料价格标准的制定。

直接材料用量标准是指在现有的生产技术条件下,生产单位产品所需要的材料数量,即材料的消耗定额。一般情况下,用量标准主要由技术部门负责。

直接材料价格标准主要由采购部门根据市价、最佳采购量等因素确定。

直接材料标准成本的计算公式为

直接材料标准成本＝直接材料数量标准×直接材料价格标准

2. 直接人工标准成本的制定

直接人工标准成本的制定包括直接人工工时标准的制定和直接人工工薪率标准的制定。

直接人工工时标准是指在现有的生产技术条件下,生产单位产品所需要的时间,可以是生产工时,也可以是机器工时。

直接人工工薪率标准分为计件单价和小时工薪率。

直接人工标准成本的计算公式为

直接人工标准成本＝工时标准×工薪率标准

3. 制造费用标准成本的制定

制造费用标准成本分为变动制造费用标准成本和固定制造费用标准成本。

(1) 变动制造费用标准成本

变动制造费用标准成本的制定与直接人工标准成本的制定相类似。其计算公式为

变动制造费用标准成本＝工时标准×变动制造费用标准分配率

(2) 固定制造费用标准成本

固定制造费用标准成本的制定与变动制造费用标准成本的制定基本相同,差别是其某一生产水平下的费用总额一旦确定,就不随产量而任意变动。其计算公式为

固定制造费用标准成本＝工时标准×固定制造费用标准分配率

4. 单位产品标准成本的计算

单位产品标准成本的计算公式为

单位产品标准成本＝(直接材料标准成本＋直接人工标准成本＋变动制造费用标准成本)＋固定制造费用的标准成本

＝变动成本法计算的单位产品标准成本＋固定制造费用的标准成本

在实际工作中,标准成本的制定可采用单位产品标准成本卡的形式进行。

(三) 标准成本差异的分析

标准成本差异是指产品的实际成本与标准成本之间的差额。计算公式为

标准成本差异＝实际成本－标准成本

正数表示超支,属于不利差异;负数表示节约,属于有利差异。

标准成本差异的分类如图 7-3 所示。

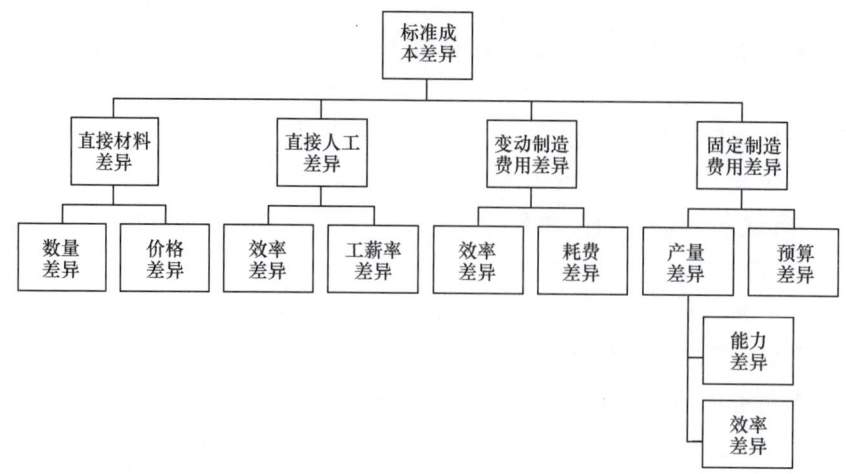

图 7-3　标准成本差异的分类

1.直接材料成本差异的分析

直接材料成本差异是指直接材料实际成本与标准成本之间的差额。直接材料成本差异按其形成原因可分为价格差异和数量差异两种。

$$直接材料成本差异＝实际材料成本－标准材料成本$$

$$直接材料价格差异＝(实际价格－标准价格)×实际用量$$

$$直接材料用量差异＝(实际用量－标准用量)×标准价格$$

2.直接人工成本差异的分析

直接人工成本差异是指直接人工实际成本与标准成本之间的差额。直接人工成本差异按其形成原因可分为工薪率差异和人工效率差异两种。

$$直接人工成本差异＝实际人工成本－标准人工成本$$

$$直接人工工薪率差异＝(实际工薪率－标准工薪率)×实际工时$$

$$直接人工效率差异＝(实际工时－标准工时)×标准工薪率$$

3.变动制造费用差异的分析

变动制造费用差异是指实际变动制造费用与标准变动制造费用之间的差额。其可以分解为耗费差异和效率差异两部分。

$$变动制造费用成本差异＝实际变动制造费用－标准变动制造费用$$

$$变动制造费用耗费差异＝(变动制造费用实际分配率－变动制造费用标准分配率)×实际工时$$

$$变动制造费用效率差异＝(实际工时－标准工时)×变动制造费用标准分配率$$

4.固定制造费用差异的分析

固定制造费用差异是指固定制造费用实际发生总额与预定的标准发生总额之间的差额。固定制造费用的分析方法有"二因素分析法"和"三因素分析法"。

(1)二因素分析法

二因素分析法是将制造费用差异分为耗费差异和能量差异。

固定制造费用耗费差异＝固定制造费用实际数－固定制造费用预算数

固定制造费用能量差异＝固定制造费用标准分配率×(生产能量－实际产量标准工时)

(2)三因素分析法

三因素分析法是将固定制造费用差异分为耗费差异、闲置能量差异和效率差异。

固定制造费用耗费差异＝固定制造费用实际数－固定制造费用预算数

固定制造费用闲置能量差异＝固定制造费用标准分配率×(生产能量－实际工时)

固定制造费用效率差异＝固定制造费用标准分配率×(实际工时－实际产量标准工时)

二、作业成本法

作业成本法是以作业为基础，通过对作业成本动因的分析来计算产品生产成本，并为企业作业管理提供更为相关、相对准确的成本信息的一种成本计算方法。

(一)作业的分类方法

不同的企业从不同的角度，可以对作业进行不同的分类。

1.根据作业完成的职能，可以将作业分为后勤作业，协调、平衡作业，质量作业，变化作业。

2.按照作业的执行方式和性质，可以将作业分为重复作业和不重复作业，主要作业和次要作业，必要性作业和酌量性作业等。

3.按照作业的受益对象，可以将作业分为低位水平作业，批次水平作业，产品维持作业和企业维持作业。

(二)作业成本法下成本计算的基本程序

作业成本法的基本程序是先将各类价值资源分配到各作业成本库，然后再把各作业成本库所归集的成本分配给各种产品。其具体工作步骤为：

1.定义业务和成本核算对象。如产品品种、批次或工作步骤；有时也可能是顾客、产品市场等；

2.确定直接生产成本；

3.确定作业类别，建立作业中心；

4.将资源分配给各作业中心，计算各作业成本；

5.计算作业成本动因率：

$$作业成本动因率 = \frac{作业成本}{分配标准(执行次数、作业时间等)}$$

6.分配作业成本；

7.计算各种产品成本。

项目总结

通过本项目的学习,我们学习一些常用的产品成本计算的辅助方法,进一步提高了成本计算方法的综合运用能力,其中分类法是最常用的一种成本计算的辅助方法,联合成本的分配法运用于特定的生产企业。作为了解性内容的定额法是现代成本管理制度的内容之一,还有作业成本法、标准成本制度、质量成本会计等也属于现代成本管理制度的内容,作为开阔视野的内容,建议你也学习一下。

项目检测

一、单项选择题

1. 用同样的原材料,经过一道和一系列工序的加工,同时生产出几种地位相同,但用途不同的主要产品的是(   )。
   A.产成品 B.联产品 C.副产品 D.等级品

2. 用生产废料加工而成的产品属于(   )。
   A.联产品 B.副产品 C.主产品 D.次品

3. 以下说法正确的是(   )。
   A.分类法是一种独立的成本计算方法
   B.当企业生产的产品品种规格很多,而且可以按一定标准进行分类的时候,可以采用分类法进行核算
   C.多步骤加工的企业不能采用分类法
   D.分批加工的企业不能采用分类法

4. 企业实际发生的成本与定额成本的差异是(   )。
   A.定额变动差异 B.材料成本差异
   C.费用率差异   D.脱离定额差异

5. 由于修改消耗定额而产生的新旧定额之间的差额是(   )。
   A.定额变动差异 B.脱离定额差异
   C.材料成本差异 D.实际成本差异

6. 标准成本制度下的标准成本通常是指(   )。
   A.理想标准成本 B.正常标准成本
   C.现实标准成本 D.脱离标准成本

7. 直接材料价格标准主要由(   )部门根据市价、最佳采购量等因素确定。
   A.采购 B.生产 C.销售 D.人事

8. 与产量变动无关的是(   )。
   A.直接材料成本 B.直接人工成本
   C.变动制造费用 D.固定制造费用

9. 通过对作业成本动因的分析来计算产品生产成本的是(   )。
   A.实际成本法 B.定额成本法 C.标准成本法 D.作业成本法

10. 作业成本法下需要先将各类价值资源分配到各(   ),然后再把各(   )所归集的成本分配给各种产品。

A.生产车间、生产车间　　　　　　B.受益部门、受益部门
　　C.作业成本库、作业成本库　　　　D.生产线、生产线

二、多项选择题

1.采用分类法,可将( )等方面相同或相似的产品归为一类。
　　A.产品结构和耗用原材料　　　　B.产品生产工艺技术过程
　　C.产品的性质和用途　　　　　　D.产品的售价
　　E.产品的成本

2.确定类内不同规格型号产品系数的依据有( )。
　　A.产品定额耗用量　　B.产品定额费用　　C.产品的生产工时　　D.产品的售价
　　E.产品销量

3.采用定额法计算产品成本,产品实际成本的组成项目有( )。
　　A.定额成本　　　　B.定额成本调整　　C.脱离定额差异　　D.材料成本差异
　　E.定额变动差异

4.材料脱离定额差异的计算方法有( )。
　　A.个别计价法　　　B.加权平均法　　　C.限额法　　　　　D.切割法
　　E.盘存法

5.为了简化成本计算工作,一般可以将( )全部由本月完工产品成本负担。
　　A.定额成本　　　　B.脱离定额差异　　C.材料成本差异　　D.定额变动差异
　　E.计划成本

三、判断题

1.采用系数法计算类内产品成本时,必须在同类产品中选择一种产品为标准产品,其标准产品的系数固定为"1"。　　　　　　　　　　　　　　　　　　　　　　　( )
2.对于价值较低又不需要进一步加工的副产品,一般可不分担联合成本。　( )
3.在限额法下,只有符合定额的原材料才能根据定额凭证领发。　　　　　( )
4.月初在产品定额成本调整的数额与计入产成品的定额变动差异之和应为零。( )
5.定额变动差异反映了费用本身的节约或超支,是经常存在的。　　　　　( )

四、实务操作

1.资料:

升华公司经同一生产过程同时生产出 A、B、C 三种联产品,按系数法分配计算,A 产品为标准产品;其他费用按照定额工时比例分配。

20××年 7 月甲类联产品的成本计算单和有关的产量及定额资料如下所示:

产品成本计算单

联产品类别:甲类　　　　20××年 7 月　　　　　　　　单位:元

成本项目	直接材料	直接人工	制造费用	合计
月初在产品成本	12 000	4 800	2 400	19 200
本月发生费用	44 000	19 200	18 400	81 600
生产费用合计	56 000	24 000	20 800	100 800
完工产品成本	51 360	22 952	19 328	93 640
月末在产品成本	4 640	1 048	1 472	7 160

产量及定额资料

联产品类别:甲类　　　　　　20××年7月

产品名称	实际产量(件)	材料消耗定额(元)	工时定额(小时)
A	9 600	20	4.0
B	7 200	18	3.2
C	8 000	24	4.4

2.要求：

计算各种产品的总成本和单位成本。

(1)根据材料消耗定额计算直接材料费用系数和总系数。

直接材料费用系数

联产品类别:甲类

产品名称	产量(件)	原材料消耗定额(元)	系数	原材料总系数(标准产量)
A				
B				
C				

(2)分配甲类产品中 A、B、C 三种产品的总成本和单位成本。

联产品成本计算表

联产品类别:甲类　　　　　　20××年7月　　　　　　单位:元

项目	实际产量(件)	原材料总系数	单位工时定额	定额总工时	总成本 直接材料	总成本 直接人工	总成本 制造费用	合计	单位成本
分配率		—	—	—				—	
A									
B									
C									
合计									—

3.答案：

A 产品成本 36 000 元。

B 产品成本 23 040 元。

C 产品成本 34 600 元。

项目八

成本报表和成本分析

项目导入

通过前几个项目的学习,我们掌握了常用的产品成本计算方法,能够根据企业的实际情况,综合选择运用适当的成本计算方法正确地计算出产品成本了,但仅仅如此,还不能满足企业经济管理的需要,要综合地反映企业的成本信息,还必须编制成本报表,进行成本分析,从而为决策者提供更有参考价值的成本信息。

项目任务

在掌握了成本报表编制与分析方法的基础上,能够结合企业的实际情况,设计符合企业实际情况的成本报表,并进行恰当的成本分析。

项目实训

按照"成本报表的编制要求"完成"实训任务十四——成本报表的编制"。

任务一 编制成本报表

一、成本报表的概念及作用

按照财政部最新颁布的《企业产品成本核算制度(试行)》的要求,企业应当按月编制产品成本报表,全面反映企业生产成本、成本计划执行情况、产品成本及其变动情况等。成本报表是企业根据成本管理的需求,依据日常成本核算资料及其他有关资料,定期或不定期编制的,用来全面反映企业生产成本、成本计划执行情况、产品成本及其变动情况等

微课31
成本报表的基础知识

的书面报告。正确、及时地编制成本报表是企业成本会计工作的一项重要内容。

作为企业成本信息的重要载体,成本报表具有以下作用:

(1)成本报表是评价和考核成本计划完成情况的依据。

成本报表能够综合反映企业在成本报告期内的成本费用水平、项目构成及升降情况。为检查成本计划的制定及执行情况提供参考依据,为进一步提高成本管理水平提供数字依据。

(2)成本报表是进行成本分析的依据。

成本报表作为内部报表,其内容通常是根据各个企业的具体情况以及管理需要进行设计。通常会体现项目构成、计划执行、行业比较等分析性内容,为揭示产品成本变动的原因提供有效的数字研究平台,为企业进一步从生产技术、生产组织和经营管理等方面挖掘提高产品质量,降低产品成本的潜力提供参考。

(3)成本报表是进行成本预测、决策以及编制成本计划的依据。

成本报表提供的数据,既反映了各期生产成本的实际情况、计划执行情况等,也为进一步进行成本预测、决策和制定可行的成本计划提供了依据。

二、成本报表的种类和特点

(一)成本报表的种类

按成本报表所反映的经济内容划分,可以分为:

(1)反映费用支出情况的报表,如"制造费用明细表"。利用该表可以看出费用支出的合理程度和变化趋势,从而为制定费用预算、考核费用计划的完成情况提供依据。

(2)反映成本计划执行情况的报表,如"商品产品成本表"。该类成本报表综合地反映了企业的实际成本水平,用表中的实际数与计划数对比,可以掌握成本计划的完成情况。

按成本报表的编制时间划分,可以分为:日报、周报、旬报、月报、季报、年报;按其是否定期编制,又可分为定期成本报表和不定期成本报表两种。

(二)成本报表的特点

1.灵活性

成本费用报表是服务于企业内部经营管理目的的报表,可以根据企业对成本管理的要求灵活设置,并且不受外界因素的影响。因此成本费用报表的种类、格式、指标项目、编制时间、报送程序和范围都可根据企业需要自行规定,并随着生产条件的变化、管理要求的提高,随时进行修改和调整,具有较大的灵活性。

2.多样性

成本费用报表是在企业特定的生产环境下、结合企业的生产特点和管理要求而编制的。不同企业的生产特点和成本管理要求不同,这就决定了不同企业编制的成本费用报表在种类、格式、指标项目以及指标计算口径上必然有所不同,因而呈现出多样性。

3.综合性

成本费用报表要同时满足财会部门、各级生产技术部门和计划管理部门等对成本管理的需要,对这些职能部门而言不仅要求提供用于事后分析的资料,还要求提供事前计划、事中控制所需要的大量信息。因此,成本费用报表不仅要设置货币指标,还需要设置反映成本消耗的多种形式的指标,不仅包括会计核算提供的指标,还包括统计核算、业务核算提供的指标,这些指标实质上是会计核算资料与技术经济资料的有机结合。由于成本费用报表提供的信息广泛,因此具有综合性的特点。

三、成本报表的编制

(一)成本报表的编制要求

(1)数字准确。不得以计划数、估计数、定额数代替实际数。编报前,做到账实相符、账账相符;编报时,做到账表相符、表表相符。

(2)内容完整。报表的种类应齐全,表内项目和表外的补充资料应齐全,指标数字和文字说明应齐全。

(二)商品产品成本表

商品产品成本表,是反映企业在报告期内生产的全部商品产品的总成本以及各种主要商品产品的单位成本和总成本的报表。其格式见表8-1。

商品产品成本表中的可比产品,是指去年或以前年度正式生产过、具有较完备成本资料的产品;不可比产品,是指去年或以前年度未正式生产过、没有成本资料的产品。该表的具体编制方法如下:

1.实际产量

反映本月和从年初起至本月末止各种主要商品产品的实际产量,应根据相关统计数据填列。

2.单位成本项目

(1)上年实际平均:根据上年度本表所列各种可比产品的全年实际平均单位成本填列。

(2)本年计划:根据年度成本计划的有关数字填列。

(3)本月实际和本年累计实际平均:根据成本计算单按下式计算填列。

$$\frac{某产品本月}{实际单位成本} = \frac{某产品本月实际总成本}{某产品本月实际总产量}$$

$$\frac{某产品本年累计}{实际平均单位成本} = \frac{某产品本年累计实际总成本}{某产品本年累计实际总产量}$$

3.本月总成本项目和本年累计总成本项目

分别按表中的提示计算填列。

表 8-1

商品产品成本表

20×× 年 12 月

编制单位：W 公司　　　　　　　　　　　　　　　　　　　　　　　　　　　　　　　　　　　金额单位：元

产品名称	规格	计量单位	实际产量 本月	实际产量 本年累计	单位成本 上年实际平均	单位成本 本年计划	单位成本 本月实际	单位成本 本年累计实际成本	本月总成本 按上年实际平均单位成本计算	本月总成本 按本年计划单位成本计算	本月总成本 本月实际	本年累计总成本 按上年实际平均单位成本计算	本年累计总成本 按本年计划单位成本计算	本年累计总成本 本年实际
			1	2	3	4	5=9/1	6=12/2	7=1×3	8=1×4	9	10=2×3	11=2×4	12
可比产品合计	—	—	—	400	—	—	—	—	267 475	260 200	256 950	3 014 000	2 933 000	2 910 000
其中：甲	—	台	35	400	4 785	4 720	4 670	4 690	167 475	165 200	163 450	1 914 000	1 888 000	1 876 000
乙	—	台	50	550	2 000	1 900	1 870	1 880	100 000	95 000	93 500	1 100 000	1 045 000	1 034 000
不可比产品合计	—	—	—	100	—	—	—	—	—	23 100	23 400	—	77 000	77 500
其中：丙	—	件	30	100	—	770	780	775	—	23 100	23 400	—	77 000	77 500
全部商品产品制造成本	—	—	—	—	—	—	—	—	—	283 300	280 350	—	3 010 000	2 987 500

(三)主要产品单位成本表

主要产品单位成本表,是反映企业在报告期内生产的各种主要单位产品的构成情况和各项主要技术经济指标执行情况的报表。其格式见表 8-2。

主要产品单位成本表应按每种主要产品分别编制。由于本表是商品产品成本表的补充,所以,该表中按成本项目反映的"本期计划""本期实际""本年累计实际""上年实际平均"的单位成本,应当与商品产品成本表中相应的单位成本的数字分别相等。

表 8-2　　　　　　　　　　　主要产品单位成本表

20××年12月

产品名称:甲产品　　　　　　　　　　　　　　　　　　本年累计计划产量:380 台
本月计划产量:30 台　　　　　　　　　　　　　　　　本年累计实际产量:400 台
本月实际产量:35 台　　　　　　　　　　　　　　　　金额单位:元

成本项目	本期计划	本期实际	上年同期实际	本年累计实际	上年实际平均	历史最好水平(××年)	国内同业水平	国外同业水平
直接材料	4 100	4 050	4 120	4 060	4 150	4 000	3 900	3 400
直接人工	399	388	410	390	405	353	342	296
制造费用	221	232	235	240	230	207	168	154
合　计	4 720	4 670	4 765	4 690	4 785	4 560	4 410	3 850

(四)制造费用明细表

制造费用明细表是反映企业在报告期内所发生的制造费用的报表。其格式见表 8-3。

表 8-3　　　　　　　　　　　制造费用明细表

部门:一车间　　　　　　　20××年12月　　　　　　　　　　　单位:元

费用项目	本年计划	上年同期实际	本月实际	本年累计实际
薪酬	42 560	4 130	4 244	48 000
折旧费	8 398	840	812	9 600
取暖费	2 440	217	198	2 336
办公费	7 600	823	735	10 400
水电费	9 120	788	805	9 112
机物料消耗	904	88	62	1 008
劳动保护费	12 540	1 295	1 242	14 744
停工损失	0	1 080	0	0
其他	418	50	22	800
合　计	83 980	9 311	8 120	96 000

制造费用明细表的编制方法如下:

(1)本年计划数:根据本年制造费用计划填列;

(2)上年同期实际数:根据本表上年同期的本月实际数填列;

(3)本月实际数:根据制造费用总账所属各基本生产车间制造费用明细账的本月合计汇总填列;

(4)本年累计实际数:根据上述制造费用明细账本月末的累计数汇总计算填列。

实务操作

1.资料:

宏达公司20××年12月份商品产品生产成本有关资料见下表。

商品产品生产成本　　　　　　　　　金额单位:元

产品名称	计量单位	实际产量 本月	实际产量 本年累计	单位成本 上年实际平均	单位成本 本年计划	单位成本 本月实际	本年累计实际平均	本月总成本 按上年实际平均单位成本计算	本月总成本 按本年计划单位成本计算	本月总成本 本月实际	本年累计总成本 按上年实际平均单位成本计算	本年累计总成本 按本年计划单位成本计算	本年累计总成本 本年实际
		1	2	3	4	5	6	7	8	9	10	11	12
可比产品合计													
甲	件	60	750	80	72	75	76						
乙	件	80	1 000	60	58	61	57						
不可比产品合计													
丙	件	20	230		220	250	245						
全部产品													

2.要求:

根据上表的有关资料,计算并填列本月总成本、本年累计总成本栏。

3.答案:

全部产品本月总成本:

(1)按上年实际平均单位成本计算　　　　9 600元

(2)按本年计划单位成本计算　　　　　　13 360元

(3)本月实际　　　　　　　　　　　　　14 380元

全部产品本年累计总成本：
(1)按上年实际平均单位成本计算　　　　120 000 元
(2)按本年计划单位成本计算　　　　　　162 600 元
(3)本年实际　　　　　　　　　　　　　170 350 元

任务二　进行成本分析

一、成本分析的一般程序与方法

(一)成本分析的一般程序

成本分析主要是利用成本资料与其他相关资料，全面了解成本变动情况，系统研究影响成本升降的因素及形成的原因，寻求降低成本的途径，挖掘降低成本的潜力，以取得更大的经济效益。

成本分析包括事前分析、事中分析和事后分析三部分内容，本章重点介绍的是事后分析。其主要内容包括：

(1)主要产品单位成本的分析；
(2)技术经济指标变动对单位成本影响的分析；
(3)降低成本的主要措施分析；
(4)成本效益分析。

成本分析工作是有目的、有步骤、按程序进行的，一般遵循以下基本程序：

(1)制订计划。就是根据成本分析的要求，拟定分析工作计划，列出分析提纲，明确分析的主要问题和要求、分析时间、参加人员、所需资料、分析形式、调查内容以及组织分工等。

(2)收集资料。就是收集与成本有关的各种计划资料、定额资料、核算资料等，必要时还要进行专门的调查研究，收集有关信息，以保证分析结果的准确性。

(3)具体分析。就是在占有资料、信息的基础上，采用技术分析的方法，对成本指标进行分析，找出差距，查明原因。

(4)总结报告。就是对分析的结果进行综合概括，写出书面分析报告。

(二)成本分析的方法

上述成本分析的程序也称为成本分析的一般方法，而成本分析的方法是指其具体的技术方法，常用的技术方法主要有以下几种：

1.指标对比法

指标对比法，是将两个有内在联系的可比经济指标在时间上和空间上进行对比的一种方法。采用这种方法可以确定差异、评价业绩、掌握动态、寻求潜力，达到降低成本、提高经济效益的目的。进行指标对比，主要有以下几种形式：

(1)实际与计划对比。主要了解计划完成情况,找出脱离计划的差距及差距产生的原因。

(2)本期实际与上期或历史先进水平的实际数据对比。主要了解成本变化的动态,找出差距,总结经验,吸取教训,不断改进成本管理工作。

(3)本企业实际与国内外同类先进企业的相同指标实际数据对比,主要了解本企业与国内外先进企业之间的差距,以便采取措施,挖掘潜力,提高竞争能力。

采用指标对比法进行成本分析,必须注意指标的可比性,如指标计算的口径一致、计价基础一致等。在进行国内外同行业的指标对比时,尤其应注意它们在技术经济上的可比性。现举例说明如下:

例8-1

假设W公司收集的单位成本资料如表8-2所示,根据相关资料,将本期的实际单位成本与其他各单位成本指标进行对比分析,编制"单位成本对比分析表",见表8-4。

表8-4 单位成本对比分析表

产品名称:甲产品　　　　20××年12月　　　　　　　　　　　单位:元

成本项目	本年计划 变动额	本年计划 变动率	上期实际 变动额	上期实际 变动率	上年同期实际 变动额	上年同期实际 变动率	历史最好水平 变动额	历史最好水平 变动率	国内同业水平 变动额	国内同业水平 变动率	国外同业水平 变动额	国外同业水平 变动率
直接材料	-50	-1.22%	-100	-2.41%	-70	-1.70%	50	1.25%	150	3.85%	650	19.12%
直接人工	-11	-2.76%	-17	-4.20%	-22	-5.37%	35	9.92%	46	13.45%	92	31.08%
制造费用	11	4.98%	2	0.87%	-3	-1.28%	25	12.08%	64	38.10%	78	50.65%
合计	-50	-1.06%	-115	-2.40%	-95	-1.99%	110	2.41%	260	5.90%	820	21.30%

通过计算分析,可以看出企业实际成本水平有所下降,已完成成本计划。单位成本实际比计划降低50元,比上期降低115元,比上年同期降低95元,但仍未达到历史最高水平,与国内同行业和国外同行业相比,还有很大的差距。因此应进一步查明原因,采取措施,赶上或超过国内外同行业水平。

> **课内思考:**
> 用本企业成本指标的实际数分别与其以前各期的实际数对比,是一种静态对比,还是动态对比?这样对比有什么作用呢?
>
> 答案

2.连环替代法

连环替代法是一种因素分析的方法,它是把综合性指标分解为各个相互联系的因素,并测定各个因素变动对综合性指标影响的数值,借以为深入分析提供依据。

连环替代法的计算程序如下:

(1)指标分解。即将综合性指标分解为相互联系的各个因素,并按一定顺序排列,使其成为能用数学公式表达的因素分解式。

(2)依次替代。即以计划指标体系为基础,顺序地将每个因素的计划数替换为实际数,一直替换到指标全部为实际数为止。

(3)比较替代结果。即将每次替代的结果与替代前的指标数据相比较,这一差额即为该因素变动对综合性指标影响的数值。

(4)综合影响数值。即将各个因素变动对综合性指标影响的数值相加,其代数和应等于综合性指标实际数与计划数的总差异。

例 8-2 W公司甲产品耗用材料有关资料见表8-5。

表 8-5　　　甲产品直接材料消耗表

20××年12月

项目	计划数	实际数
产品产量(台)	30	35
单位产品材料消耗量(千克)	100	90
材料单价(元)	41	45
材料费用(元)	123 000	141 750

根据上述资料,用连环替代法对材料费用的分析如下:

分析对象:141 750－123 000＝18 750(元)

因素分析:材料费用＝产品产量×单耗×材料单价

计划材料费用＝30×100×41＝123 000(元)

第一次替代＝35×100×41＝143 500(元)

因产品产量变动产生的影响额＝143 500－123 000＝20 500(元)

第二次替代＝35×90×41＝129 150(元)

因产品单耗变动产生的影响额＝129 150－143 500＝－14 350(元)

第三次替代＝35×90×45＝141 750(元)

因材料单价变动产生的影响额＝141 750－129 150＝12 600(元)

各因素变动影响合计＝20 500－14 350＋12 600＝18 750(元)

通过上述分析可知,甲产品材料费用比计划超支18 750元的原因是:由于产量增加了5台,使材料费增加了20 500元;由于单位产品材料消耗量下降,使材料费减少了14 350元;由于材料单价提高,使材料费用增加了12 600元。三个因素共同影响,导致材料费比计划数增加了18 750元。

采用连环替代法应注意以下几个问题:

第一,注意因素分解的正确性。根据分析的目的和要求,将经济指标分解为相互联系的几个因素时,各因素与指标之间必须存在着内在的联系,否则就会失去其存在的价值。例如,材料费用分解为工人人数和平均每个工人耗料量两个因素,就不具任何经济意义。

第二,注意替代顺序的合理性。构成经济指标体系的各个因素,应按其依存关系进行排列,可遵循如下原则:数量指标在前,质量指标在后;实物量指标在前,价值量指标在后;主观指标在前,客观指标在后。

第三,注意替代计算的连环性。构成某项经济指标的各个因素,按其依存关系排列成一定的顺序后,应由前向后依次替代,并且每次只替代一个因素。如果不连环替代,各因素对指标影响程度的数值之和,就不等于该指标实际数与计划数的总差异。

> **课内思考:**
> 1. 确定替代顺序时,如果两个因素指标都是数量指标,或都是质量指标,这时哪个在前,哪个在后呢?
> 2. 产品产值按如下三种分解式进行因素分解,是否都正确,为什么?
> 产品产值 = 工人平均人数 × 工人人均产值
> 产品产值 = 生产设备平均台数 × 生产设备平均每台产值
> 产品产值 = 材料消耗总额 ÷ 单位产品材料消耗量

3. 差额计算法

差额计算法是连环替代法的一种简化形式。它是利用各因素实际与计划的差额,直接计算各因素变动对综合性指标影响的数值。其计算程序是:

测定某一因素变动对综合性指标影响的程度时,用该因素实际与计划的差异,乘以因素分解式中列在该因素前面所有因素的实际数,同时乘以列在该因素后面所有因素的计划数,这一乘积,即为该因素变动对综合性指标差异的影响程度。仍用【例 8-2】说明如下:

分析对象:141 750 − 123 000 = 18 750(元)

因素分析:材料费用 = 产品产量 × 单耗 × 材料单价

计划材料费用 = 30 × 100 × 41 = 123 000(元)

产品产量变动产生的影响额 = (35 − 30) × 100 × 41 = 20 500(元)

产品单耗变动产生的影响额 = 35 × (90 − 100) × 41 = − 14 350(元)

材料单价变动产生的影响额 = 35 × 90 × (45 − 41) = 12 600(元)

各因素变动影响合计 = 20 500 − 14 350 + 12 600 = 18 750(元)

三个因素共同影响,导致材料费比计划数增加了 18 750 元,与连环替代法计算的结果相同。

必须指出,差额计算法只是连环替代法计算方式的简化,严格讲它不能称之为一种独立的方法,因为它所依据的原理仍然是连环替代法的原理。例如,在差额计算法运用过程中,仍会碰到因素分解、因素排列、连环替代等问题,这些都必须遵循在连环替代法中所确定的原则而加以运用。

> **课内思考:**
> 差额计算法比连环替代法简单吗?其工作原理和连环替代法一样吗?

实务操作

1. 资料：

方达有限责任公司的主要产品单位成本的有关资料见下表。

产品名称：A　　　　　　　　有关单位成本资料表　　　　　　　金额单位：元

成本项目	本年计划	本年实际
直接材料	1 260	1 342
直接人工	142	148
制造费用	180	168
合计	1 582	1 658
主要技术经济指标	计划用量	实际用量
材料消耗量（千克）	600	610
材料单价（元）	2.1	2.2

2. 要求：

根据上述资料，分别采用连环替代法和差额计算法两种方法，分析单位产品中的直接材料成本的变动原因。

3. 答案：

单位产品材料成本实际比计划超支82元，其中：

直接材料单位产品消耗量上升而使单位材料成本上升21元；

直接材料单位产品价格上涨而使单位材料成本上升61元。

二、全部商品产品成本计划完成情况的分析

全部商品产品包括可比产品和不可比产品。可比产品是指企业过去曾经生产过、有完整的成本资料可供对比的产品；而不可比产品则是指企业过去从未生产过，或虽生产过，但规格性能已发生了显著变化、缺乏可供比较的成本资料的产品。全部商品成本计划完成情况的分析应当是全部商品产品的计划总成本和实际总成本对比，确定实际成本相对于计划成本的降低额和降低率。由于商品产品成本表中的计划总成本是按实际产量计算的，因此，进行对比的商品产品计划总成本是经过调整后的实际产量计划总成本，这样就剔除了产量变动和产品结构变动对总成本的影响。计算公式为

全部商品产品成本降低额＝实际总成本－∑（实际产量×计划单位成本）

$$全部商品产品成本降低率 = \frac{全部商品产品成本降低额}{\sum（实际产量 \times 计划单位成本）}$$

以表8-1为基础资料，计算全部商品产品成本降低额和降低率见表8-6。

表 8-6　　　　　全部商品产品成本计划完成情况分析表

20××年12月　　　　　　　　　　　金额单位：元

产品名称	计划总成本	实际总成本	降低额	降低率(%)
可比产品	260 200	256 950	3 250	1.25
其中：甲产品	165 200	163 450	1 750	1.06
乙产品	95 000	93 500	1 500	1.58
不可比产品	23 100	23 400	－300	－1.30
（丙产品）	23 100	23 400	－300	－1.30
合计	283 300	280 350	2 950	1.04

从表 8-6 可以看出，A 公司全部商品产品成本比计划降低了 2 950 元，降低率为 1.04%。从各产品看，可比产品完成了成本计划，其中甲产品成本降低率为 1.06%，乙产品成本降低率为 1.58%；不可比产品丙产品未完成成本计划，超支率为 1.30%。

三、主要产品单位成本的分析

单位成本是影响全部产品总成本升降的重要因素，为了完成降低总成本的任务，必须重视对单位成本的分析，以便找出影响成本升降的具体原因，寻求降低成本的途径，制定有效措施，完善成本管理，促使企业产品成本不断降低。主要产品单位成本的分析包括一般分析和成本项目分析两部分内容。

（一）主要产品单位成本的一般分析

主要产品，是指那些产品产量比重大或成本升降额度较大的产品，分析中应抓住关键，有重点地进行分析。主要产品单位成本的一般分析，是根据企业内部主要产品单位成本表和成本计划的有关资料，利用比较法，从成本项目上查明其升降情况，从而做出一般评价。现举例说明如下：

例 8-3　W 公司甲产品的有关成本资料见表 8-2，根据相关资料编制"单位成本分析表"见表 8-7。

表 8-7　　　　　　　　单位成本分析表

产品名称：甲产品　　　20××年12月　　　　　　　　单位：元

项目	计划成本	实际成本	升降情况 降低额	升降情况 降低率(%)	各项目升降对单位成本的影响(%)
直接材料	4,100	4,050	50	1.22	1.06
直接人工	399	388	11	2.76	0.23
制造费用	221	232	－11	－4.98	－0.23
合计	4,720	4,670	50	1.06	1.06

从表 8-7 可以看出，甲产品实际成本比计划成本降低了 50 元，降低率 1.06%，主要是直接材料成本、直接人工成本较计划降低所致，而制造费用却比计划有所超支。从降低额对单位成本的影响看，直接材料成本降低对单位成本的影响高于直接人工成本，这一方面说明企业在材料管理方面取得了成绩，另一方面也说明企业在提高劳动生产率方面还有一定的潜力。深入分析，应进一步总结经验、找出差距，同时对制造费用的超支，还应结合

各个项目的预算变动情况,进一步查明原因。

(二)主要产品单位成本的成本项目分析

1.直接材料成本项目的分析

如果企业生产的产品只耗用一种材料,或虽耗用几种材料,但它们之间不存在配比关系时,对单位材料成本的变动情况,应结合单位产品材料消耗量(简称单耗)和材料单价两个因素的变动情况进行深入分析,此种分析也称两因素分析法;如果一种产品耗用几种材料,并且在各种材料之间存在着配比关系时,除了分析单耗和材料单价因素变动外,还应分析材料配比因素变动的影响,也称三因素分析法。本章介绍的是两因素分析法,其因素分解式为

$$单位产品材料成本 = \sum (单位产品材料消耗量 \times 材料单价)$$

从因素分解式可以看出,影响单位材料成本的因素有两个,一是单耗因素,二是材料单价因素,测定各因素的变动对单位材料成本的影响,可按如下公式进行:

$$单耗变动对单位材料成本的影响 = \sum \left[\left(实际单耗 - 计划单耗 \right) \times 计划材料单价 \right]$$

$$单价变动对单位材料成本的影响 = \sum \left[实际单耗 \times \left(实际材料单价 - 计划材料单价 \right) \right]$$

例 8-4 假定乙产品单位材料成本资料见表 8-8。

表 8-8　　　　　　　　乙产品单位材料成本资料

20××年12月　　　　　　　　金额单位:元

材料名称	计划			实际		
	单耗(千克)	材料单价	材料成本	单耗(千克)	材料单价	材料成本
A 材料	38	25	950	35	26	910
B 材料	35	3.4	119	32	2.5	80
合计			1 069			990

根据表 8-8 资料,编制"单位材料成本变动分析表"如表 8-9。

表 8-9　　　　　　单位材料成本变动分析表

产品名称:乙产品　　　　　20××年12月　　　　　　金额单位:元

影响因素	A 材料			B 材料			合计
	计划	实际	影响额	计划	实际	影响额	
单耗(千克)	38	35	−75	35	32	−10.2	−85.2
单价	25	26	35	3.4	2.5	−28.8	6.2
材料成本	950	910	−40	119	80	−39	−79

分析计算乙产品单位材料成本的变动情况如下:

分析对象:990 − 1 069 = −79(元)

因素分析:单位材料成本 = ∑(单耗 × 材料单价)

(1)单耗变动对单位材料成本的影响
＝(35－38)×25＋(32－35)×3.4＝－85.2(元)
(2)材料单价变动对单位材料成本的影响
＝35×(26－25)＋32×(2.5－3.4)＝6.2(元)
(3)两因素对单位成本的共同影响
＝－85.2＋6.2＝－79(元)

上述分析说明,产品材料成本比计划降低了79元,是由于单耗与材料单价两个因素共同变动的结果,其中,A材料单耗降低使单位材料成本比计划降低了75元,B材料单耗降低使单位材料成本比计划降低了10.2元,单耗变动使单位材料成本的整体降低额为85.2元;A材料单价提高使单位材料成本比计划超支了35元,B材料单价降低使单位材料成本比计划降低了28.8元,单价变动使单位材料成本的整体超支额为6.2元。

单耗变动的主要原因是:材料质量变化、材料加工方式的改变、废品率变化等。单价变动的主要原因是:材料采购价格变动、运费调整、途中损耗等因素变动。具体原因应结合单位的具体情况进一步深入分析。

课内思考:

1. 企业的单位产品材料消耗量,实际比计划大幅度降低,可以说材料管理达到了最佳状态,企业的"单耗"还能降低吗？若能,通过什么途径呢？

2. 材料单价主要是由买价构成的,而买价通常由卖方决定,属于客观原因,所以分析时可不必考虑,这种说法对吗？若不对,你能说明为什么吗？

3. 已知企业单耗实际比计划降低4％,材料单价实际比计划提高5％,单位材料成本实际比计划超支多少？

2.直接人工成本项目的分析

(1)单一产品的人工成本的分析

当企业只生产一种产品时,单位产品的人工成本,是用生产工人人工成本总额除以产品总量求得的,其因素分解式为

$$\text{单位产品人工成本} = \frac{\text{生产工人人工成本总额}}{\text{产品总量}}$$

这样,影响单位产品人工成本的因素有两个,即人工成本因素和产品总量因素。这两个因素变动对单位人工成本的影响可用如下公式测定:

$$\text{产品总量变动对单位产品人工成本的影响} = \frac{\text{计划生产人工成本总额}}{\text{实际产品总量}} - \frac{\text{计划生产人工成本总额}}{\text{计划产品总量}}$$

$$\text{人工成本总额变动对单位产品人工成本的影响} = \frac{\text{人工成本总额实际与计划的差异}}{\text{实际的产品总量}}$$

项目八 成本报表和成本分析

人工成本总额的变动与企业工资政策、岗位定员、出缺勤等情况有关,所以应结合有关因素深入分析;产品总量的变动应结合企业生产和销售的具体情况进行分析。

(2)多种产品的人工成本的分析

在多数企业中,各环节生产的产品品种往往是两种以上,产品的人工成本一般是按生产工时分配计入各种产品成本中的。所以,单位产品人工成本的高低取决于单位产品生产工时和小时工资率这两个因素,其因素分解式为

$$单位产品人工成本 = 单位产品生产工时 \times 小时工资率$$

以上两个因素变动对单位产品人工成本的影响,可用下列公式测定:

$$\text{单位产品工时变动对单位产品人工成本的影响} = \left(\text{实际单位产品工时} - \text{计划单位产品工时}\right) \times \text{计划小时工资率}$$

$$\text{小时工资率变动对单位产品人工成本的影响} = \text{实际单位产品工时} \times \left(\text{实际小时工资率} - \text{计划小时工资率}\right)$$

现举例说明其分析方法。

例 8-5 设 W 公司甲产品单位人工成本的有关资料见表 8-10。

表 8-10　　　　　　　　　产量、工时、人工费资料
产品名称:甲产品　　　　　20××年12月　　　　　单位:元

项目	计划	实际
产品产量(台)	30	35
单位工时(小时)	30	32
小时人工费用率	13.300 0	12.125 0
单位产品人工费用	399	388
人工费用总额	11 970	13 580

根据表 8-10 的资料可以编制"单位人工费用变动分析表"见表 8-11。

表 8-11　　　　　　　　单位人工费用变动分析表
产品名称:甲产品　　　　20××年12月　　　　　单位:元

项目	计划	实际	差异	影响额
单位工时(小时)	30	32	2	26.6
小时人工费用率	13.300 0	12.125 0	−1.175	−37.6
单位产品人工费用	399	388	−11	−11

具体分析如下:

单位工时变动对单位产品人工费用的影响
$= 2 \times 13.3 = 26.6(元)$

小时人工费率变动对单位产品人工费用的影响
$= 32 \times (-1.175) = -37.6(元)$

两因素的共同影响
$26.6 + (-37.6) = -11(元)$

以上分析结果表明,甲产品12月份实际人工单位成本比计划节约了11元,是因为单位工时和小时人工费率的共同影响,其中单位工时增加,使单位人工成本增加了26.6元,小时人工费率减少使单位人工成本减少了37.6元。

根据表8-10和表8-11的资料可以编制"人工费用总额变动分析表"见表8-12。

表8-12　　　　　　　　　人工费用总额变动分析表
产品名称:甲产品　　　　　20××年12月　　　　　　　　单位:元

项目	计划	实际	差异	对总成本影响额
产品产量(台)	30	35	5	1 995
单位产品人工费用	399	388	−11	−385
人工费用总额	11 970	13 580	1 610	1 610

具体分析如下:

产品产量变动对人工费用总额的影响
＝5×399＝1 995(元)

单位产品人工成本变动对人工费用总额的影响
＝35×(−11)＝−385(元)

以上分析结果表明,甲产品12月份实际人工费用支出比计划超支了1 610元,是因为产品产量和单位产品人工费用的共同影响,其中产量增加,使人工费用支出增加了1 995元,单位产品人工费用减少使人工费用支出减少了385元。

综合上述因素,单位工时上升,意味着劳动生产率有所下降,应进一步从工艺设计、机器设备性能、工人的技术熟练程度、劳动纪律、劳动态度等方面进一步分析原因;小时人工费率的降低,可能与用工情况、出勤情况等因素有关。

> **课内思考:**
> 1.企业管理者想要给员工提高工资,可又不想提高单位产品的工资成本,同学们,你能帮助筹划一下吗?
> 2.已知企业单位工资成本下降10%,单位产品工时上升5%,小时工资率是上升还是下降?其上升或下降的幅度是多少?

3.制造费用成本项目的分析

制造费用是为组织和管理生产所发生的各项费用,是生产车间的间接费用。单位产品制造费用的分析方法,取决于是单一产品还是多种产品的生产。

(1)单一产品制造费用的分析

企业只生产一种产品时,单位产品制造费用的因素分解式为

$$单位产品制造费用 = \frac{制造费用总额}{产品总量}$$

上式各因素变动对单位产品制造费用的影响的测定公式为

$$产品总量变动对单位制造费用的影响 = \frac{计划制造费用}{实际产品总量} - 单位产品计划制造费用$$

$$\frac{制造费用总额变动对}{单位制造费用的影响} = \frac{实际制造费用总额 - 计划制造费用总额}{实际产品总量}$$

(2)多种产品制造费用的分析

企业如生产多种产品,则单位产品的制造费用应按以下分解式进行因素分析:

$$单位产品的制造费用 = 单位产品生产工时 \times 小时费用率$$

上式两因素变动对单位制造费用的影响,可按以下公式测定:

$$\frac{单位产品工时变动对}{单位制造费用的影响} = \left(\frac{实际单位}{产品工时} - \frac{计划单位}{产品工时}\right) \times \frac{计划小时}{费用率}$$

$$\frac{小时费用率变动对}{单位制造费用的影响} = \frac{实际单位}{产品工时} \times \left(\frac{实际小时}{费用率} - \frac{计划小时}{费用率}\right)$$

例 8-5 设前述甲产品单位制造费用的有关资料见表8-13。

表8-13　　　　　　　产量、工时、制造费用资料

产品名称:甲产品　　　　20××年12月　　　　　单位:元

项目	计划	实际
产品产量(台)	30	35
单位工时(小时)	30	32
小时制造费用率	7.366 7	7.250 0
单位产品制造费用	221	232
制造费用总额	6 630	8 120

根据表8-13的资料可以编制"单位制造费用变动分析表"见表8-14。

表8-14　　　　　　　单位制造费用变动分析表

产品名称:甲产品　　　　20××年12月　　　　　单位:元

项目	计划	实际	差异	影响额
单位工时(小时)	30	32	2.00	14.73
小时制造费用率	7.366 7	7.250 0	−0.116 7	−3.73
单位产品制造费用	221	232	11.00	11.00

具体分析如下:

单位工时变动对单位产品制造费用的影响
$= 2 \times 7.366\ 7 \approx 14.73(元)$

小时制造费用率变动对单位产品制造费用的影响
$= 32 \times (-0.116\ 7) \approx -3.73(元)$

两因素的共同影响
$14.73 + (-3.73) = 11(元)$

以上分析结果表明，甲产品12月份实际制造费用单位成本比计划超支了11元，是因为单位工时和小时制造费用率的共同影响，其中单位工时增加，使单位产品制造费用成本增加了14.73元，小时制造费用率减少使单位产品制造费用成本减少了3.73元。

根据表8-12和表8-13的资料可以编制"制造费用总额变动分析表"见表8-15。

表8-15　　　　　　　　　制造费用总额变动分析表
产品名称：甲产品　　　　　20××年12月　　　　　　　　　单位：元

项目	计划	实际	差异	对总成本影响额
产品产量（台）	30	35	5	1 105
单位产品制造费用	221	232	11	385
制造费用总额	6 630	8 120	1 490	1 490

具体分析如下：
产品产量变动对制造费用总额的影响
＝5×221＝1 105（元）
单位产品制造费用变动对制造费用总额的影响
＝35×11＝385（元）

以上分析结果表明，甲产品12月份实际制造费用总额比计划超支了1 490元，是因为产品产量和单位产品制造费用的共同影响，其中产量增加，使制造费用总额增加了1 105元，单位产品制造费用增加使制造费用总额增加了385元。

实务操作

天龙公司生产A、B、C三种产品，有关C产品的单位成本及相关资料如下：该公司经理要了解单位材料成本、单位人工成本和单位制造费用的完成情况及变动原因，请同学们给他一份满意的答卷。

1. 资料：

(1) 成本资料：

成本项目	计划单位成本	实际单位成本
直接材料	350	340
直接人工	110	130
制造费用	170	190

(2) 直接材料消耗与材料单价资料：

材料名称	单耗(kg) 计划	单耗(kg) 实际	单价(元) 计划	单价(元) 实际
甲	50.00	45.00	2.00	2.20
乙	40.00	42.00	1.50	1.59
丙	60.00	58.00	3.16	3.00

(3)产量、总工时、人工成本总额资料：

项 目	计 划	实 际
产 量	1 000	1 200
总 工 时	20 000	32 000
人工成本总额	110 000	156 000

(4)制造费用资料：

项 目	计 划	实 际
总 产 量	1 000	1 200
制造费用总额	170 000	228 000

2.要求：

采用学习过的连环替代法或差额计算法，对各个成本项目进行因素分析。

3.答案：

单耗变动对单位材料成本的影响为 －13.32 ⎫
材料单价变动对单位材料成本的影响为 ＋3.5 ⎬ 合计 9.82

单位产品工时变动对单位人工成本的影响为 ＋36.67 ⎫
小时工资率变动对单位人工成本的影响为 －16.67 ⎬ 合计 20

单位产品工时变动对单位制造费用的影响为 ＋56.67 ⎫
小时费用率变动对单位制造费用的影响为 －36.67 ⎬ 合计 20

四、技术经济指标变动对单位成本影响的分析

技术经济指标是指从各种生产资源利用情况和产品质量等方面反映生产技术水平的各种指标的总称，不同企业由于生产技术特点不同，用来考核的技术经济指标也各不相同。企业各项技术经济指标完成的好坏，直接或间接地影响产品成本。因此把成本分析深入到技术领域，一方面能克服技术人员不问经济、财会人员不问技术的这种技术与经济的脱离现象，另一方面也能具体查明影响成本升降的各种生产技术因素，促使企业技术部门进行技术攻关，改进不合理工艺及操作技术，从而解决降低成本的根本问题。

技术经济指标变动对单位成本影响的分析内容，一般包括以下几个方面：

反映产品产量的技术经济指标变动对单位成本的影响；

反映产品质量的技术经济指标变动对单位成本的影响；

反映劳动生产率的技术经济指标变动对单位成本的影响；

反映原材料消耗的技术经济指标变动对单位成本的影响。

(一)产品产量变动对单位成本影响的分析

产品成本包括变动成本和固定成本两大部分：变动成本总额与产品产量成正比例变动，但单位变动成本不变；而固定成本与产品产量的关系是，在产品产量变动的相关范围内，固定成本总额不变，但单位产量的固定成本却发生变动，即产量增加时，单位产量的固

定成本就会降低,反之单位产量的固定成本就会提高。产品产量变动对单位成本的影响可用如下公式测定:

$$\text{产量变动对单位成本影响}(\%) = \left(\frac{1}{\text{产量实际完成计划的百分比}} - 1\right) \times \text{单位成本中固定成本的计划比重}$$

例 8-7

假设 W 公司的甲产品单位变动成本是 3 540 元,产量、单位成本、总成本资料见表 8-1 和表 8-2,则利用上述计算公式,W 公司编制的甲产品"产量变动对单位成本影响分析表"见表 8-16。

表 8-16　　　　　产量变动对单位成本影响分析表

产品名称:甲产品　　　　　　20××年 12 月

项目	计划			实际			产量完成情况	计划固定成本比重	产量变动对单位成本的影响
	产量(台)	总成本(元)	单位成本(元)	产量(台)	总成本(元)	单位成本(元)			
变动费用	30	131 100.00	4 370.00	35	152 950.00	4 370.00	116.67%	7.42%	−1.06%
固定费用		10 500.00	350.00		10 500.00	300.00			
合计		141 600.00	4 720.00		163 450.00	4 670.00			

从表 8-16 可以看出,变动总成本随着产量的增加而同比例增加,而单位变动成本未发生变化;产量的增加并没有影响固定总成本,但由于产量的增加,单位固定成本下降了 14.29%[(350−300)÷350×100%],从而使单位成本降低了 1.06%(14.29×7.42%)。

课内思考:

1. 为什么产量增加会使单位成本降低?
2. 如果企业产量已达到了最大限度,还有途径降低成本吗?

答案

(二)产品质量变动对单位成本影响的分析

反映产品质量的指标较多,有等级系数、废品率、合格率等。现介绍一下产品等级变动对单位成本的影响分析。

$$\text{产品等级系数} = \frac{\sum(\text{各等级产量} \times \text{该等级折合率})}{\text{各等级产量之和}} = \frac{\text{折合一级品产量之和}}{\text{各级产量之和}}$$

产品等级系数反映了产品的质量情况,系数越高,说明产品质量越好,反之,则说明产品质量下降。

例 8-8

假设甲产品为等级产品,根据表 8-1 及表 8-2 的产量、成本资料及其他相关资料,利用上述计算公式,W 公司编制的甲产品"产品质量变动对单位成本影响分析表"见表 8-17。

表 8-17　　　　　　产品质量变动对单位成本影响分析表

产品名称:甲产品　　　　　　　　20××年 12 月

级别	折合率	产量(台) 计划	产量(台) 实际	折合一级品产量(台) 计划	折合一级品产量(台) 实际	总成本(元) 计划	总成本(元) 实际	等级系数 计划	等级系数 实际	标准产量单位成本(元) 计划	标准产量单位成本(元) 实际	标准产量单位成本升降率
一等品	1	24	30	24	30							
二等品	0.8	3	3	2.4	2.4			0.94	0.96	5 021.276 6	4 864.583 3	−3.12%
三等品	0.6	3	2	1.8	1.2							
合计		30	35	28.2	33.6	141 600.00	163 450.00					

从表 8-17 可以看出,由于等级系数的提高,使标准产量单位产品降低了 3.12% ($\frac{5\ 021.276\ 6 - 4\ 864.583\ 3}{5\ 021.276\ 6} \times 100\%$)。

(三)原材料消耗量变动对单位成本影响的分析

原材料消耗量变动对单位成本的影响,可用下列因素分解式表示:

$$单位产品的材料成本 = 单位产品的材料消耗量 \times 材料单价$$

上式中单位产品材料消耗量也称单耗,单耗上升,单位产品的材料成本及单位成本就上升;反之,则单位成本下降。

单耗指标的变动又受两个因素指标,即单位产品净重和原材料利用率两个因素指标变动的影响,它们与单耗之间的关系为

$$单耗 = \frac{单位产品净重}{原材料利用率}$$

从上述分解式可以看出,如果改变产品设计,产品体积由大变小,单位产品净重降低,则单耗就会降低,从而单位成本降低,反之,单位成本上升;如果企业加强原材料管理,加工过程中能充分、合理地利用原材料,提高原材料利用率,单耗也会下降,从而使单位成本降低,反之,则单位成本提高。

在实际工作中,产品设计不能轻易改变。所以,按设计要求的单位产品净重,也一般不发生变化,在此情况下,只需测定原材料利用率变化对单位成本的影响即可。其测定公式为

$$\text{原材料利用率变动对单位成本影响}(\%) = \left(\frac{计划原材料利用率}{实际原材料利用率} - 1 \right) \times 单位成本中原材料成本的计划比重$$

> **例 8-9** 设某企业单位产品的净重不变,原材料利用率从原来的 80% 提高到 88%,单位成本中原材料成本的计划比重为 70%,则原材料利用率变动对单位成本的影响应为
>
> $$(80\% \div 88\% - 1) \times 70\% = -6.36\%$$

> **课内思考:**
> 单纯的原材料利用率变动对单位成本影响的测定公式为:
>
> $$\left(\frac{\text{计划原材料利用率}}{\text{实际原材料利用率}} - 1\right) \times \text{单位成本中原材料成本的计划比重}$$
>
> 注意一下这个公式中的分式,是计划数除以实际数,为什么呢?反之可否呢?

(四)劳动生产率变动对单位成本影响的分析

劳动生产率指标,可用单位时间的生产量即小时产量来表示,也可以用单位产量所消耗的时间即单位产品工时来表示。前者称为劳动生产率的正指标,后者称为劳动生产率的逆指标,两者是互为倒数的关系。

劳动生产率的高低,直接影响单位成本的升降。如果用单位时间生产量来表示劳动生产率,其与单位成本的关系可用如下分解式来表示:

$$\text{单位产品的人工成本} = \frac{\text{小时人工费}}{\text{小时产量}}$$

上式的分母"小时产量"是劳动生产率的正指标,当小时人工费不变、小时产量提高,或小时产量提高的幅度大于小时人工费提高的幅度时,单位产品的人工成本就降低,从而影响单位成本下降;反之,单位成本则提高。在实际工作中,可用下述公式测定小时产量与小时人工费的双重变动对单位成本的影响:

$$\text{小时产量与小时人工费的双重变动对单位成本的影响}(\%) = \left(\frac{1 \pm \text{小时人工费率增减百分比}(\%)}{1 \pm \text{小时产量增减百分比}(\%)} - 1\right) \times \text{单位成本中人工成本的计划比重}$$

如果用单位产品的生产工时来表示劳动生产率,那么其与单位成本的关系应用下式表示:

$$\text{单位产品的人工成本} = \text{单位产品工时} \times \text{小时人工费率}$$

上式的"单位产品工时"下降,就意味着劳动生产率提高,从而单位产品的人工费以及单位成本就会降低;反之,单位成本则提高。在实际工作中,是按下式来测定单位产品工时与小时人工费率的双重变动对单位成本的影响的:

$$\text{单位产品工时与小时人工费率的双重变动对单位成本的影响}(\%) = \left(\frac{\text{单位产品工时}}{\text{完成计划的百分比}} \times \frac{\text{小时人工费率}}{\text{完成计划的百分比}} - 1\right) \times \text{单位成本中人工成本的计划比重}$$

现举例说明上述两种分析方法。

▼ **例 8-10**　W 公司甲产品有关劳动生产率及产品成本资料见表 8-2 和表 8-10,利用上述计算公式,W 公司就劳动率变动对甲产品单位成本影响的分析见表 8-18 和表 8-19。

表 8-18　　小时产量与小时人工费率变动对单位成本影响分析表

产品名称:甲产品　　　　　　20××年 12 月

项目	计划	实际	增减百分比 小时人工费率	增减百分比 小时产量	对单位成本的综合影响
单位产品工时(小时)	30	32			
小时人工费率(元)	13.3	12.125			
单位产品人工成本(元)	399	388	−8.83%	−6.2500%	−0.2331%
单位产品成本	4 720	4 670			
人工费用比重	8.45%	8.31%			

从表 8-18 可以看出,由于小时人工费率的下降幅度大于小时产量的下降幅度,二者综合影响使单位成本下降了 0.2331%。

表 8-19　　单位产品工时与小时人工费率变动对单位成本影响分析表

产品名称:甲产品　　　　　　20××年 12 月

项目	计划	实际	实际完成情况	劳动生产率变动对单位成本的影响
单位产品工时(小时)	30	32	106.67%	
小时人工费率(元)	13.3	12.125	91.17%	
单位产品人工成本(元)	399	388		−0.2331%
单位产品成本	4 720	4 670		
人工费用比重	8.45%			

从表 8-19 可以看出,虽然单位产品的工时增加,但由于其上升幅度小于小时人工费率的下降幅度,二者综合影响使单位成本下降了 0.2331%。

以上两种计算的结果是一致的,虽然劳动生产率有所下降,但是由于小时人工费率的降低幅度大于劳动生产率的降低幅度,使单位成本降低了 0.2331%。

课内思考:

1. 单位产品工时比计划上升幅度大于小时工费率上升的幅度,单位人工成本是上升,还是下降?为什么?

2. 若单位产品工时比计划下降,而小时人工费率却比计划上升,单位人工成本比计划是降低,还是提高?为什么?

实务操作

1.资料：

将黎明公司的有关单位成本的计划和实际资料整理如下：

(1)产品产量实际完成计划120%，单位成本中固定成本的计划比重为30%。

(2)产品等级系数资料见下表：

产品等级系数资料表

级别	单价	产量 计划	产量 实际	总成本 计划	总成本 实际
一级品	100	240	200		
二级品	80	120	100		
三级品	60	40	200		
合计		400	500	3 600	4 500

(3)劳动生产率、薪酬资料：

生产工人人均薪酬：计划1 250元，实际1 650元；

生产工人人均产量：计划20件，实际16件；

单位成本中人工成本的计划比重为：30%。

(4)原材料利用率计划数为88%，实际数为80%，单位成本中原材料成本的计划比重为60%。

2.要求：

(1)测定产量变动对单位成本影响的百分比；

(2)测定产品等级系数变动对单位成本影响的百分比；

(3)测定劳动生产率与人工费的双重变动对单位成本影响的百分比；

(4)测定原材料利用率变动对单位成本影响的百分比。

3.答案：

(1)产量变动对单位成本的影响为－5%；

(2)产品等级系数变动对单位成本的影响为＋12.5%；

(3)劳动生产率与人工费的双重变动对单位成本的影响为＋1.68%；

(4)原材料利用率变动对单位成本的影响为＋6%。

五、降低成本的主要措施分析

为了不断降低成本，企业往往要采取很多措施，这些措施是否合理、切实可行，关键看其实施后能否带来成本的降低，为此还应对为降低成本所采取的措施进行分析。降低成本的主要措施分析包括：产品结构和工艺改革对成本的影响分析；改进生产组织对成本影响的分析；其他措施对成本影响的分析。这里主要介绍前两者的分析。

(一)产品结构和工艺改革对成本影响的分析

产品结构改革，应在产品功能分析的基础上，剔除过剩功能，优化结构，保证产品物美价廉。产品工艺改革，应带来产品材料消耗量的下降和劳动生产率的提高等。

产品结构和产品工艺改革对成本的影响，可用下列公式计算：

$$\text{产品结构和工艺改革对产品成本的影响额} = \left(\text{改革后单位产品实际成本} - \text{改革前单位产品实际成本} \right) \times \text{改革后产品的生产数量}$$

例 8-11 永安自行车厂所用的链轮,简化了产品结构,原来每件实际成本 10 元,改制后,每件实际成本 8 元,改制后产品年生产数量为 200 000 件,则

$$\text{产品结构和工艺改革对产品成本的影响额} = (8-10) \times 200\,000 = -400\,000(元)$$

上述计算结果表明,企业改变产品结构后,可带来年成本节约额 400 000 元。

(二)改进生产组织对成本影响的分析

改进生产组织,意味着企业合理组织生产,即对现有资源进行科学管理,能以最少的耗费,取得最大的经济效益。合理组织生产包括:劳动力的合理安排;材料的最佳套裁;投产的最恰当批量;作业计划的有效组织;车间的合理设置;厂内运输的最短路线等。

现以最佳投产批量为例,来说明改进生产组织对成本的影响。

对于机械制造业,在确定最佳投产批量时,应考虑两个因素:一是储存费用,二是投产准备费用。储存费用与投产准备费用之间存在着此长彼短的关系。投产批量大,投产的次数就减少,生产的准备费用也相应减少,但材料或零件的储存费用却增加;反之,投产批量小,投产的次数就增加,生产的准备费用也增加,但储存费用却减少。所谓最佳投产批量即经济批量,就是指一次生产准备费用与储存费用之和为最小的投产量。用坐标图表示如图 8-1 所示。

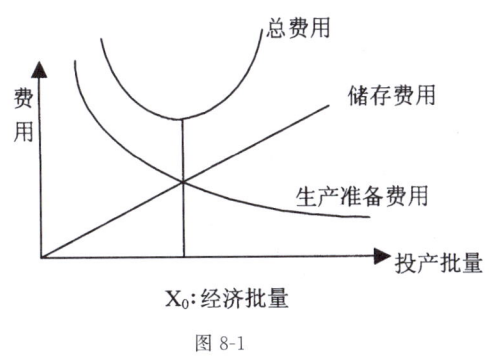

图 8-1

经济批量的数学模型公式为

$$\text{经济批量} = \sqrt{\frac{2 \times \text{每次生产准备费用} \times \text{全年需用量}}{\text{单位储存费用}}}$$

例 8-12 某企业分批生产甲零件,每次投产批量为 1 000 件,该企业改进生产组织,决定采用经济批量进行生产。经计算,每年每个零件的储存费用为 8 元,一次生产准备费用为 256 元,全年总产量为 10 000 件。计算分析如下:

(1)经济批量 $= \sqrt{\dfrac{2 \times 256 \times 10\,000}{8}} = 800(件)$

(2)经济批量的总费用 $= \dfrac{256 \times 10\,000}{800} + \dfrac{8 \times 800}{2} = 3\,200 + 3\,200 = 6\,400(元)$

或按下式计算:

经济批量的总费用 $=\sqrt{2\times 256\times 8\times 10\ 000}=6\ 400(元)$

(3) 采用经济批量前，批量为 1 000 件时的总费用为：

$$\frac{256\times 10\ 000}{1\ 000}+\frac{8\times 1\ 000}{2}=2\ 560+4\ 000=6\ 560(元)$$

(4) 采用经济批量后成本的节约额为：

$$6\ 400-6\ 560=-160(元)$$

项目总结

通过本项目的学习，我们了解了常用的成本报表的编制与分析方法，一定要记住，成本报表作为内部报表，与对外提供的财务报表不同，是没有统一模式的，应当根据企业的管理需要设计，分析内容也应当结合企业的信息需求进行，只有符合企业实际情况的成本报表和指标分析，才是有价值的成本信息。

项目检测

一、单项选择题

1. 成本报表属于（　　）。

    A. 对外报表　　　　　　　B. 对内报表

    C. 两者兼有　　　　　　　D. 由企业自主决定

2. 影响可比产品成本降低率的因素是（　　）。

    A. 产品产量　　　　　　　B. 产品单位成本

    C. 产品的种类和规格　　　D. 产品销量

3. 属于指标对比分析法的是（　　）。

    A. 趋势分析法　　　　　　B. 垂直分析法

    C. 差额分析法　　　　　　D. 实际与计划对比法

4. 把综合性指标分解为各个因素，研究诸因素变动对综合性指标变动影响程度的分析方法是（　　）。

    A. 对比分析法　　　　　　B. 趋势分析法

    C. 连环替代法　　　　　　D. 比率分析法

5. 技术经济指标变动对产品成本的影响主要表现在对（　　）指标的影响。

    A. 产品单位成本　　　　　B. 产品总成本

    C. 产品产量　　　　　　　D. 产品销量

二、多项选择题

1. 属于制造业成本报表的有（　　）。

A.产品生产成本表　　　　　B.主要产品单位成本表

C.制造费用明细表　　　　　D.商品流通费用明细表

E.资产负债表

2.成本报表具有(　　)的特点。

A.灵活性　　　　　　　　　B.统一性

C.多样性　　　　　　　　　D.综合性

E.对外性

3.在企业的生产能力范围内增加产量,可能对企业成本产生的结果有(　　)。

A.单位成本降低　　　　　　B.单位成本提高

C.总成本增加　　　　　　　D.总成本不变

E.固定成本不变

4.生产多品种产品的情况下,可能导致可比产品成本降低额发生变化的因素有(　　)。

A.产品产量　　　　　　　　B.产品质量

C.产品价格　　　　　　　　D.产品的品种结构

E.产品的单位成本

5.能够使产品单位成本降低的因素可能包括(　　)。

A.职工薪酬提高　　　　　　B.劳动生产率提高

C.合格率提高　　　　　　　D.材料的采购成本提高

E.开工率提高

三、判断题

1.成本报表的种类、格式和内容必须符合国家的统一规定。　　　　　　(　　)

2.成本报表是企业向所有者和债权人以及其他利害关系人报送的,以利于使用者做出决策的一种会计报表。　　　　　　　　　　　　　　　　　　　　　　　　(　　)

3.编制成本报表的目的主要是满足企业内部管理的需要。　　　　　　(　　)

4.企业可以根据自身的生产特点和管理要求,编制各种有利于进行成本控制和成本考核的报表。　　　　　　　　　　　　　　　　　　　　　　　　　　　(　　)

5.如果劳动生产率提高,则意味着产品的单位成本一定会下降。　　　(　　)

四、实务操作

1.资料:

某企业生产 A 零件,经计算,每次投产准备费用为 400 元,每个零件的保管费用为 4.8 元,全年需用 A 零件为 6 000 个。未采取经济批量前,每批投产量为 2 000 个。

2.要求:

(1)填制下列计算表,求出总费用最低的投产批量。

总费用与经济批量计算表　　　　　　　　　　金额单位：元

一次投产批量	一年投产批次	生产间隔期	储存费	生产准备费	总费用
500 件	12 次	1 个月	1 200	4 800	6 000
1 000 件	6 次	2 个月			
2 000 件	3 次	4 个月			
3 000 件	2 次	6 个月			
4 000 件	1.5 次	8 个月			
5 000 件	1.2 次	10 个月			
6 000 件	1 次	12 个月			

（2）用公式模型计算经济批量。

（3）计算采取经济批量投产后比采用前的成本节约额。

3. 答案：

经济批量 $= \sqrt{\dfrac{2 \times 400 \times 6\,000}{4.8}} = 1\,000$（件）

成本节约额 $= 4\,800 - 6\,000 = -1\,200$（元）